edition suhrkamp

Redaktion: Günther Busch

Ernst Bloch wurde am 8. Juli 1885 in Ludwigshafen geboren, studierte Philosophie und Physik und lebte zunächst als freier Schriftsteller in München, Bern und Berlin. 1933 emigrierte er in die Tschechoslowakei, 1938 in die Vereinigten Staaten. Von 1945 bis 1957 war er Ordinarius für Philosophie an der Universität Leipzig, seit 1961 ist er Ordinarius für Philosophie an der Universität Tübingen.

Dieses Buch, das die wichtigsten der in den letzten Jahren vor allem im Ausland geführten Interviews mit Ernst Bloch versammelt, bildet die Ergänzung zu den *Gesprächen mit Ernst Bloch (es 798)*; es liefert Materialien zu bisher in der Forschung noch wenig erhellten Aspekten des Zusammenhangs von Werk und Lebensgeschichte, Theorie und Praxis des Philosophen. Zu diesen Aspekten gehören die Jugendjahre Blochs, seine Kindheitserlebnisse, die Gymnasialzeit in den letzten Jahren des Kaiserreichs, die prägenden Freundschaften während der Würzburger, Berliner und Heidelberger Studienzeit, die philosophischen Lehrjahre bei Georg Simmel in Berlin, die Jugendfreundschaft mit Georg Lukács sowie die Begegnungen mit Benjamin, Adorno, Kracauer und Brecht. Von der frühen Münchner Periode (*Geist der Utopie* und *Thomas Münzer*) wird der Bogen geschlagen zur Philosophie der Reifezeit, als Bloch im amerikanischen Exil mit *Prinzip Hoffnung* eine das marxistische Denken des 20. Jahrhunderts erneuernde und revolutionierende »Enzyklopädie der Wunschinhalte« entwarf.

Tagträume vom aufrechten Gang
Sechs Interviews mit Ernst Bloch

Herausgegeben von Arno Münster

Suhrkamp Verlag

Meiner Tochter Mirjam Josephsohn gewidmet

edition suhrkamp 920
Erste Auflage 1977
© Suhrkamp Verlag, Frankfurt am Main 1977. Erstausgabe. Printed in Germany.
Alle Rechte vorbehalten, insbesondere das der Übersetzung, des öffentlichen Vor-
trags und der Übertragung durch Rundfunk und Fernsehen, auch einzelner Teile.
Satz, in Linotype Garamond, Druck und Bindung bei Georg Wagner, Nördlingen.
Gesamtausstattung Willy Fleckhaus.

Inhalt

Einleitung

I.

Die Philosophie von Ernst Bloch ragt wie ein erratischer Block aus der philosophisch-literarischen Landschaft unseres Jahrhunderts, und es ist müßig – und kann späteren Historikern überlassen werden – zu entscheiden, wessen Werk letztlich bedeutender sei für die Weiterentwicklung des Marxismus in unserem Jahrhundert: das von Rosa Luxemburg, das von Gramsci, das von Lukács oder das von Ernst Bloch. Was das Lebenswerk des Tübinger Philosophen und ehemaligen Leiters des Philosophischen Seminars der »Karl Marx-Universität« Leipzig, dessen Hoffnungen auf ein kontinuierliches Wirken in dem anderen, »besseren deutschen Staat« von einer dogmatisch auf Moskau fixierten Parteibürokratie enttäuscht wurden, von den anderen großen marxistischen Philosophen unserer Epoche unterscheidet, ist nicht nur der hegelianisch-universalistische Totalitätscharakter seines Werks, die konzentrierte philosophische Einheit, der nahezu alle Zeitkrisen, politischen, philosophischen und literarischen Umbrüche unseres Jahrhunderts überwölbende Bogen, der sich vom expressionismusnahen Frühwerk *Geist der Utopie* und *Thomas Münzer* über das *Prinzip Hoffnung* bis hin zu dem eine neue marxistische Kategorienlehre begründenden End- und Eckpfeiler des *Experimentum Mundi* spannt; es ist nicht nur die der strengen Architektonik klassischer und spätromantischer Symphonien ähnelnde Architektur eines Werks, in dem alle konstitutiven Teile sich harmonisch einfügen in den großen, »Philosophie der Hoffnung und der konkreten Utopie« überschriebenen Rahmen, sondern auch die enge Verbindung von Leben und Werk, die darin zum Ausdruck kommende unzertrennbare Einheit von Philosophie, Politik und Moral sowie die Lauterkeit und Unbestechlichkeit eines an einem humanistischen und zugleich marxistisch revolutionären Praxisbegriff orientierten Handelns.

Daß die neue revolutionäre Linke Westeuropas bisher – von einigen wenigen Ausnahmen abgesehen – noch keinen rechten

Zugang zu dieser Philosophie fand, sondern sie eher wie ein notwendigerweise in Einsamkeit wirkendes philosophisches Erbe behandelte, das zu keinen direkten Schlußfolgerungen für die jeweilige konkrete politische Praxis zu verpflichten schien, lag wohl weniger an der oft beschworenen »Schwerverständlichkeit« der Blochschen Thesen und Sprache als am gefährlichen Hang eben dieser Linken zu dogmatischem Sektierertum, zur Verengung der Marxschen Gesellschaftsanalyse und Emanzipationstheorie auf rein ökonomistische Begriffe, Zielsetzungen und Kampfinhalte, an ihrer Tendenz, in einen sterilen Schematismus zu verfallen, in dem das von Bloch herausgestellte Tendenzziel der gesellschaftlichen Umwälzung: die Dimension des Utopischen und somit einer sozialistischen Praxis, in der der *Vorschein* des utopischen Endzustands heute schon durchschlägt, nach punktuell ermutigenden Ansätzen nach dem Mai 1968 wieder weitgehend erloschen ist.

Die allein auf die ökonomische Seite der Widersprüche der kapitalistischen Gesellschaft fixierten modernen Marx-Schüler und -Verkürzer blieben in ihrem gewiß ehrlich gemeinten Bemühen, aus den heutigen Widersprüchen zwischen Basis und Überbau, Produktivkräften und Produktionsverhältnissen, Kapitalakkumulation und Kapitalvernichtung, Profitmaximierung und Zerstörung menschlichen Lebens durch übermäßige Konzentration von gesellschaftlichem Reichtum hier und Verelendung der Massen in der Dritten Welt (bei gleichzeitig fortschreitender psychischer Verelendung der materiell in relativem Wohlstand lebenden Massen) die Prämissen einer neuen, effektiven gesellschaftssprengenden Praxis abzuleiten, einigermaßen unempfänglich für das Blochsche Licht. Sie haben ihre Interessen oft allzu sehr fixiert auf geschichtlich verankerte »Modelle« sogenannter »real« existierender sozialistischer Staaten und Systeme und blieben befangen in den daran aufgeschienten Rechtfertigungsideologien für eine jeweilige bestimmte »Variante« des »real existierenden Sozialismus«. Dem gegenüber hat die Blochsche Philosophie nicht nur die Eigenschaft, die Panzerkruste in sich erstarrter Systeme zu durchdringen und zu durchleuchten, sondern gleichzeitig auch die Substanz der Marxschen Gesellschaftslehre und des *Kommunistischen Manifests*, die auf anthropologische

Umwälzung, Humanisierung der Welt und antizipierende Konkretisierung von Utopie des glücklichen kommunitären Endzustands in der systemkonträren Praxis zielende revolutionäre Tendenz bei Marx zu erhellen und zu erläutern.

Blochs Warnung vor einer übertriebenen Formalisierung der Vorstellungsinhalte revolutionärer Prozesse, seine Kritik an der Phantasielosigkeit im politischen Tageskampf der Gruppen und der Parteien, in der er – mit Blick auf Theorie und Praxis der marxistischen Parteien in Deutschland zwischen den beiden Weltkriegen – eine Mitursache für die schließlichen Erfolge der NS-Diktatur erkannte (vgl. *Erbschaft dieser Zeit*, Frankfurt 1962), ist mehr als nur ein einmaliger, auf eine bestimmte historische Entwicklungsstufe Deutschlands bezogener Protest: Sie ist ein eindringlicher Appell an alle Marxisten, an all jene, die unter Berufung auf Marx, Engels, Lenin oder Mao die alte Gesellschaft verändern und eine bessere Gesellschaftsordnung schaffen wollen, eine allzu routinierte, mechanische, entfremdende, den Menschen mit seinen konkreten Bedürfnissen, Nöten, Leiden verfehlende, im dogmatischen Diskurs rotierende falsche Praxis zu revidieren.

Die von Bloch geforderte Revision solch entfremdender Praxis redet nicht etwa einem neuen sozialdemokratischen Pragmatismus das Wort, der im Rahmen opportunistischer Bündnisse mit bürgerlichen Kräften den entscheidenden Zielinhalt des sozialistischen Kampfes sukzessive aufgibt, sondern sie gilt vielmehr primär – und in einer durchaus materialistischen Perspektive – der Überwindung jener schrecklichen *Unterernährung an sozialistischer Phantasie*, die die graue Alltagswelt vieler staatssozialistischer Systeme charakterisiert, der Wiederbelebung der in der Periode der Oktoberrevolution noch vorhandenen Einheit von revolutionär-schöpferischer, auch und gerade das Individuum mitbewegender und mitbefreiender spontaner Aktion mit dem gesellschaftlich-politischen Handeln des Kollektivs. Sie widersetzt sich der schulmeisterlich-dogmatischen künstlichen Verengung der Marxschen Lehre zu einem geschlossenen System ebenso wie der Tendenz zur Knebelung der schöpferischen Autonomie des Individuums durch die bürokratisch-zentralisierten Apparate, die ja nur eine ihrer Folgen darstellt. »In die revolutionäre Bewegung muß eine Heiterkeit hineingebracht werden, die ihr bisher größtenteils gefehlt hat. Denn dort war tierischer Ernst, der nicht mit Ernst zusammenfällt und nicht dasselbe ist. Alle die anderen Elemente müssen in eine Propaganda der Ehrlichkeit gebracht werden. [...] Es gibt darin eine Invariante, eine unnachläßliche Richtung, die sich in Worten wie Freiheit, Gleichheit, Brüderlichkeit in der Französischen Revolution ausgesprochen hat, die sich in den Ketzerbewegungen, den Sektenbewegungen des Mittelalters, im Bauernkrieg bei Thomas Münzer zur Tradition der Revolution machte. In immer neuen Gestalten fand und findet sie ihre Aktualität.« (Ernst Bloch, Aus einem Forum-Gespräch [1968] mit Reblin, Marsch und Rudi Dutschke, in: *Politische Messungen, Pestzeit, Vormärz*, Gesamtausgabe, Bd. 11, Frankfurt 1970, S. 402.) Die Forderung nach Belebung, Reaktivierung der sozialistischen Propagandaarbeit durch revolutionäre Phantasie, nach produktiver Übernahme der Freiheits-, Gleichheits- und Brüderlichkeitsforderungen der (bürgerlichen) Französischen Revolution in die sozialistische Agitation, Blochs Plädoyer für die Tolerierung und freie, ungehinderte Entfaltungsmöglichkeit der subjektiv-künstlerischen Ansprüche des Individuums auch in nachkapitalistischen Gesellschaften, sein unüberhörbarer Ruf nach Entdogmatisierung und größtmöglicher Öffnung zum »Experimentum Mundi«, sein Hinweis darauf, daß der eigentliche Zielinhalt des revolutionären Prozesses, das »Reich der Freiheit«, nie aus den Augen verloren werden darf und daß die Freiheitsrechte (trotz und gerade wegen ihres historischen Ursprungs im »citoyen«-Gedanken der Französischen Revolution) auch im Sozialismus respektiert und dort noch ernster genommen werden müssen als im Kapitalismus – all dies macht Ernst Bloch heute zu einem der schärfsten philosophischen Ankläger der Apologeten und Statthalter des Stalinismus, zum radikalen marxistischen Kritiker aller geschichtlich mit dem Anspruch des revolutionären »Aufbaus des Sozialismus« entstandenen staatssozialistischen Systeme, deren Staatsform identisch geworden ist mit bürokratischer Einparteien-Herrschaft und deren in der Regel bürokratisch deformierte »Volksdemokratie« dringend einer Erneuerung und Reaktivierung durch die »Basis« bedürfte.

Blochs Erkenntnis, daß die Verstaatlichung der großen Produktionsmittel allein noch nicht genügt, um eine wirklich sozialistische Gesellschaft zu schaffen, daß es ein wirkliches Ende der Ausbeutung nicht gibt »ohne die Installierung der Menschenrechte« (Bloch, *Naturrecht und menschliche Würde*, Gesamtausgabe, Bd. 6, S. 13), seine Forderung, »die Zielsetzung des revolutionären Citoyen zur Substanz einer sozialistischen Freiheit werden zu lassen, die den obrigkeitlichen Zwang Schritt für Schritt ablegt«[1], und sein Insistieren auf der Unerträglichkeit des Widerspruchs zwischen den objektiven ökonomischen Grundlagen und Strukturen des Sozialismus und dem Fortbestehen autoritär-hierarchischer Formen in den zwischenmenschlichen Beziehungen, die anklagend-verbitterte Feststellung, daß es der Arbeiterklasse in den Staaten des »real existierenden Sozialismus« (der sowjetischen Einflußsphäre) an »aufrechtem Gang« fehle, verbunden mit der Hoffnung auf eine dennoch eines Tages ›von unten‹ in Gang kommende Veränderung, hatten zur Folge, daß seine Philosophie von kurzsichtigen Parteidogmatikern im Osten als ketzerische Lehre verurteilt, daß seine Freunde verfolgt und verhaftet und er selbst ab 1957 an der Leipziger Universität mit einem Vorlesungsverbot belegt wurde. Der Satz, den Bloch 1956 auf seinem letzten öffentlichen Vortrag in der DDR (in der Deutschen Akademie der Wissenschaften zu Berlin) gesprochen hatte: »Die Freiheit muß als eine gesellschaftliche Kategorie und nicht als ein bloß auf den Bereich der Subjektivität beschränkter Faktor verstanden werden«, wurde ihm von einer Parteielite, für die der Freiheitsbegriff nur eine Rechtfertigungsformel der bürgerlichen Eigentumsideologie war, deren proletarisch-revolutionären Kern bei Marat, Babeuf und später Buonarotti sie verkannte, nie verziehen. So ist denn – in bester stalinistischer Manier – wenige Monate später – im April 1957 – das parteioffizielle Scherbengericht über Ernst Bloch abgehalten worden; die »Partei der Arbeiterklasse« entblödete sich nicht, zu behaupten, »Blochs Philosophie habe objektiv reaktionären politischen Zielsetzungen gedient«.[2]

Die in der Sowjetunion aufgebrochene Diskussion über die Zwangspsychiatrisierung und die Internierung von kritischen Intellektuellen im GULag, das Abrücken der meisten westeuropäischen kommunistischen Parteien (KPF, KPI, KPSp) von

den in der SU und andernorts im staatssozialistischen Macht-
bereich gebrauchten neostalinistischen Methoden, die im Umkreis des Eurokommunismus sich immer mehr durchsetzende
Ansicht, der »Aufbau des Sozialismus« lasse sich nicht länger
am Modell des sowjetischen Gesellschaftssystems orientieren,
sondern müsse die relativ tief verwurzelten Errungenschaften
der bürgerlichen Demokratie, d. h. die ererbten pluralisti-
schen Strukturen und die individuellen Freiheitsrechte der
alten bürgerlichen Gesellschaft, aufnehmen und garantieren,
sind nicht nur die Folge einer von Bloch leidenschaftlich
befürworteten Entdogmatisierung im orthodox-kommunistischen Lager des Westens, sondern auch, zumindest partiell,
die Konsequenz aus theoretischen Denkanstößen, die seit
über zwanzig Jahren von Blochs Philosophie in diesen Dis-
kussionsraum ausstrahlten.

Die »Samizdats« der linken marxistischen Opposition in der
UdSSR sind ebenso Momente dieser unaufhaltsamen anti-bü-
rokratischen Auflehnung wie die Reorganisierung der Links-
opposition in Polen, der ČSSR und der DDR. Der dort
angebahnte Wandel vollzieht sich unter verstärkter Bewußt-
werdung der von Bloch im 2. Band des *Prinzips Hoffnung*, in
Naturrecht und menschliche Würde und in den *Differenzierungen zum Begriff Fortschritt*[3] aufgezeigten Widersprüche.

Auch auf der anderen Seite – im spätkapitalistischen Westen
– offenbaren die Tendenz zur ideologischen Entkrampfung in
den Reihen der orthodox-kommunistischen Arbeiterbewegung und die Rezeption des philosophisch-literarischen
Werks von Bloch (vor allem in Frankreich und Italien) die
verstärkte Bereitschaft der jungen, zum gesellschaftsverän-
dernden Handeln drängenden Kräfte, eine in gefährlicher
Weise zur Routine gewordene rein ökonomistische Marx-
Lektüre, eine szientistische, hegelfeindliche und mit den Kategorien der Bachelardschen Epistemologie arbeitende fragwür-
dige Marx-Interpretation à la Althusser[4] und eine akademi-
sche, von der Ideologie des Strukturalismus beeinflußte Betrachtungsweise zu überwinden. Wenn es auch noch abzu-
warten gilt, inwieweit die heute noch wesentlich durch
Gramsci und Althusser bestimmte Marxauffassung in Frankreich und Italien durch die Impulse der Blochschen Philosophie verwandelt und durch die Rückbesinnung auf den ur-

sprünglich utopischen Quell bei Marx erneuert werden wird, so zeigen doch die Arbeiten von de Gandillac, Furter, Raulet u. a. in Frankreich, von Stefano Zecchi, Italo Mancini, A. Ricci u. a. in Italien, wie weit das Blochsche Licht über die Grenzen Deutschlands hinausstrahlt und wie sehr dadurch die Marx-Diskussion gerade dort bereichert wird, wo die allgemeine gesellschaftliche Krise infolge der fortgeschrittenen Entwicklung der sozio-ökonomischen Widersprüche Fragestellungen hervortreibt, auf die im Rahmen eines mechanistischen Marx-Verständnisses keine Antwort mehr gefunden werden kann.

Angesichts dieser Entwicklung mutet die ungenügende Blochrezeption in Westdeutschland beinahe paradox an. Die allgemeine Verehrung, die man ihm hier vor allem in den Reihen der außerparlamentarischen Opposition entgegenbringt, ist von einer gewissen Scheu und Berührungsangst begleitet, sich gründlich mit den Thesen des marxistischen Philosophen der Hoffnung auseinanderzusetzen. Gewisse stereotype Formen der Marx-Aneignung, der manchmal gar zu schulmeisterliche Zuschnitt mancher obligatorischer *Kapital*-Kurse sowie die polemisch-stalinistische Abstempelung seines Werkes als »metaphysische Hoffnungsphilosophie« haben Blochs Werk einem Teil der linken Opposition ungerechtfertigterweise entrückt, entfremdet. Blochs nuancierte, die Oberfläche der tagespolitischen Auseinandersetzungen und groben begrifflichen Antagonismen in der Regel unterlaufenden philosophisch-politisch-moralischen Fragen, die Formulierung seiner Gedanken und Theorien in einer Sprachform, die sich dem Schlagwort-Mißbrauch widersetzt, lassen ihn eher als den über den zerstrittenen Fraktionen der Linken schwebenden Lehrmeister erscheinen denn als den richtungweisenden, in die politischen Tageskämpfe eingreifenden Revolutionär. Ist Lenin der große Stratege der sozialistischen Weltrevolution, so paßt auf Ernst Bloch, trotz einer gegenteiligen Bemerkung von Oskar Negt[5], wohl eher das Epitheton »Philosoph der Hoffnung«, der über die das Bestehende verändernde revolutionäre Tendenz und ihre Potenzen in der Weltgeschichte reflektiert. Ernst Blochs Verdienst liegt nicht nur darin, entsprechend der Marxschen Einsicht, daß »der kluge Idealismus dem klugen Materialismus näher« stehe als der »dumme Idea-

lismus dem vulgären Materialismus«, eine Rückbesinnung auf
die Dynamik und Komplexität des Marxschen Materiebegriffs
eingeleitet zu haben[6] und dadurch revisionistischen mechanistischen Ableitungen à la Kautsky, die in der »Reformation
nichts anderes als den ideologischen Ausdruck tiefgreifender
Veränderungen auf dem europäischen Wollmarkt« sahen, den
Boden entzogen zu haben, sondern auch darin, immer wieder
auf die »Latenz-Tendenz« gewisser utopischer Momente in
ökonomisch-politisch-kulturellen Prozessen, auf das vorwärts-
treibende Moment des »Überschusses«, der jenseits aller
oberflächlich materialistischen Analysen bleibt, verwiesen zu
haben – eben jenen utopischen Überschuß, der, antizipierend
in die Geschichte und in die Natur eingreifend, quasi als
Vorschein des glückhaften Endzustands an der »Front des
Weltprozesses« steht. »Konkrete Utopie muß in einem Bündnis stehen mit dem, was in der Gesellschaft und sogar in der
Natur vorgeht. Sonst könnten wir nicht an der Front stehen,
um hier zu helfen, um hier Geburtshelfer zu sein, um Sokrates
zu sein für das, was hier in der Welt vorgeht. Daß etwas
geboren werde, daß Philosophen zu Hebammen werden, das
ist Theorie-Praxis.«[7]

In einer Zeit der politischen Stagnation im Herzen Europas,
in einer Epoche, da »die Wirklichkeit weit weniger zum
Gedanken drängt als der Gedanke zur Wirklichkeit«[8], da
routiniertes, selbstsicheres Krisenmanagement sein Pendant
findet in der weitverbreiteten Resignation unterpolitisierter
Massen, ist Blochs marxistische Philosophie der Hoffnung, in
der Schopenhauers Pessimismus auf den Kopf gestellt wird,
mehr als nur eine Variante des sich ewig weiterentwickelnden
post-hegelianischen Marxschen Denkens. War in Kants Idealismus das ›Handle so, daß die Maxime deiner Handlung
durch deinen Willen zum allgemeinen Gesetz werde‹ die
verbindliche ethische Richtschnur, so beruht Blochs materiali-
stischer ethischer Rigorismus auf dem prinzipiellen Postulat:
»Ceterum censeo utopiam ex historice creandam«.[9]

Die Erkenntnis, daß die das humane Novum konstituieren-
de, vom konkret-utopischen Kern bei Marx gespeiste neue
Praxis antizipierend den Vorschein des utopischen Endzustands enthalten muß, daß der Rückgriff auf das Ungeworde-
ne im Vergangenen nur dann den Bogen zur Zukunft schlagen

kann, wenn sie zur Einheit mit der ursprünglichen »Daß-Intensität des Weltseins« gelangt[10], kann nur als Mahnung verstanden werden, allen verdinglichenden Tendenzen, allen Ausdeterminierungen zu entraten und sich wieder zu besinnen auf die, wie Bloch es nennt, »Sache mit [dem] moralischen Hintergrund«[11], die »Sinnsache, die in die Phantasie greift«. »Die kürzeste Linie ist nicht die geradeste.« (Lessing) »Es genügt nicht, das Bestehende darzustellen, notwendig ist, an das Erwünschte und an das Mögliche zu denken.« (Gorki) »Das Reich der Freiheit kommt nicht mit stufenweiser Verbesserung der Gefängnisbetten.«[12] Vom bloßen Wünschen freilich, so räumt auch Bloch, dessen Hauptwerk identisch ist mit der großen »Enzyklopädie menschlicher Wunschinhalte« *(Prinzip Hoffnung),* ein, ist noch keiner satt geworden. »Es hilft nichts, wenn kein scharfes Wollen hinzukommt. Und mit ihm ein scharfer, umsichtiger Blick, der dem Wollen zeigt, was getan werden kann.«[13] Es bedarf der entschlossenen, kollektiven Aktion, um Unrecht, himmelschreiende Ungleichheit und Barbarei zu beseitigen. Verdinglicht sich jedoch das Kampfmoment, dominiert zu sehr jener »detektivische Kältestrom« im Marxismus, der zur Analyse der objektiven Gegebenheiten und ihrer Widersprüche unerläßlich ist, fehlt in jener revolutionären gesellschaftlichen Gegenkraft jener Mut zur sich selbst überwindenden aktiven *Brüderlichkeit* der Individuen, so bleibt alles nur beim ewig »Halb-Roten«, bei den »edlen Eigenschaften des Spießers«; fehlt dieser Vorhut des neuen, besseren und freieren Gesellschaftszustands die Kraft, der Mut zum Lächeln, ist sie nicht in der Lage zur antizipatorischen Entwicklung menschlicher Beziehungen von *neuer Qualität,* dann, so lautet die Warnung Blochs, droht Gefahr, daß der Zielinhalt des Kampfes selbst verfehlt, daß die Revolution verraten, daß Freiheit, Gleichheit und Brüderlichkeit und die Erhebung des *aufrechten* Ganges zur allgemein gültig gewordenen Verkehrsform wiederum utopisches, unerreichbares Fernziel einer bürokratisch deformierten, nur nominell »sozialistischen« Gesellschaft werden. Diese Mahnung Blochs scheint uns von all seinen philosophisch-politisch-moralischen Botschaften die mit Abstand wichtigste zu sein.

Wer je die Gelegenheit hatte, Ernst Bloch kennenzulernen, der war und ist berührt von seiner moralischen Integrität, seiner Fähigkeit zum Zuhören, seiner Sensibilität und Musikalität, von seinem Universalismus und moralischem Rigorismus, seiner in extremer Bescheidenheit sich vermittelnden brüderlichen Solidarität.

Durch sein Leben, sein tägliches Wirken, seine noch im hohen Alter ungebrochene Bereitschaft – sei es anläßlich des Vietnamkriegs, der Notstandsgesetze, des faschistischen Terrors in Chile und Brasilien, der Berufsverbote in der Bundesrepublik oder der beängstigenden Vorgänge in der ČSSR und der Sowjetunion – öffentlich Stellung zu beziehen gegen Unrecht und Unterdrückung, Verletzung und Mißachtung der Menschenrechte im Kapitalismus und Faschismus wie im bürokratisch deformierten Sozialismus, hat Ernst Bloch nicht nur gezeigt, daß es möglich ist, revolutionäre Theorie und menschliche Lebenspraxis zu vereinen, sondern auch, daß der »Tatfaktor revolutionärer Spontaneität«[14], von dem im letzten Kapitel von *Experimentum Mundi* die Rede ist, im Vorfeld subjektiver Antizipation schon heute ungeahnte Realisierungschancen hat und in der Form handelnder Menschlichkeit Vorschein einer zukünftigen Moral ist, eines zukünftigen mit- und zwischenmenschlichen Verhaltens, Bestandteil jenes prozeßhaften »Ins-Werk-Setzens des Noch-Nicht«, das – nach Bloch – die Teleologie des Weltprozesses von seiner subjektiven und objektiven Seite her bestimmt. Dem gilt unser Dank und unsere verpflichtende Anerkennung.

II.

Das vorliegende Buch, das den Großteil der in den letzten sieben Jahren vor allem im Ausland geführten noch unveröffentlichten Zeitungs-, Rundfunk- und Fernsehgespräche von Ernst Bloch zum ersten Mal einem größeren Leserpublikum zugänglich macht, liefert eine Fülle von Fakten und Materialien zu bisher in der Forschung noch wenig erhellten Aspekten des Zusammenhangs zwischen Werk- und Lebensgeschichte, Theorie und Praxis, Forschung und Leben des Philosophen. Zu diesen noch wenig erhellten Aspekten gehören vor allem die Jugendjahre Blochs, seine ersten Kindheitserlebnisse, die traumatischen Erinnerungen an die Schul- und Gymnasialzeit im kurpfälzisch-bayerischen Ludwigshafen in den letzten Jahren des Kaiserreichs, die ersten philosophischen Begegnungen und Freundschaften in der Heidelberger, Würzburger und Münchner Studienzeit, seine philosophischen Lehrjahre bei Simmel, die Jugendfreundschaft mit Georg Lukács, die Zeit seines ersten Schweizer Exils sowie die späteren Begegnungen mit Benjamin, Kracauer und Brecht. Diese Erinnerungen enthalten nicht nur sehr viel Privates, sondern sie liefern, nicht zuletzt aufgrund der farbigen und konzentrierten Darstellung in Blochs typischer phantasiegeladener Erzählkunst, die Hintergrundinformationen zur Genesis seines philosophischen Werks. In eindrucksvoller Weise wird hier der Bogen von der Gymnasial-Leidenszeit in Ludwigshafen über die Studienzeit, die expressionismusnahen und durch den Kampf gegen den preußischen Militarismus bestimmten Jahre in München, vom *Geist der Utopie* und *Thomas Münzer* zum Hauptwerk des Philosophen geschlagen, der – zur Zeit des Faschismus im amerikanischen Exil lebend – im *Prinzip Hoffnung* eine das gesamte marxistische Denken des 20. Jahrhunderts erneuernde und revolutionierende »Enzyklopädie der Wunschinhalte« entwarf, die nicht nur gegenüber einer mechanistischen und aufs Ökonomische verkürzten marxistischen Betrachtungsweise wieder an das in den überlieferten Gesellschaftsutopien enthaltene subjektive »Träumen nach vorwärts« erinnert, sondern auch eine die Totalität aller Erscheinungs- und Praxisformen in dieser Welt umgreifende neue Weltsicht begründete, deren Originalität in der Befragung alles Realen auf die in ihm ruhenden und angelegten Möglichkeiten eines »Seins wie Utopie« besteht. Diese Gesprächssammlung schließt nicht nur eine wichtige Lücke in der Biographieforschung, sondern sie liefert gleichzeitig einen Beitrag zur stufenweisen Erhellung jener hier in einen stark autobiographischen Kontext eingebetteten philosophischen »Zwischenwelten«, die nicht nur eine zentrale Kategorie in Blochs Geschichtsphilosophie sind, sondern die auch einen wichtigen Schlüssel zum Verständnis seines philosophischen Gesamtwerks darstellen.

Die Gespräche sind nicht in ihrer genauen zeitlichen Abfolge, sondern vielmehr – aus Gründen der Verständlichkeit und der Hervorhebung des Werkzusammenhangs – in der Reihenfolge ihres inneren chronologischen Prinzips wiedergegeben. So wurde das 1974 mit einem französischen Journalisten geführte lange Fernsehgespräch, mit seinen wichtigen Aussagen zur Jugendzeit und zu den ersten philosophischen Begegnungen, bewußt an den Anfang gestellt, gefolgt von dem 1976 geführten Gespräch über Lukács, Brecht, Sartre und Marcuse, das den vorangegangenen Dialog in vielen Punkten kontrapunktisch ergänzt. Die Urfassung des Fernsehgesprächs aus dem Jahre 1974 wurde vom Herausgeber mit ausdrücklicher Billigung durch Ernst Bloch durch Zwischenüberschriften gegliedert. Für diese Gliederung waren rein inhaltlich-strukturelle Gesichtspunkte ausschlaggebend, ebenso wie für die Gruppierung der zwischen 1966 und 1970 geführten kürzeren Gespräche am Ende des Bandes.

Der Herausgeber dankt allen, die ihm bei der Arbeit an diesem Buch geholfen haben, insbesondere Burghart Schmidt und Karola Bloch.

Arno Münster, Paris im Februar 1977

Anmerkungen

1 Cf. J. Perels, *Sozialistisches Erbe an bürgerlichen Menschenrechten?* in: *Es muß nicht immer Marmor sein. E. Bloch zum 90. Geburtstag*, Berlin 1975, S. 82.

2 Cf. Rugard Otto Gropp, *Idealistische Verirrungen unter antidogmatischem Vorzeichen*, in: *Neues Deutschland*, 19. Dezember 1956.

3 Cf. Ernst Bloch, *Tübinger Einleitung in die Philosophie*, Bd. I, Frankfurt 1963, S. 160 ff.

4 Cf. Louis Althusser, *Pour Marx*, Paris, Maspero, 1965; und: Louis Althusser, Etienne Balibar, *Lire le Capital*, I u. II, Paris, Maspero, 1968.

5 Cf. Oskar Negt, *Ernst Bloch, der deutsche Philosoph der Oktoberrevolution*, in: E. Bloch, *Vom Hasard zur Katastrophe*, Frankfurt 1971.

6 Cf. Ernst Bloch, *Das Materialismusproblem, seine Geschichte und Substanz*, Frankfurt 1972 (Gesamtausgabe, Bd. 7).

7 Cf. Ernst Bloch, *Politische Messungen, Pestzeit, Vormärz* (Gesamtausgabe, Bd. 11) Frankfurt 1970, S. 401. (Forum-Gespräch mit Reblin, Marsch und Rudi Dutschke.)

8 Ibid., S. 400.

9 Ernst Bloch, *Tübinger Einleitung in die Philosophie*, Bd. 2, Frankfurt 1964, S. 166.

10 Ibid., S. 165.
11 Ibid., S. 178.
12 Ibid., S. 178.
13 Ernst Bloch, *Das Prinzip Hoffnung*, Bd. 3, Frankfurt 1959, S. 1602.
14 Cf. Ernst Bloch, *Experimentum Mundi* (Gesamtausgabe, Bd. 15), Frankfurt 1975, v. a. S. 181 ff., S. 248 ff.

I
»Die Welt bis zur Kenntlichkeit verändern«* (1974)

1.
Ludwigshafen-Mannheim; Jugendzeit und erste philosophische Begegnungen

E. B.   Ich stelle mir vor, ich bin unter Freunden und erzähle etwas aus meinem Leben und meiner Arbeit. Das nun sei auch hier der Fall, ohne alle Wichtignehmerei von allzu Privatem an sich, was nicht in Frage kommt; ich möchte darüber nicht hinausgehen.

J. M.   Herr Professor Bloch, in Ihrem Buch *Spuren* heißt ein Abschnitt *Geist, der sich erst bildet,* in dem Sie von Ihrer Kindheit und frühen Jugend berichten. Erzählen Sie uns von dieser Zeit, Ihrem Elternhaus, der Schule.

E. B.   Ja, da möchte ich mal ganz klein anfangen. Dieses kleine Kapitelchen, *Geist, der sich erst bildet,* versucht Erinnerungen wachzurufen aus der Zeit, als man drei Jahre alt war, und läuft so weiter, mit Elternhaus und Schule selbstverständlich, den ersten philosophischen Schriften usw., endet aber mit dem siebzehnten Lebensjahr, und der letzte Satz schließt, die ganze Sammlung meinend, mit der Feststellung: »und wird nicht fortgesetzt.« Dieses Versprechen breche ich also jetzt, indem ich doch etwas fortsetze.

J. M.   Sie sind in der Industriestadt Ludwigshafen am Rhein geboren und lebten dort bis zu Ihrem Abitur. Diese Stadt sowie die benachbarte Stadt Mannheim haben, wie Sie das in Ihrem Aufsatz *Ludwigshafen–Mannheim* darstellen, Ihre Entwicklung in doppelter Weise beeinflußt . . .

* Dieses Gespräch mit Ernst Bloch wurde im Mai 1974 geführt und war für die Sendereihe »Les Archives du 20è siècle« des französischen Fernsehens bestimmt, wurde jedoch bis heute nicht ausgestrahlt. Die Fragen stellte José Marchand. Der Abdruck in diesem Band erfolgt mit freundlicher Genehmigung der Société Française de Production (S.F.P.).

E. B.   Ich bin, wohl nicht ohne Zufall und nicht ohne Nachwirkung, in einer süddeutschen, bayerischen Industriestadt geboren. Als ich auf die Welt kam, hatte Ludwigshafen etwa 30 000 Einwohner, und die Stadt selber war erst knapp vierzig Jahre alt.

Häßlich, das nackte, schonungslose Gesicht des Spätkapitalismus, verhungertes, verlumptes, ausgebeutetes Proletariat, nichts vom sogenannten geistigen Leben.

Auf der anderen Seite des Rheins liegt die alte kurpfälzische Residenzstadt Mannheim, noch heute berühmt wegen ihres großartigen Theaters.

Der Unterschied zwischen den beiden Städten ist dadurch gekennzeichnet, daß Mannheim das größte Theater Deutschlands hat und Ludwigshafen die größte Fabrik, nämlich I.G. Farben. Und dieses nahe Zusammensein zweier sich gegenüberliegender Städte, auf beiden Seiten des Rheins, der im Süden nach Speyer führt und im Norden nach Worms, beide nur ungefähr fünfzehn Kilometer von Ludwigshafen entfernt, also im Zentrum der glanzvollsten mittelalterlichen Geschichte, des Heiligen Römischen Reiches Deutscher Nation – dieses Zusammenfließen so vieler geschichtlicher Ströme an einem Ort führt zu Denkanstößen, auf die das Kind schon früh aufmerksam wurde.

Auf der einen Seite gibt es, wie gesagt, das Lumpenproletariat, auf der anderen Seite eine noch intakte Bourgeoisie, die mehr oder minder anmutig in den Logen plaudert. Vor diesem gedanklichen und historischen Hintergrund habe ich den Aufsatz *Ludwigshafen–Mannheim* geschrieben. Er weist auf zwei Archetypen des gegenwärtigen Zustandes des Kapitalismus hin, einmal auf das Erbe und die in ihm enthaltene Lüge, zum andern auf den Überschuß (den kulturellen sowie den anderen Überschuß), der Ludwigshafen gleichsam wie eine Seestadt auf dem Lande erscheinen läßt. Ludwigshafen als ein Ausdruck für die internationale Bahnhofshaftigkeit unseres Lebens, für diese Aufbruchstimmung, für dieses »Unzuhause«, für diese Unwirtlichkeit der Städte.

Auf der anderen Seite erhebt sich das Problem der guten alten gebauten Stadt mit ihrer reaktionären Nostalgie, die sich schon in der Stadtplanung als die Sehnsucht der »guten schönen alten Zeit« inkarniert, in der noch ein anderer Archetyp, eine andere Kategorie umgeht, nämlich die Kategorie »Heimat«.

Auf der einen Seite die internationale Bahnhofshaftigkeit, Heimatlosigkeit, die Bahnhofshaftigkeit des Daseins, die Lust, sich in »lobbies« von Hotels aufzuhalten, die Möglichkeit zu einer neuen Bohème, die in dieser Bahnhofshaftigkeit entsteht. Auf der anderen Seite das Spießertum, die wohlhäbige Bourgeoisie, aber auch die sehr wichtige und erst recht in den Archetypen hervorragende Kategorie »Heimat«. Mit dem Wort »Heimat« schließt übrigens nicht zufällig der letzte Band von *Das Prinzip Hoffnung*, mit der Mahnung, daß wir endlich etwas spüren könnten, was allen in die Kindheit scheint, in der noch niemand war: Heimat.

Dies ist die Bedeutung von »Ludwigshafen–Mannheim« in einem nachdenklichen jungen Leben.

J. M. Wann haben Sie angefangen, Philosophisches zu schreiben?

E. B. Sehr früh. Meine erste Schrift, die ich mit elf Jahren verfaßt habe, war nicht sehr philosophisch. Sie hatte den Titel *Über die Verhütung von Dampfkessel-Explosionen*. Ich hatte zu Weihnachten eine Dampfmaschine geschenkt bekommen, und so interessierte mich der Zusammenhang mit dem Kesselstein in den Töpfen, in der Küche. Ich studierte das Problem, wie man die Dampfkessel-Explosionen, die durch Kesselstein entstehen, verhindern könnte. Das war noch nicht sehr philosophisch, zugegeben. Aber kurz danach, mit dreizehn Jahren, schrieb ich *Das Weltall im Lichte des Atheismus*, mit dem ersten Satz: »Die Materie ist die Mutter alles Seienden. Sie allein hat alles hervorgebracht, und kein überirdisches Wesen hatte dabei die Hand im Spiel.« Das ist nun billiger, vulgärer Materialismus, den ich wohl irgendwo abgeschrieben habe; aber die Sache interessierte mich, und so habe ich mir das schlecht und recht zu eigen gemacht.

Ich hatte davon in meiner Umgebung allerdings so wenig gehört, daß ich die Worte ganz falsch aussprach. Den Titel sprach ich nicht aus: »Das Weltall im Lichte des Atheismus«, sondern: »Das Weltall im Lichte des Atheismus«.* Und ich sagte nicht Materie, sondern »Materie«.** Kurz und gut, es

* -ei- als Diphtong.
** mit Betonung auf der letzten Silbe.

war nur gelesen und nicht gehört, was zugleich den Übergang vom Elternhaus zur Schule darstellt.

Im Elternhaus eine schwierige Mutter, ein Vater, der seit seinem siebzehnten oder zwanzigsten Lebensjahr kein Buch mehr angerührt hat, königlich-bayerischer Eisenbahnbeamter; er las dafür Zeitung, allerdings amusisch, durchaus eine Beamtenseele ... Also ein normaler Mann, in seiner Weise. Aber »Materialismus« oder »Materie« oder gar das griechische Wort »Atheismus« hat er nicht ausgesprochen. Das konnte ich also gar nicht erfahren.

Und das andere war die Schule. Die Schule war entsetzlich. Und zwar ging das von der ersten bis zur neunten Klasse in einem humanistischen Gymnasium. Ich fiel auch durch in der fünften Klasse, in der Obertertia, und im Osterzeugnis stand die Bemerkung: »Dieser Schüler ist zwar Repetent, gleichwohl sind seine Leistungen so gering, daß es fraglich ist, ob er wenigstens in diesem Jahr das Ziel der Klasse erreicht.« Ich hatte es merkwürdigerweise erreicht; aber das Elend ging in der nächsten Klasse weiter, und die Bemerkung, ebenfalls im Osterzeugnis in der nächsten Klasse, hieß: »Dieser Schüler trug ein anmaßendes, unbescheidenes, selbstgefälliges Wesen zur Schau, das mit dem tiefen Stand seiner Kenntnisse durchaus nicht im Einklang steht.«

Ich möchte dazu – zur Ankreidung der Schule – die chronologisch gleichzeitige oder fast gleichzeitige Erinnerung noch berichten, daß ich am Ende dieser Klasse, dieser Untersekunda, also beim Eintritt in die Obersekunda, eine kleine Schrift verfaßte: *Die Kraft und ihr Wesen,* in der ich sagte: »Die Materie als Stoff ist durch eine neue energetische Bewegung in der Physik erledigt. Sie gleicht der Sphinx in der Ödipus-Sage in Theben, wo die Sphinx sich in den Abgrund stürzt, wenn man ihr Geheimnis gelöst hat. Aber an die Stelle tritt nun die Energetik, also die Kraft. Was ist das Ding-an-sich in dieser Kraft, die ja kein Ding ist, was ist Bewegung an sich?« »Die Definition der Bewegung als Ursache der Kraft ist genauso impertinent nichtssagend wie die Definition des Menschen als Ursache seines Schattens.«

Nun suchte ich weiter, nach dem Inhalt und dem Ding an sich, in der Bewegung und der Kraft; zuerst bei Schopenhauer: der Wille zum Leben, bei Nietzsche sogar Wille zur

Macht. Und dann kam die Lösung: Das Wesen der Kraft ist objektive Phantasie, der freie und heitere Geist zum Schaffen und Gestalten und der Unterschied zwischen Sinnlichkeit und Sittlichkeit, der notorische Lüge ist. Dann ging's los mit Jugendstil usw. Das war der Inhalt dieser Schrift.

Ich habe dieses Manuskript Windelband, also dem größten deutschen Philosophie-Historiker, gegeben, und der sagte mir: »Wenn Sie diese kleine Schrift mir jetzt eingereicht hätten und wir hätten uns unterhalten, und Sie hätten Ergänzungen und mehr Philosophiegeschichte eingefügt, hätten Sie bei mir promovieren können.« Ich darf noch einmal das Osterzeugnis in Erinnerung rufen: »Dieser Schüler trug ein anmaßendes, unbescheidenes, selbstgefälliges Wesen zur Schau, das mit dem tiefen Stand seiner Kenntnisse durchaus nicht im Einklang steht.«

Und wir Pennäler, von denen alle anständigeren und die gescheiteren schlechte Noten hatten, haben geschworen, daß wir nie vergessen wollen, was die Schule uns angetan hat, die neun oder zehn Jahre Zuchthaus, zu denen wir in unseren schönsten Jahren verurteilt worden sind.

Ich erzählte diese Geschichte dem hessischen Kultusminister von heute und sagte: »Heute sieht es wohl etwas anders aus?« Und diese Autorität sagte mir: »Nein, es sieht nicht anders aus, es gibt ganz wenige Ausnahmen.«

Das war die Zeit in der Schule, und die Schlüsse, die man daraus ziehen kann, lauten: »Wann hört endlich die Macht der Oberlehrer auf, die die größte Macht über das Leben eines jungen Menschen ist?«

Nachdem ich das sogenannte »Einjährige« erworben hatte, wollte mich mein Vater aus der Schule nehmen und als Lehrling in einer Eisenwarenhandlung unterbringen.

So sieht die Schule aus, so sah sie aus, und so wird sie, wenn nicht etwas geschieht, weiter aussehen. Und in Frankreich, nebenbei bemerkt, soll, wie ich höre, und wie ich hoffentlich nicht zu glauben brauche, es noch schlimmer sein.

J. M. Was veranlaßte nun Ihre Eltern – die Ihren philosophischen Interessen feindselig gegenüberstanden –, Ihnen das Studium der Philosophie doch zu erlauben?

E. B. Da kann ich nur eine lustige Anekdote erzählen, die allerdings genau einhakt.

Als ich das Abitur gemacht hatte, endlich, mit Mühe und Not, fuhr ich mit meinen Eltern in die Schweiz. Wir kamen am Abend an, und als ich aus meinem Hotelzimmer blickte, sah ich unten im Mondschein einen Friedhof mit einem kleinen Tempel, einem kleinen Mausoleum liegen. Vom Fenster aus war nichts wirklich zu erkennen. Als ich aber am nächsten Morgen, als es hell wurde, hinunterging und mir diesen kleinen Tempel, beziehungsweise dieses kleine Mausoleum, näher ansah, entdeckte ich die in die Wand gemeißelte Inschrift: »Hier ruht Georg Friedrich Wilhelm Schelling. Dieses Monument setzte ihm in ewiger Dankbarkeit sein treuer Freund und Schüler, König Maximilian II. von Bayern.«

Ich führte meinen Vater, den bayerischen Beamten, dorthin, und der erkannte nun angesichts dieser Inschrift, daß man, wenn man Philosophie studiert, es im Leben durchaus zu etwas bringen kann, allerdings nur, wenn man sehr viel Fleiß hat, mehr als ich in der Schule gezeigt hatte, und so erlaubte er mir rätselhafterweise, Philosophie zu studieren, allerdings mit der Auflage, auch juristische Vorlesungen zu hören, damit ich Rechtsanwalt werden könne.

Immerhin, es war geschafft, und es ist mir ein Rätsel. Vielleicht ist meine Mutter daran schuld, und hier allerdings wäre Dankbarkeit am Platze. Das klingt alles sehr unwahrscheinlich, ist aber so geschehen.

J. M.   Sie haben gerade den Namen Schelling genannt. Was waren die wichtigsten Lektüren in Ihrer Jugend, und wann haben Sie begonnen, sich mit Politik zu beschäftigen?

E. B.   Das sind eigentlich zwei Fragen, sie hängen jedoch zusammen. Mit Politik – fangen wir damit an –, mit Politik habe ich mich zu beschäftigen begonnen, als ich abends diese verhungerten Proletarier ausgemergelt durch die Straßen Ludwigshafens schleichen sah. Daraufhin suchte ich – lange vergebens! – Kontakt zu sozialdemokratischen Redakteuren, und die haben mir dann sämtliche Parteitagsprotokolle der Sozialdemokratischen Partei gegeben, mit den Reden von Bebel und Rosa Luxemburg, die ich auf diese Weise schon mit vierzehn, fünfzehn Jahren kennenlernte und die mir aus dem Herzen gesprochen haben.

Wir alle waren ja Unterdrückte, wir alle waren Erniedrigte

und Beleidigte gewesen, wir Pennäler, wir Jugendlichen.

Die ersten Aufsätze, die ich danach geschrieben habe, waren politisch. Einer hieß *Weltraubpolitik und menschliche Rechte*. Ein anderer hieß – mit einer ganz hübsch scharfen Fragestellung, wie mir scheint – *War die Kaiserkrönung 1871 in Versailles die Erfüllung der Ideale von 1848 oder Revanche dafür?* Natürlich Revanche!

Die sozialdemokratische Linie ist mir geblieben, bis sie bei der allgemeinen Verbürgerlichung der Sozialdemokratie schließlich erlosch.

Was das Philosophische angeht, so habe ich schon sehr früh angefangen, Marx und Engels zu lesen, vor allem den *Anti-Dühring* von Engels, der leicht verständlich ist.

Damit komme ich wieder auf die alte Kulturstadt Mannheim zurück, deren Schloß eine wunderbare Bibliothek hatte, die noch aus der Zeit des Kurfürsten Karl Theodor stammte. Bis 1860 wurde diese kurfürstliche Bibliothek weitergepflegt, danach hat sich die Bourgeoisie für diese Schloßbibliothek nicht mehr interessiert. Dort war der ganze große philosophische Farbenbogen von Leibniz bis Hegel vollständig vorhanden, und auch alle Schüler Hegels. Eine großartige Sammlung, die heute noch interessant wäre, war dort zusammengetragen, und ich fing dort an zu lesen, zu einer Zeit, als auf sämtlichen deutschen Universitäten über Hegel geredet wurde wie über einen toten, räudigen Hund.

Ich saß in der Schloßbibliothek, in einem großartigen Bibliotheksraum, im Lesezimmer, oben mit Fresken von Tiepolo und reinstem, schönstem, üppigem Rokoko rundum, dort war ich nun mit Hegel beschäftigt und mit Büchern über Hegel, die von seinen Schülern verfaßt worden waren. So habe ich Fichte, Schelling und Hegel früh kennengelernt; was ich nicht verstanden habe, habe ich überschlagen oder zu verstehen gesucht, meistens mißverstanden, vermutlich aber in einer interessierten Weise mißverstanden.

So also ging das mit der Philosophie, und das, worüber ich dann schrieb, war nicht mehr Materialismus oder Atheismus, sondern durch Hegel und vor allem durch Schelling, besonders durch die letzten Schriften von Schelling bestimmt, die ich ebenfalls gelesen habe und die vermutlich kein Mensch in der großen Welt näher kennt. Aber dort in Mannheim standen sie, und ich als naiver Bursche habe sie rausgeholt, *Philosophie der Mythologie und Offenbarung,* vier Bände Vorlesungen, die Schelling in Berlin aus Revanche gegen den Hegelianismus gehalten hat, habe ich von Anfang bis Ende verschlungen.

Der Pantheismus, der in *Die Kraft und ihr Wesen* steckt, ist allerdings geblieben. Es gab nur zwei, allerdings zwei wichtige Pointen, die in der ganzen Philosophie immer weiterspuken. Was ist das Zentrum? Das Subjekt oder das Objekt? Populärer gesagt: die Psychologie oder die Metaphysik? Oder die Kosmologie? Wie kann ich diese unvereinbaren Bündel des »Ich« und des »Nicht-Ich« zusammenbringen? Die Beschäftigung mit dem »Ich« führte im Zusammenhang mit der Verplattung der Zeit, der Psycho-Physik usw. in die Psychologie hinein, und da war der interessanteste Mann, der damals in Deutschland lehrte, Theodor Lipps in München.

Es nahm zeitweilig unter anderem die englische Philosophie mit Berkeley eine führende Rolle ein. Sein »esse est percipi« (»Sein ist Wahrgenommenwerden«) übte eine sehr große Wirkung gegen den Hegelianismus aus, bis hin zu Mach und zu den ersten Zeugen des heutigen Positivismus.

Auf der anderen Seite war die Metaphysik, die Kosmologie, unvergessen. Ich wußte nicht, wie man die beiden zusammenbringen kann. Die Welt ist meine Vorstellung, und die Welt als Wille und Vorstellung – dieser Ansatz scheint bei Schopenhauer ja gelungen zu sein, mir aber scheint er nicht gelungen. Es ging nicht, und es blieb eine unglückliche Sehnsucht nach dieser Welt, nach der Welt von Schelling, Hegel, Leibniz und Eduard von Hartmann, einem der letzten Nachzügler der spekulativen großen deutschen Philosophie, übrig, »aus deren grauem trüben Strom Europa trank«, wie Romain Rolland gesagt hat.

Also dies waren die Alternativen, zwischen denen ich keine Lösung fand. So schwankte ich ein halbes Jahr zwischen der Psychologie auf der einen, der Physik auf der anderen Seite hin und her.

Für die Psychologie sprach nun auch, daß Theodor Lipps in München war, und die Sehnsucht ging damals nach München, unserer heimlichen Hauptstadt. Die Sehnsucht eines Rheinländers in Deutschland ging damals, bis in die zwanziger Jahre, in der Tat nicht nach Berlin, sondern nach München.

Von ganz Bayern ist München mit Abstand die interessanteste Stadt, die Stadt des Jugendstils, auf die die Feststellung zutrifft, die einmal ein Franzose gemacht hat: »Es gibt nur zwei Städte in Europa: Paris und München.« Selbstverständlich nicht Berlin! So war das vor den zwanziger Jahren.

Es kam zu dieser Sehnsucht nach München etwas anderes hinzu, womit ich schon wieder bei der Metaphysik bin, die anschließt an *Die Kraft und ihr Wesen*. Etwa zwei, drei Jahre später ging ich auf den Jahrmarkt, den ich ungeheuer liebte (Jahrmarkt und Zirkus haben mich immer fasziniert, auch in Paris blieb ich immer ergriffen stehen, wenn ich eine »foire« sah). Da gab es Lufballons, die die Knaben und Mädchen an einer Schnur festhielten, und der Ballon war grün, rot, weiß und gelb, je nachdem, und innen war Leuchtgas, und das zog immer in die Höhe; das Ganze kostete zwanzig Pfennige, und wenn man die Schnur nicht festhielt, stieg der Luftballon in die Höhe und ward nicht mehr gesehen. Die zwanzig Pfennige waren verloren, er war verschwunden. Er stieg zunächst mit großer Kraft und Geschwindigkeit in die Höhe, dann wurde er immer langsamer und langsamer. Und der keimende Metaphysiker mit zwölf, dreizehn, vierzehn Jahren – das Alter weiß ich nicht mehr –, wunderte sich darüber und schrieb ein Traktat *Neue Hypothese über die Schwerkraft*. Es richtete sich gegen keinen Geringeren als Newton.

Newton behauptet, daß alle Dinge nach dem Erdmittelpunkt streben. Der Ballon sinkt aber nicht und strebt gar nicht nach unten, sondern er strebt nach oben, vom Erdmittelpunkt weg, und mit desto größerer Energie und Kraft schwebt er nach oben, je weiter er von diesem Erdmittelpunkt, von diesem ihm gleichen Dichtigkeitspunkt in der Luft entfernt ist und je dicker die Luft um ihn herum ist; wenn die Luft dünner wird, also in zwei oder drei Kilometern Höhe usw., läßt er in seiner Intensität des Strebens nach. Er steht erst dann still, wenn die Luft um ihn herum genau so dünn ist wie der Inhalt des Ballons selber, wenn also eine Homogenität erreicht ist zwischen der Außenluft und der Innenluft.

Das ist die metaphysisch-kosmologische, närrische Ideologie eines Jungen, der durchbrennen will, der in die ihm gleiche Dichtigkeit der Luft kommen will, der nach München will, zu Atelierfesten, in die große Musik, in die zwei Pinakotheken, zu schönen Studentinnen und Schauspielerinnen, der erleben will, was in die Phantasie greift. Das ist der gleiche Dichtigkeitspunkt, und deshalb habe ich Newton verworfen.

In dieser kindlichen Hypothese, wenn man das so nennen kann, steckt die Metaphysik wieder drin, die Metaphysik der Sehnsucht und des Hinstrebens zu der homogenen Umgebung; des Ausreißens nach München und dahin, was auch damals schon mit der Pubertät langsam anfing, eine Rolle zu spielen, hin zu meiner Traumgräfin Iniza und München; die schlossen ein Bündnis, und es war wieder dasselbe wie die Luft, bei der der Luftballon endlich angekommen ist. Aristoteles nennt dergleichen »Begegnung ist unvollendete Entelechie«.

Das ungefähr wäre die Antwort auf die Frage, wie ich zur Philosophie gekommen bin. Ein Freund in Amerika, dem ich das einmal erzählte, sagte: »In der vorsokratischen Philosophie wurden noch größere Dummheiten behauptet.« Ein schöner Satz!

J. M. Weshalb haben Sie neben Philosophie auch noch Musik und Physik studiert? Und welche Komponisten haben Sie in dieser Zeit besonders geliebt?

E. B. Das mit der Physik liegt ja auf der Hand schon wegen der Schwerkraft und den Luftballons, und weil alle Knaben, die halbwegs etwas taugen, ein Interesse für Physik haben. In unserer Klasse hatte ich gar keine Physik bis zur Untersekunda. Das kam also noch zu Hegel hinzu.

Für Musik allerdings bestand schon ein ursprüngliches Interesse; ich lernte Klavier spielen, und ich kann meinen Eltern nur dafür danken, daß sie mir Klavierstunden geben ließen. Mein Lieblingsmusiker war lange Zeit Mozart. Neben ihm ließ ich kaum einen anderen gelten, außer vielleicht Bach. Gegen Wagner hatte ich einen abgrundtiefen Haß durch ein sonderbares Erlebnis, als ich dreizehn Jahre alt war. Ringsum stand damals Wagner – wie heute noch in Frankreich, England und Amerika – ganz hoch im Kurs. Wagner wurde im gleichen Atemzug genannt mit Äschylus und Michelangelo. Das war so üblich. Aber ich mußte mit dreizehn Jahren einen Abonnementsplatz im Hof- und Nationaltheater Mannheim absitzen. Es wurde die *Götterdämmerung* gegeben. Ich verstand kein Wort, und die Musik war derart laut, daß sie mich abstieß.

Kurz und gut, es war entsetzlich. Sechs Stunden hat das Ganze gedauert. Nur am Schluß wurde ich aufmerksam, als die Bühne rot wurde – bei der Götterdämmerung wird die Bühne rot –; ich glaubte, das Theater brenne. Und da alle Jungen eine große Freude haben, wenn es irgendwo brennt, und sie lossausen, um das zu sehen, blieb ich sitzen, obwohl das Theater dunkel wurde und der eiserne Vorhang schon runterging. Der Logenschließer mußte mich hinauswerfen, und ich sah, daß dieser Brand aufgehört hatte. Also auch das war Schwindel!

Von da ab hatte ich – nicht wegen des Brands allein, sondern wegen des Lärms – ein solches Mißfallen an Wagner, daß ich ihn überhaupt nicht hören wollte und nichts von ihm verstand, bis ich mit meinem Vater in ein Lehrergesangsverein-Konzert in Mannheim gehen mußte, wo dreihundert Lehrer aus ganz Süddeutschland mit dicken Bäuchen sich hinstellten und kleine Liebeslieder sangen, im Chor, Baß, Bariton und Tenor. Entsetzlich! Eben eines von den Konzerten, bei denen es helles Bier gab. Am Schluß aber spielten sie den Matrosen-chor aus dem *Fliegenden Holländer,* den ich nicht kannte. Und da horchte ich auf, vor allem an der Stelle bei dem Matrosentanz, wo die None kommt und zu dem A in der nächsten Oktave geht. Das erinnerte mich an meinen geliebten Karl May und an die englischen Seeräuber-Romane. Später schrieb ich für eine avantgardistische Musikzeitschrift, die von Schönberg inspiriert war, in Wien einen Aufsatz mit dem Titel *Rettung Wagners durch Karl May.* So habe ich Wagner mir und anderen erobert in einer Zeit, in der er verachtet war.

Aber mit der Musik war es nicht weit her; meine Einstellung zu ihr war rein rezeptiv. Ich kann nur sagen, wenn ich nicht eine gewisse philosophische Begabung besessen hätte, wäre ich wohl Dirigent geworden. Ich konnte fast alle Partituren und die Klavierauszüge spielen, aber nicht ein einziges Thema, nicht eine einzige Durchführung, nicht ein einziger Kontrapunkt eigener Art sind mir je auch nur im Traum gelungen, von der Zeit des Wachseins gänzlich zu schweigen.

Ich wäre vermutlich ein mediokrer Kapellmeister geworden, gäbe es nicht, wie gesagt, die Konkurrenz durch ein gewisses philosophisches Talent.

J. M.   Mit welchen bedeutenden Menschen haben Sie in Ihrer frühen Jugend korrespondiert?

E. B.   Ja, da müßte ich lange in meinem Gedächtnis graben, um die Namen noch zu finden. Theodor Lipps in München, Wilhelm Wundt, und von den Philosophen: Wilhelm Windelband[1], Eduard von Hartmann, Ernst Mach[2] und alle, deren Namen durch die Mauern von Ludwigshafen-Mannheim zu mir gedrungen sind.

Ich hatte das so angefangen, daß ich Fragen an sie stellte und um Aufklärung bat über einzelne Sätze in ihren Schriften – wahrscheinlich sehr wenig zuständige oder kenntnisreiche Fragen, weil ich ja Hegel besser kannte als Lipps. Aber da mußte ich doch für die Rückantwort eine Briefmarke beilegen: ich dachte mir, das sei höflich. Und da dies zehn Pfennige kostete, habe ich an die meisten nur engbeschriebene Postkarten geschickt, und die so Angesprochenen haben sauer darauf reagiert. Ein gewisser Theobald Ziegler aus Straßburg antwortete z. B. so: »Probleme lassen sich nicht auf Postkarten lösen.« Sehr indigniert, von oben herab. Und diese Briefe durften nicht etwa an meine elterliche Wohnung adressiert werden, sondern die habe ich postlagernd auf der Post abgeholt.

Ich besitze keinen dieser Briefe mehr, mit Ausnahme eines Briefs an Ernst Mach, der ein wenig umfänglicher ist; er ist mir später zugeschickt worden vom Ernst Mach-Museum in Freiburg.

Ich habe es nicht gewagt, nach Heidelberg zu fahren, um Windelband zu besuchen; wenn das rausgekommen wäre, hätte ich Karzer bekommen und nachsitzen müssen.

Die wahren Philosophen, die hatte ich ja alle in Mannheim in der Bibliothek. Die Philosophen, von denen ich etwas lernen konnte, waren alle schon seit mindestens fünfzig Jahren tot, zum Teil auch schon seit über hundert Jahren, so daß die Briefwechsel ohnehin nicht von besonderem Respekt getragen waren ausgenommen vielleicht der Briefwechsel mit Lipps und, später, der mit Simmel. Darauf kommen wir aber noch.

J. M.   Ja, das führt gleich zur nächsten Frage. Sie sind nach Ihrer Promotion 1908 in Würzburg bei Professor Külpe[3] nach Berlin gegangen, wo Sie in näheren Kontakt mit Georg Simmel[4] kamen und wo Sie an seinem Privatkolloquium teilgenommen haben. Hatte Simmel denn auf Ihr Denken einen Einfluß?

32

E. B.   Auf das Denken vielleicht weniger als auf die Art des Denkens.

Das war Impressionismus in der Philosophie. Doch bevor ich Simmel selber kennenlernte, hat mich die Tatsache, daß eine enge Bekanntschaft zwischen Simmel und Bergson bestand, tief bewegt. Diese andere Sprache, die nichts Schulmeisterhaftes an sich hatte und nicht Epigonentum war, sondern endlich wieder einen Kontakt mit dem ungeheuren Weltgeheimnis an kleinen Erscheinungen herzustellen versuchte, machte mir Eindruck. Die Feinfühligkeit und Fügsamkeit in der Sprache, mit der philosophiert wurde, die Breite auch, die interessante Breite der Themen – über Rembrandt und über Kant schreibt derselbe Mann in einem verwandten Stil –, das hat mich schon sehr früh fasziniert und machte Simmel zu einer großen Ausnahme unter den Halb- oder Garnicht-Philosophen auf akademischen Stühlen.

So kam es also zu meinem ersten Besuch bei Simmel. Der ging zunächst schlecht aus.

Simmel hatte ein Kolloquium, und ich bat um Erlaubnis, an dem Kolloquium teilnehmen zu dürfen; ich sagte damals den Satz, den ich behalten habe, weil mich Simmel zuweilen an ihn erinnerte: »Ich habe jetzt in Würzburg promoviert und habe mir als Belohnung dafür Berlin und Sie selbst, Herr Professor, ausgesucht.« Worauf Simmel ganz kalt und hochfahrend erwiderte: »Halten Sie es denn, Herr Doktor, für ein so großes Verdienst zu promovieren, daß Sie eine Belohnung brauchen?« Kurz, die Haltung Simmels war nicht freundlich. »Mein Kolloquium ist völlig besetzt, es findet hier in meiner Wohnung statt, an einem großen Tisch, mehr als zwölf Personen kann ich hier nicht aufnehmen. Es hat keinen Zweck, daß wir uns weiter darüber unterhalten, Herr Doktor.«

Nun, so kann eine Begegnung zwischen Simmel und mir nicht ausgehen. Ich blieb sitzen und erzählte ihm von meiner damaligen Schrift, die fast aus dem Nichts über mich gekommen war, über das noch nicht bewußte Wissen, also die Entdeckung des »Noch-nicht-Bewußten« und des »Noch-nicht-Gewordenen«. Den ersten Blitz hatte ich mit zweiundzwanzig Jahren, den einzigen und ersten originalen Gedanken, alles andere war selbstverständlich entweder von Mach abhängig oder von Hegel, ein unglückseliges Pendel zwischen

33

beiden, zwischen Psychologie und Metaphysik.

So blieb ich auf meinem Stuhl sitzen und fing an, über die Theorie des Noch-nicht-Bewußten zu sprechen, zum Unterschied vom Nicht-mehr-Bewußten, wie es von Freud behandelt ist und von Eduard von Hartmann in anderer Weise. Es ging mir aber primär um das Unbewußte, um das, was vor uns dämmert, um das, was erscheint in der Jugend, in Wendezeiten wie Renaissance, Sturm und Drang, in der Französischen Revolution, in der Frühromantik und in dem Pathos des Neuen, dem eigentümlichen Pathos des Kreativen im Menschen selber, also dem, was man etwa Genie darin nennt.

Simmel war davon beeindruckt. Wir haben später oft darüber gesprochen. Ich erzählte weiter. Nun kam etwas, das ich noch nie bei einem Mann erlebt hatte, das aber sehr bezeichnend war und für Simmel spricht. In seine Augen trat ein Glänzen, während ich weitersprach; zuerst hörte er kaum zu – wie ich es nur bei Frauen kennengelernt habe. Ein Vergnügen ersten Ranges ist es, mit Frauen zu verkehren, die mit dem Ohr lieben, also primär auf das achten, was der Mann sagt, und nicht darauf, wie er aussieht, was wir Männer leider vorab als Gesichtspunkt haben. Also ein Hören mit diesem Glänzen in den Augen.

Kurz: Simmel hörte, wie mir schien, ergriffen und betroffen zu und sagte dann eiskalt: »Nun, es scheint, daß Sie ja wirklich ein besonderes philosophisches Interesse Ihr eigen nennen. Ich werde mal sehen, vielleicht sagt einer von meinen Kolloquium-Freunden ab. Geben Sie mir auf jeden Fall Ihre Adresse.« Die gab ich ihm und ging erleichtert weg.

Am Abend, um sieben oder halb acht, kam ein Rohrpostbrief von Simmel: »Es hat sich doch gezeigt, daß Sie Platz finden können in meinem Kolloquium, und ich bitte sehr um Ihren Besuch am nächsten Dienstag nachmittag zu diesem Kolloquium.« Der Groschen war gefallen.

Das war der Beginn meiner Bekanntschaft mit Simmel. Vierzehn Tage später – gegen Semesterende – fuhren wir gemeinsam nach Italien. Und dort habe ich einen Generalausverkauf meines Jugendphilosophierens machen müssen. Ich kam mir vor wie Abigail, die der König David an sich geschnallt hat, um in seinem fortgeschrittenen Alter der Liebe teilhaftig zu werden. Simmel war der König David, ich war

Abigail. Ich wurde völlig in Beschlag genommen von Simmel, was ich aber ganz gern mitgemacht habe.

Und so war ich nicht nur im Kolloquium, sondern es entstand eine Freundschaft. Bei Simmel habe ich übrigens auch Georg Lukács kennengelernt. Darüber können wir vielleicht nachher sprechen.

Am Ende dann kam eine Entfremdung, weil der dauernde Impressionismus mich störte, das dauernde »Angeregtsein«, der Relativismus, der damit verbunden ist, der sich in alles hineinwindet und aus allem wieder herauswindet; das störte mich, dieses Reden ohne eine bestimmte Behauptung, ohne ein Was, das beständige Tertium datur. Bei Simmel gab es nie ein gebietendes Lehrwort, nie einen schöpferischen Gedanken, bei dem ein Halt gewesen wäre, an den man sich hätte halten können. Immer wieder gab es neue Impressionen. Also ein gefräßiger Relativismus, dem man zu viel Ehre des Begriffs antut, wenn man ihn einen prinzipiellen Relativismus nennt. Nicht einmal das Prinzip war da.

Es entstand, wie gesagt, eine philosophische Entfremdung. Das Ende kam mit Simmels Einstellung zum Ausbruch des Ersten Weltkriegs. Daß der Freund Bergsons, der Liebhaber und Bewunderer der französischen Kultur, der französischen Küche und des französischen Weins, den Krieg mitmachte und er, der Privatdozent mit dem Titel »Außerordentlicher Professor« war, der als Jude niemals eine Stellung in Berlin bekam (seine Kollegs waren überfüllt, aber er selbst blieb akademisch ohne Beachtung, ohne offizielle Beachtung durch all die Maulhelden, Ignoranten, Halbtalente und Mediokritäten, die philosophische Lehrstühle besetzt hatten), daß selbst er kapitulierte, *der Mann*, der mir gesagt hatte: »Eine spätere Historie wird zwei große Unglückszeiten für Deutschland feststellen. Die erste: den Dreißigjährigen Krieg, die zweite: Wilhelm II.«, das war mir unbegreiflich.

Ich schrieb ihm einen Brief: »Sie haben niemals eine definitive Antwort auf etwas gesucht, niemals. Das Absolute war Ihnen vollkommen suspekt und verschlossen, auch das Hinstreben zu einem Absoluten war Ihnen verschlossen. Heil Ihnen! Nun haben Sie es endlich gefunden. Das metaphysische Absolute ist für Sie jetzt der deutsche Schützengraben!«

So kam es zum Krach. Wir haben uns dann in Heidelberg

noch einmal auf der Plattform einer Elektrischen gesehen. Simmel hatte einen Vortrag in der Heidelberger Universität zu halten. Ich habe ihn nicht gegrüßt, er aber grüßte mich, und davon war ich doch ergriffen. Ich habe kühl geantwortet, aber ich ging in seinen Vortrag. Der war entsetzlich. Es war ein einziger Pro-Kriegs-Vortrag, alldeutsch bis zum Exzeß, völlig unbegreiflich. Und das war das Ende. Er wurde dann Professor in Straßburg.

Wir hatten noch unsere gemeinsame Freundin, Margarete von Bendemann, Margarete Susmann, wie sie mit Mädchennamen hieß, die auch die Abkühlung gegen Simmel mitmachte.

So endete das Ganze, leider, durch diesen unbegreiflichen Abstieg Simmels zu einem deutsch-nationalen Kriegspatrioten. Während es doch in Heidelberg oder bei höheren Intellektuellen zur Selbstverständlichkeit gehörte, daß man den Krieg ablehnte und Wilhelm II. nach wie vor als ein Unglück für Deutschland und die Welt betrachtete . . .

J. M. In dieser Zeit konzentrierten sich Ihre Gedanken auf den Entwurf einer Erkenntnistheorie mit utopischen Tendenzen als Objekt der Erkenntnis. Hat nicht diese Erkenntnistheorie Ihre ganze zukünftige Philosophie bestimmt?

E. B. Nein, die zukünftige Philosophie ist durch die Entdeckung des Noch-nicht-Bewußten bestimmt, also durch die andere Bedeutungsgebung und große, sehr große Ausweitung des Prinzips Utopie. Also noch nicht Wachtraum, Tagtraum. Der Tagtraum ist bei Freud eine kleine Vorstufe des Nachttraums, wenn auch etwas ganz anderes, mit allen möglichen Eigenschaften, die dem Tagtraum gar nicht zukommen. Und dieses Noch-nicht-Bewußte, dessen Korrelat das Noch-nicht-Gewordene in der Welt ist, und die Welt des Experiments, in der ebenfalls etwas Noch-nicht-Gewordenes versucht wird – dies ist der Ursprung meiner Philosophie. Diese Gedanken hatte ich bis in das Alter von 22 Jahren.

Das Erkenntnistheoretische ist eine alte, alte Sache. Das hängt ja schon mit dem Psychologismus zusammen, mit Berkeley und mit dem Subjektivismus, dem transzendentalen Subjektivismus bei Kant. Aber nun kam das hinzu, und ich habe, noch beeinflußt durch Thomas von Aquin und die scholastische Erkenntnistheorie gegen Kant, 1913 in Garmisch begonnen, eine Erkenntnistheorie zu schreiben, aus der nicht unwichtige Sätze in dem Buch, das ich jetzt abgeschlossen habe, enthalten sind. Und meine eigene Philosophie – wenn ich so sagen kann –, die steckt in der Theorie des Noch-nicht-Bewußten, in dem Begriff »konkrete Utopie« statt »abstrakte Utopie«. Der Titel des Buchs, von dem ich gesprochen habe, heißt deshalb *Das Experiment der Welt**, mit dem Untertitel *Zentren der Kategorienlehre.*

2.
Expressionismus, *Geist der Utopie*, Schweizer Exil, Oktoberrevolution und Revolution in Deutschland

J. M. Im Jahre 1913 haben Sie Else von Stritzky, eine Bildhauerin aus Riga, geheiratet. Sie lebten mit Ihrer Frau in Heidelberg bis 1914, von 1914 bis 1917 in Grünwald im Isartal. Dort entstand auch Ihr erstes Werk *Geist der Utopie*. Könnten Sie bitte von diesem Buch erzählen, dessen bedeutendster Teil die »Philosophie der Musik« ist?

E. B. Der längste Teil, würde ich sagen. Ja, *Geist der Utopie;* ich habe den Titel nach einem französischen Vorbild gestaltet, nach Montesquieus *L'Esprit des lois*. Geist der Utopie, nicht Geist der Gesetze. Aber »esprit« läßt sich wohl am ehesten mit Geist übersetzen.

»Esprit« in Frankreich, »Geist« in Deutschland meint manchmal das gleiche oder Verwandtes. Eine kleine Einleitung mit dem Titel *Absicht*. Die richtet sich vor allem gegen den Krieg, aber mit einem Schluß, der fragt, woher das kommt, diese Blindheit, dieses Versagen der Deutschen, die sogar noch gejubelt haben über das Verbrechen. Der Krieg wurde in Potsdam gemacht, wo denn sonst, und alles andere ist Lüge, und wo kommt das her? Weil wir keine Gedanken mehr haben, weil wir lange aufgehört haben, das Volk der Dichter und Denker zu sein, weil es nichts Grundsätzliches mehr gibt; denn der Bauch, dem ist der Spaß sein Gott, alles andere ist zur Unterhaltung herabgesunken.

Wir haben Sehnsucht – ich zitiere aus der *Absicht:* »Wir

---

* Cf. Ernst Bloch, *Experimentum Mundi. Frage, Kategorien des Herausbringens, Praxis,* Frankfurt 1975, Gesamtausgabe Bd. 15.

haben Sehnsucht und kurzes Wissen, aber wenig Tat, und was deren Fehlen miterklärt, keine Weite, keine Aussicht, keine Enden, keinen prinzipiellen utopischen Begriff. Dieses zu finden, das Rechte zu finden, um dessentwillen es sich ziemt zu leben, organisiert zu sein, Zeit zu haben, dazu gehen wir, bauen wir die phantastisch konstitutiven Wege, bauen wir ins Blaue hinein und suchen dort das Wahre, Wirkliche, wo das bloß Tatsächliche verschwindet – incipit vita nova, das ist der Schluß der *Absicht*, also mit dem Krieg verbunden der besondere, der utopisch-prinzipielle Begriff.«

Dann folgt der mittlere Teil mit dem Gesamttitel *Selbstbegegnung*. Dann das nächste Kapitel: etwas ganz Bescheidenes am Anfang – ein alter Krug, der betrachtet wird, und je länger ich diesen alten Krug ansehe, desto mehr kann ich selber krugmäßig geformt werden. Ich werde nicht mit jeder Pfütze grau, nicht mit jeder Schiene krumm gebogen, wohl aber kann ich krugmäßig geformt werden. Und so ist das Ornament, wie es in dem Krug steckt, in dem alten Bartmanns-Krug, der aus dem Rheinland stammt (schon aus dem 15., 16. Jahrhundert). In diesem Krug geht die Selbstbegegnung zuerst auf, liegt also sozusagen in dem Laden, in der Auslage, im Schaufenster.

Dann kommt der zweite Teil: die *Erzeugung des Ornaments*. Das ist eine Philosophie des Expressionismus, in der Malerei noch mehr als in der Dichtung. Dann kommt der Hauptteil: *Philosophie der Musik*. Dann der Schlußteil von der Selbstbegegnung: *Die Gestalt der unkonstruierbaren Frage*, die geht auf das Nebenbei, auf das Unscheinbare; sie nimmt ein Motiv aus einem Grimmschen Märchen auf, in dem der Alte einen Jungen in eine Höhle schickt, wo ein großer Schatz für ihn bereitliegt. Der Junge geht hinein und sieht Kisten mit Gold und Juwelen und stopft sich die Taschen voll und geht heraus, obwohl ihm der Alte gesagt hatte: »Vergiß das Beste nicht.« Doch der Junge hat es gar nicht gesehen, es war eine kleine blaue Blume – und gerade sie erschien ihm unwichtig. Sie wäre aber das Wichtigste gewesen.

Das ist eine kleine Allegorie für die wirkliche Frage, die uns auf den Lippen schwebt, die aber durch die bereits gelieferten Antworten oder auch Antwortversuche nicht ganz zur Geltung und zum Austrag kommt.

Es ist so, ein Mann will etwas kaufen. Es fehlt ihm etwas, er weiß aber nicht was. Er geht in ein großes Warenhaus. Da kommt nun eine Verkäuferin oder ein Verkäufer und bietet ihm alles mögliche an: Hosen, Schlipse, Krawattennadeln, Glühbirnen, Bücher, Fahrräder usw. usf. Am Schluß kauft er irgend etwas, was er aber gar nicht haben will. Es wurde ihm nichts anderes angeboten. Er hatte seine ursprüngliche Frage, sein ursprüngliches Staunen, das Staunen der Kinder, das die Erwachsenen in eigentümlichen Augenblicken haben, die ebenfalls einen ganz unscheinbaren Inhalt zu haben scheinen; Hofmannsthal hat manches davon gesammelt.

Dies versuche ich in dem sehr metaphysischen Schlußkapitel der *Selbstbegegnung* zu behandeln: die Gestalt der unkonstruierbaren Frage, die nicht zurechtgebogen wird auf eine paratliegende Antwort, sondern die noch gar keine Antwort hat, wo aber alles darauf ankommt, daß die Frage selber unverwechselbar mit der ausstehenden Antwort formuliert wird, so daß wir also nicht nur eine Logik hätten, sondern eine Problematik, eine Wissenschaft von der Frage selber, aus der alle anderen Realprobleme schließlich entstammen. Das ist der Schlußteil der *Selbstbegegnung*.

Ich habe vorhin vergessen zu sagen, daß zwischen dem alten Krug und dem dann nachfolgenden Absatz *Die Erzeugung des Ornaments* die *Philosophie der Musik* steht, die eine Geschichte der Musik enthält, eine Geschichtsphilosophie und eine Theorie der Musik, also Harmonielehre, Kontrapunkt, die beiden Formen Fuge und Sonate, zugleich Symphonie und so fort, mit einem epatierenden und sehr fragenreichen Schlußsatz, in dem untersucht wird, auf was die Musik eigentlich losgeht und was es überhaupt mit dieser eigentümlichen Kunst auf sich hat, die als mehrstimmige Musik erst im 13. und 14. Jahrhundert beginnt. Musik gab und gibt es bei allen Völkern, aber sie ist einstimmig, es fehlt also die andere Linie darin, es fehlt der Kontrapunkt, die Gegenstimme, die, wie der Choral, der alte Gregorianische Choral, noch einstimmig ist. Dann kommt die Mehrstimmigkeit. Diese Kunst ist erst wenig mehr als vierhundert oder fünfhundert Jahre alt. Sie ist die jüngste aller Künste.

Was bedeutet der Ausdruck in der Musik? Will er etwas sagen, was die Sprache nicht sagen kann, die wir haben, und alle Ornamente in der bildenden Kunst und der Lyrik auch nicht? Das könnte nur durch Musik gesagt werden. Diese Stunde der Sprache in der Musik, wie ich das nenne, mit der Musik als einer »poesis a se«, die von selbst etwas spricht, das mit unserer Sprache gar nichts gemein hat, das auch alle Menschen zu verstehen glauben, wenn sie ein Verhältnis zur Musik haben, aber von dem keiner weiß, was es bedeutet.

Das ist das Thema des Schlußteils, und diese Sprache der Musik wird durch die Kompositionen mit überlegtem Text, also Lied, Oratorium und Oper, verdeckt. Wenn das wegfällt, fällt natürlich nicht Bach weg und nicht Beethoven, aber wir hören plötzlich – und das wird eintreten müssen – diesen metaphysischen Kehlkopf, etwas ganz anderes, noch nie Gesagtes, das sich nur in Musik ausdrücken läßt.

Die Stunde der Sprache der Musik wird kommen, und sie bringt uns einen ganz neuen Inhalt und eine ungeheure Blüte und unverhoffte Inhaltsfülle von Selbstbegegnung.

Dann folgt *Die Gestalt der unkonstruierbaren Frage*, wie erwähnt, und dann der letzte Teil mit dem Gesamttitel *Karl Marx, der Tod und die Apokalypse*. Hier geht es nun nach außen. Der Untertitel heißt *Karl Marx, der Tod und die Apokalypse, oder Darstellung der Weltwege* (Weltwege gesperrt gedruckt), im Unterschied zur Selbstbegegnung, Darstellung der Weltwege vermittels derer das Innere auswendig und das Auswendige wie das Inwendige werden kann. Also Beziehung vom Subjekt zum Objekt. Das Inwendige wird auswendig, das Auswendige kann nur wie das Inwendige werden. In der Mitte steht die stärkste Gegenutopie: das Phänomen des Todes. Was sind hier für utopische Wunschbilder oder Möglichkeiten in der Geschichte der Menschheit aufgetreten! Das sind alles Dinge, die erst im *Prinzip Hoffnung* ausführlich behandelt werden.

Es kam die Zeit, in der Noske das revolutionäre Feuer ausgetreten hat, einer der allerschlimmsten rechten Sozialdemokraten, und in der die Neue Sachlichkeit in der Kunst begann. Es war die Resonanz weg. Selbstverständlich hörte – mit einigen rühmlichen Ausnahmen – die Betroffenheit von einer neuen deutschen Metaphysik auf.

Soviel über den *Geist der Utopie*, der mehrfach erschienen ist. Es gibt davon drei Ausgaben: die erste ist die von 1918, die von 1915 bis 1918 in Grünwald im Isartal, mit meiner Frau

Else zusammen geschrieben wurde, der auch das Buch gewidmet ist. Und in der letzten Ausgabe, in der Gesamtausgabe, auch schon vorher in der zweiten, steht die vollständige Widmung mit folgendem Wortlaut: »Dem immerwährenden Gedenken an Else Bloch von Stritzky, gestorben am 2. 1. 1921.« »Immerwährend« ist zugleich eine Vorwegnahme des Buchs *Geist der Utopie*, und so wird sie uns in Erinnerung bleiben, nicht nur in meiner.

J. M. Sie haben *Geist der Utopie* in veränderter Gestalt 1923 in Berlin neu erscheinen lassen. Was bewog Sie dazu, das Buch zu ändern?

E. B. Etwas psychologisch Privates, daß nämlich der Tod dieser Frau mich daran hinderte, neue Bücher zu schreiben. Und das konnte doch nicht ihr Wille sein! Ich wollte nichts schreiben, was sie nicht kennt, nichts anderes als dieses. Also ging die ganze Produktivität in eine neue Ausgabe des *Geist der Utopie* ein. 1923 erschien das Buch in einer anderen Ausgabe, inhaltlich ist in ihr nichts verändert, gar nichts, aber Neues wurde hinzugefügt und das andere stilistisch umgearbeitet. Hinzu kam unter anderem ein politischer Teil über die Gedankenatmosphäre der damaligen Zeit, über den Weltkrieg 1914 und die Deutschen. Viele logische Kapitel habe ich herausgenommen und später in einem eigenen Buch, ebenfalls bei Paul Cassirer in Berlin erschienen, unter dem Titel *Durch die Wüste* veröffentlicht.

Diese zweite Ausgabe ist die Grundlage für den *Geist der Utopie* in der sehr wenig veränderten, aber übersichtlicher gemachten Fassung in der Gesamtausgabe, die bei Suhrkamp in Frankfurt erschien.

Später erschien eine Fülle neuer Bücher, darunter das zweibändige Grund- und Hauptbuch *Das Prinzip Hoffnung*, das sich ja auf den *Geist der Utopie* gründet.

J. M. 1917 ist es Ihnen gelungen, im Kriege Deutschland zu verlassen und in die Schweiz zu gelangen. Karl Jaspers half Ihnen dabei. Sie übernahmen eine wissenschaftliche Aufgabe im Auftrag des Archivs für Sozialpolitik in Heidelberg, zur Fertigstellung einer Untersuchung *Pazifistische Programme und Utopien in der Schweiz* (1918 in diesem Archiv erschienen). Außerdem haben Sie in der *Freien Zeitung* und im Freien Verlag, Bern, in der Opposition gegen Hindenburgs und Ludendorffs Krieg mitgearbeitet. Mit wem standen Sie in der Schweiz in Verbindung?

E. B. Nun, mit Emigranten, die dort waren, und mit einigen Schweizern. Die bekannten Namen unter den zu diesem Zeitpunkt in der Schweiz lebenden Emigranten waren: René Schickele aus Colmar und Annette Kolb aus München. Hinzu kamen die politischen Emigranten, wie Hugo Ball, der Anarchist war, Bakuninanhänger und Autor eines bedeutenden Buches mit dem Titel *Kritik der deutschen Intelligenz,* erschienen im »Freien Verlag« in Bern. Hugo Ball war auch Mitarbeiter, gleich mir, der *Freien Zeitung,* einer Gazette, die von einem ehemaligen deutschen Konsul geleitet wurde und die sich an die »Anti-Kaiser Germans«, wie man das in Amerika nannte, also die Anti-Kaiser-Deutschen, wandte.

Als Mitarbeiter der *Freien Zeitung* und des schweizerischen »Freien Verlags« war ich natürlich als »Anti-Kaiser German« verrufen, verkehrte aber in einer guten Gesellschaft; ich kannte auch einige Leute von der französischen Gesandtschaft und hatte mit ihnen interessante Unterhaltungen.

Dann gab es noch einen bayerischen Gesandten in Bern, der ein hervorragender Mann war, gegen Preußen, gegen Wilhelm eingestellt. Dieser Mann hat mir sehr viel geholfen und unter anderem verhindert, daß ich in der Schweiz als Emigrant in ein Internierungslager gekommen bin.

Dann gab es Schweizer aus altem Schrot und Korn, prachtvolle Gestalten aus Interlaken, mit denen mich eine herzliche Freundschaft verbunden hat, die gegen Ludendorff und gegen Wilhelm opponierten bis zum Exzeß. Sie verkörperten die gute alte schweizerische Tradition aus dem Blut von Wilhelm Tell unter dem Stauffacher. Mit denen stand ich sehr gut, sie haben mich über Wasser gehalten, haben mich mit Geld unterstützt, obschon von meinen Emigrantenfreunden keiner es für möglich hielt, daß ein Schweizer Geld hergibt. Aber sie haben es getan, und das habe ich nie vergessen.

J. M. 1919 sind Sie dann nach Deutschland zurückgekehrt, obwohl Sie sich in Bern wohlfühlten und dort Freunde hatten. Weshalb das?

E. B. Aus dem einfachen Grund, weil am 8. November 1918 die Deutsche Republik ausgerufen worden war. Als ich in diesen Tagen zu unserem Stammtisch im »Federal« bzw. im

»Kreuz« kam und alle meine Freunde sah, jubelten sie mir zu, fielen sie mir um den Hals.

Es war schon so weit gewesen, daß meine Freunde – mit dem Bürgermeister von Interlaken an der Spitze – mich zum Interlakener Ehrenbürger machen wollten; so hätte ich nämlich in kürzester Zeit die schweizerische Staatsangehörigkeit erwerben können, denn einen Ehrenbürger kann man weder ausweisen noch ins Lager schicken.

Ich sagte, als darauf die Rede kam: »Jetzt ist es doch nicht mehr nötig, es gibt doch eine Deutsche Republik. Was soll ich denn hier?« Darauf antwortete der größte Gegner Deutschlands, mein Freund Allenbach: »Jetzt sehe ich auch nicht mehr ein, wieso wir in der Schweiz eine eigene Republik haben sollen, jetzt können wir uns doch anschließen.« Das sagte derselbe Allenbach, der nie nach Deutschland gefahren ist, der nie in Deutschland studiert hat, sondern nur in Frankreich, England und in der Schweiz. Ich sagte: »Schön, ich bin nicht dieser weitgespannten Meinung, aber ich habe die schweizerische Staatsangehörigkeit doch gar nicht mehr nötig, das wäre doch ein Verrat. Selbstverständlich gehe ich jetzt nach Deutschland zurück.« »Du redest wie ein rechter Schweizer«, haben sie darauf gesagt. Ich antwortete: »Nun gut, es gibt jetzt gar keinen Unterschied mehr zwischen den beiden Republiken, und ich hoffe, daß wir noch besser werden als die schweizerische Republik. – Aber Konstanz gebe ich nicht her!« Das liegt nämlich am schweizerischen Ufer, die deutsche Stadt Konstanz, und man nennt sie in der Schweiz »die offene Wunde des Kantons Aargau«, weil die deutsche Stadt auf schweizerischem Boden liegt. Dafür liegt allerdings eine schweizerische Stadt auf deutschem Boden, auf der anderen Seite des Rheins. »Also Konstanz gebe ich nicht her«, sagte ich, was große Heiterkeit erregte. Dies nur als Nebenbei-Erinnerung an meine guten Schweizer Freunde von damals.

J. M. Können Sie uns bitte sagen, wie damals Ihre Einstellung zur russischen Revolution war, zum Weltkrieg und zu Marx?

E. B. Nun, das ergibt sich doch aus dem bißchen, was ich von mir selber erzählt habe. Natürlich ein befreiter Jubel ohnegleichen über die russische Revolution. Was die Einstellung zu Marx betrifft, so wäre zu sagen, daß es da eine alte Tradition bei mir gibt, die bis in meine Jugendzeit zurückgeht, und daß sich während der Zeit meiner politischen Interessen in der Schweiz, vor allem anläßlich der Abfassung der *Pazifistischen Programme und Utopien in der Schweiz* – während der Arbeit für das Archiv für Sozialpolitik, dessen Herausgeber Max Weber war –, meine Kenntnis von Marx mit Einbeziehung der Problematik der bürgerlichen Demokratien sehr vertieft hat. Die Einschätzung von Lenin, daß es zwischen Potsdam und Paris, Washington oder London, also zwischen der »Entente« und dem deutschen Kaiserreich und Österreich-Ungarn, keinen Unterschied gibt, habe ich nicht geteilt. Der Zimmerwalder Beschluß der damaligen Komintern war mir deshalb nicht ganz verständlich. Es ist ein Unterschied, ob ein Staat vier bürgerliche Revolutionen im Leibe hat, wie Frankreich, oder nur eine, die dazu noch verloren ging (1848), wenn man einmal von der Revolution von 1525 absieht, der ersten deutschen Revolution, dem deutschen Bauernkrieg. Aber diese beiden Revolutionen gingen verloren, und das macht einen Unterschied. Es ist ein Unterschied, ob man an den Sieg anknüpfen kann, an »Freiheit, Gleichheit, Brüderlichkeit«, also an eine ›citoyen‹-Parole, oder ob man nur anknüpfen kann an »Heil Dir im Siegerkranz, Herrscher des Vaterlands, Heil Kaiser Dir«, wie in Deutschland. Beide Länder weisen einen entscheidenden Unterschied auf nicht nur im Unterbau, sondern auch im Überbau.

Das also trennte mich von den Zimmerwald-Kientaler Genossen, diese unterschiedliche Einschätzung spielte aber keine besondere Rolle. Und so ging ich nach Deutschland, zunächst nach Berlin, wo ich Kontakt aufnahm mit dem S. Fischer Verlag, der mir auch einen Vertrag anbot, aus dem jedoch nichts wurde, weil der Kapp-Putsch kam und Samuel Fischer, der Gründer und Leiter eines der größten Verlage der Welt, plötzlich Angst bekam und mich bat, von dem Vertrag zurückzutreten. Ich habe rasch erkannt, daß er sowieso nichts für mich und für das Buch, das ich ihm anbot, tun konnte.

In Deutschland gab es nach kurzer Zeit die Neue Sachlichkeit, es kamen die Feldzüge Noskes, das Wiedererstehen des Militarismus, es kam der neue Jubel um Ludendorff, später dann um Hindenburg. Es war die Zeit in Berlin, dann in

München das Wiedersehen mit einem ebenfalls unkenntlich gewordenen Bayern.

J.M.   In Ihrer Münchner Zeit arbeiteten Sie an Ihrem zweiten Buch *Thomas Münzer als Theologe der Revolution,* das 1921 in München erschienen ist. Hängt dieses Buch mit den damaligen politischen Ereignissen zusammen?

E.B.   Nein, es hängt zusammen mit Marxismus und mit Revolution, und ich hätte es genausogut ohne diese politischen Ereignisse schreiben können, obwohl die politischen Ereignisse es zweifellos befeuert haben. Nahezu alle Bücher über Thomas Münzer sind in Perioden großer politischer Ereignisse erschienen.

Das erste Buch erschien Ende des 18. Jahrhunderts zur Zeit der Französischen Revolution, das zweite zur Zeit der Juli- bzw. der 1848er Revolution und das dritte – das meine – Anfang des 20. Jahrhunderts. Friedrich Engels hat in seiner Schrift zum deutschen Bauernkrieg einen Auszug aus dem zweiten Thomas Münzer-Buch gemacht. 1921 erschien also mein Buch über Thomas Münzer, den Theologen der Revolution. Insofern besteht da schon ein stimmiger Zusammenhang. Ich hatte aber das Thomas Münzer-Buch schon lange geplant, schon zur Zeit der Abfassung des *Geist der Utopie* war es in Teilen konzipiert worden.

J.M.   1923, im selben Jahr wie die zweite Auflage von *Geist der Utopie,* erschien dann Lukács' *Geschichte und Klassenbewußtsein.* Wie stehen Sie zu dem Buch?

E.B.   Ein außerordentliches Buch, gar nicht zu vergleichen mit dem, was Lukács später geschrieben hat. Ein großartiges Buch, in dem die letzten Wimpel unserer Freundschaft noch da sind. Es gibt Sätze in *Geschichte und Klassenbewußtsein,* die ich hätte schreiben können; es gibt Sätze im *Geist der Utopie,* die Lukács hätte schreiben können. Der Zeitunterschied beträgt nur einige Jahre. Aber das ist gleichgültig, die persönliche Betroffenheit ist damit nur angedeutet. Das Buch selber ist schöpferisch, neu, erstes frisches Wasser im Marxismus nach langer Zeit, und es ist so unbegreiflich, so unglücklich, daß Lukács von diesem Buch abrückte und es dann verleugnete – was ihm nicht half, denn Lucien Goldmann hat es nach Frankreich gebracht, es wurde übersetzt und hatte dann, nicht nur in Frankreich, sondern erst recht in Deutschland, aber auch in England und Japan, eine große Wirkung, weil hier neues frisches Wasser im Marxismus zu fließen anfängt. Lukács war eher bekümmert als erfreut darüber, daß dieses Buch unvergessen ist.

J. M. In den Jahren 1924 bis 1926 sind Sie viel gereist. Positano in Italien, dann Paris, Sanary, Tunesien. Sie haben zur arabischen Kultur und Kunst eine starke Beziehung. Kann man das in Verbindung bringen mit Ihrer Liebe für Märchen, *Tausendundeine Nacht* und Ihrer Liebe zur arabischen Philosophie?

E. B. Ja, damit kann man es in Verbindung bringen. Auch mit meiner Liebe für Hauffs Märchen; denn die deutschen Märchen sind ja stets sehr befruchtet gewesen von den Märchen aus *1001 Nacht*. Die arabische Philosophie selber habe ich erst später entdeckt. Ich freue mich aber sehr darüber, daß mein Buch *Avicenna und die aristotelische Linke* sogleich ins Arabische übersetzt worden ist.

Ich bin in Tunesien gewesen, habe mit Arabern gesprochen und gesehen, was aus diesem alten Kulturvolk geworden ist, das überhaupt keine Ähnlichkeit mehr mit denen hat, die diese wunderbare Architektur, diese letzten Erscheinungen in Granada sowie diese Märchen geschaffen haben – ein grauer, trüber Strom, aus dem Europa trank. Was ist aus diesem Volk geworden? Nun, dieses Volk hat sich unterdessen sozusagen ermannt und sich bis zur Unkenntlichkeit verändert; es muß ein anderes Arabien geben als das, was dann erschienen ist.

Aber sentimental-dankbare Erinnerungen sind noch da aus dieser alten Zeit, denn ich wäre nicht der, der ich bin, und das, was ich gemacht habe, wäre nicht das, was es ist, wenn es nicht die arabischen Partien in den Hauffschen Märchen und nicht *1001 Nacht* gäbe. *Tausendundeine Nacht*, die *Neunte Symphonie*, die *Eroica*, *Fidelio* und die *Phänomenologie des Geistes*, das sind Schöpfungen, von denen ich am meisten abhängig und denen gegenüber ich am meisten zu Dank verpflichtet bin. Schon von meiner Jugendentwicklung her waren es *Tausendundeine Nacht*, *Fidelio* und die *Phänomenologie des Geistes*, die mich entscheidend beeinflußten. Und dann natürlich Marx, in dem die *Phänomenologie* ja vor allen Dingen blüht und konkret wird.

3.
Begegnung mit Benjamin, Kracauer, Adorno. Berliner Zeit
mit Klemperer, Weill und Brecht; *Spuren* und die »Kunst
des Nebenbei«.

J.M. 1926 sind Sie wieder nach Berlin gezogen, wo Sie
freundschaftlich mit Benjamin, Adorno und Kracauer ver-
kehrten. Können Sie uns von dieser Zeit erzählen?

E.B. Noch eine andere Zeit gibt es in Berlin, die Zeit der
Kroll-Oper mit Klemperer. Die können wir ja damit zusammenbringen, nicht wahr?

Also Kracauer, Benjamin und Adorno. Ich spreche chronologisch, weil es zusammentrifft.

Mit Kracauer, als er noch Feuilleton-Redakteur an der
Frankfurter Zeitung war, hatte ich einen großen Krach. Er
hatte das Buch *Thomas Münzer* einfach nicht verstanden. Er
hatte mich unbegreiflicherweise mit Martin Buber verwechselt, mit dem ich wirklich nicht sehr viel gemeinsam habe. Ich
habe dann eine scharfe Anti-Polemik gegen Kracauer geschrieben.

So gingen die Jahre ins Land. Ich wohnte zwei Jahre in
Paris. Eines Nachmittags – ich glaube im Juni 1925 – ging ich
in ein Café am »Place de l'Odéon«, und dort saß Kracauer
allein an einem Tisch. Er war schon verheiratet, aber seine
Frau war einen Augenblick weggegangen, kam jedoch später
zurück. Ich ging auf ihn zu und sagte: »Guten Tag, Herr
Doktor Kracauer.« Kracauer blieb die Spucke weg, daß ich
nach einem solchen Angriff von ihm auf mich und nach
meinen Reaktionen darauf, die auch nicht von Pappe waren,
zu ihm ging und ihm die Hand entgegenstreckte. Ich sagte:
»Ja, bevor Sie meine Hand nehmen, will ich Ihnen sagen, ich
habe Ihre schändliche Rezension von damals jetzt verstanden,
Sie haben die Adressen verwechselt, Sie meinten Buber und
nicht mich.« Er mimte (oder war es echt?) einen Blitz der
Erleuchtung. Ich setzte mich zu ihm. Dann kam seine Frau,
die außer sich war vor Erstaunen, fast vor Entsetzen, daß ich
mit ihrem Mann zusammensaß. Kracauer und ich haben es ihr
erklärt, und wir blieben bis spät abends zusammen. Wir haben
vorzüglich zur Nacht gegessen, im Restaurant ›Les Nymphes‹
gegenüber dem Jardin du Luxembourg, einem sehr guten

47

Restaurant. Ein Wort gab das andere, und seit diesem Abend waren wir dicke Freunde. Also ein sonderbarer, nicht einmal dialektischer Umschlag.

So blieb das, und ich habe seine Art zu schreiben bewundert, seinen Sinn fürs Nebenbei, für Kleines, und das hat uns wieder verbunden, indem er meine Sachen, ebenfalls in seiner Art, betrachtet hat. Seine Aufsätze in der *Frankfurter Zeitung* sind außerordentlich gut, haben mit Journalistik und Feuilleton überhaupt nichts zu tun. Seine Schrift über die Angestellten ist hervorragend, seine Werke über den Film, die er nach seiner Zeit in Frankreich und in Amerika verfaßt hat, sind ebenfalls ohne Beispiel, sie dienen als Muster, gerade bezüglich seines Umgangs mit der kleinen Form, mit seinem Sinn für das Kleine und seiner Ablehnung des hohen Tons. Ich habe zuweilen einen hohen Ton dort, wo er hingehört. Das hat er dann gnädig verziehen und verständlich gefunden, das hat ihn dann nicht mehr an Martin Buber erinnert, der Sätze schreibt wie: »Rabbi Rafael stand in der hohen Glut des Versöhnungstags . . .« Ich schreibe solche Sätze ja nicht, mein Pathos ist anders beschaffen, was er auch nachher zugab.

Schön; das war die Sache mit Kracauer; wir haben uns zuletzt Anfang der sechziger Jahre in München gesehen. Kurz danach ist er gestorben.

Benjamin habe ich viel früher kennengelernt, in der Schweiz. Er war Ende zwanzig. Ich habe die außerordentliche Begabung dieses jungen Mannes – ich war sehr viel älter – rasch erkannt. Benjamin war ein wenig skurril, verschroben, aber auf eine höchst fruchtbare Weise. Geschrieben hatte er noch wenig, aber wir haben sehr lange nächtliche Unterhaltungen gehabt, die sich dann fortsetzten, als wir uns in Italien wieder begegneten. Ich erinnere mich an eine Unterhaltung, die bis ins Morgengrauen hineinging, über Tieck, über den *Blonden Eckbert*, ein Märchen von Tieck, mit sonderbaren Fragestellungen, die zum Teil von der Absonderlichkeit Benjamins ausgingen, in Verbindung mit dem Phänomen des ›déjà vu‹, des Gefühls, das vor allen Dingen Kinder oft haben, »man war schon mal auf der Welt«, als Inhalt dieses Märchens. Ich habe das später Lukács erzählt, der Benjamin nicht ausstehen konnte; aber das machte auf ihn einen außerordentlich großen Eindruck.

So ging die Sache weiter, bis Benjamins erstes Buch erschien, *Ursprung des deutschen Trauerspiels,* ein Werk über das Barocktrauerspiel, auf das er als einer der ersten und sehr wahlverwandt einen schöpferischen, mitschöpferischen Blick geworfen hat, mit bedeutenden Ausführungen über die Allegorie, die nur ganz verplattet, durch die Romantik zuweilen verplattet, im Gedächtnis geblieben ist. Der Begriff der Allegorie ist zu einer Platitüde verkommen. Benjamin hat den Barocksinn dieses seltsamen, zweideutigen Phänomens als erster wiederbelebt und wiedererkannt, und zwar in einem Buch, das den späten Benjamin nicht enthält oder noch nicht enthält, vor allem im Schlußkapitel, das erinnerungswert und bewundernswert bleibt.

Dann kam die *Einbahnstraße,* über die ich eine Rezension geschrieben habe, die später in dem Buch *Erbschaft dieser Zeit* erschienen ist. Ein sonderbares Gebilde, in dem lauter Aphorismen oder Merkwürdigkeiten versammelt sind – und das alles geordnet in Form einer Straße. Die neuesten Frühjahrsmodelle von Metaphysik waren hier ausgestellt, mit ganz sonderbaren Wendungen und einer sonderbaren Art, Philosophie darzustellen.

Dies war der frühe Benjamin. Es folgten seine Beschäftigung mit Proust und sein Buch über Paris, die Hauptstadt des 19. Jahrhunderts, in dem er vor allem Baudelaire behandelt; er hat auch Baudelaire übersetzt und ein Buch über Proust begonnen. Das war der spätere Benjamin, der auch politisches Interesse daran zeigte und der dem Marxismus sehr nahe stand, und zwar vermittelt durch eine lettische Freundin, die ein Kindertheater in Leningrad leitete, Asja Lacis. Sie hatte ihn mit der Sowjetunion und mit dem Marxismus bekannt gemacht. Benjamin ist dann selber in die Sowjetunion gefahren.

Der späte Benjamin war arm und in Zuständen der Verzweiflung, die durch die ewige Geldnot bedingt waren; es war aber eine überaus echte Verzweiflung, zum Unterschied von der des üblichen wesenhaften Nihilismus.

Wir haben uns wiederholt getroffen in Berlin, immer im Kaffeehaus oder im Foyer eines Hotels, in einer Art esoterischer Öffentlichkeit, die zu Benjamin ebensogut paßte wie die von mir eingangs erwähnte Bahnhofshaftigkeit zu Kracauer.

Durch die Beschäftigung mit dem Marxismus kam bei ihm

noch ein anders Moment ins Spiel, das des kurzen Urteils über etwas, das ihm sonst durchaus fremd war, die Fähigkeit, außerordentlich sorgfältig in Kleinigkeiten und Instanzen den Schlüssel zu einer Lösung zu suchen, anklingend an die *Gestalt der unkonstruierbaren Frage,* aber dem Nicht-Metaphysischen näher, als es dort, im *Geist der Utopie,* dargestellt ist. Dann kamen Hitler und der Ausbruch des Kriegs. Benjamin wurde in Paris festgehalten, weil er nicht genügend Geld hatte, um nach Amerika fahren zu können. Das »Institut für Sozialfälschung«, wie Kracauer das Institut für Sozialforschung nannte, mit Horkheimer an der Spitze, hat nichts getan, um Benjamin die Reise in die USA zu ermöglichen.

Und schließlich das traurige und entsetzliche Ende: Benjamins Selbstmord an der spanischen Grenze, eine Lösung, die ihm, mit und ohne Nihilismus, im ganzen Leben übrigens sehr nahe lag.

Sehr überraschend, glücklich überraschend ist, daß Benjamin nach seinem Tode solche Beachtung gefunden hat, nachdem sich zuvor kaum jemand um ihn kümmerte und so gut wie niemand an ihm interessiert war. Die kleine Rezension über die *Einbahnstraße,* die ich geschrieben habe, machte den Braten auch nicht fett: Sie erschien zuerst in der *Vossischen Zeitung* unter dem Titel *Über die Einbahnstraße,* über die Art der Einführung der Philosophie, mit den neuesten Frühjahrsmodellen der Metaphysik und mit Beziehung zum himmlischen Jerusalem, die auch noch drin war, in dieser Ladenstraße, dieser großartigen und absurden Montage, die nur Benjamin zustande bringen konnte.

Im ganzen war er eine eher schwierige Natur; aber das waren wohl die Gestehungskosten oder der Erziehungszoll zu seinen sonstigen bedeutenderen Schwierigkeiten im Werk, Entlegenheiten und fruchtbaren Absurditäten, die eben sagten: Die großen Schläge können heutzutage nur noch mit der linken Hand geführt werden, was nicht nur politisch links heißt, sondern auch scheinbar nebenbei, links, nicht rechts, nicht verabredet. Und dieses Staunende und Erstaunliche hatte bei Benjamin eine gute Presse und kam in gute Obhut.

Der andere ist Adorno, der sehr früh, wie er mir sagte, vom *Geist der Utopie* beeinflußt war. Er war damals achtzehn Jahre alt, höchst frühreif, und dieses Buch hat auf ihn einen

Eindruck gemacht, der ihn dazu bewog, mich in Berlin zu besuchen. Ich war dort Ende der zwanziger Jahre, und wir verstanden uns sofort sehr gut; wir wurden Freunde.

Die Bekanntschaft mit Brecht hat Adorno damals außerordentlich wohlgetan, er fühlte sich als Marxist und hatte eine ziemlich große Dissertation über Kierkegaard, mit dem Untertitel *Konstruktion des Ästhetischen,* geschrieben, was sehr »adornoisch« ist. Das Ästhetische war einer seiner angestammten Grundzüge, und seine kohlschwarzen und merkwürdig hintergrundlos wirkenden Augen zeigten einen Ausdruck von Trauer, wie ich ihn bei anderen Menschen nicht gesehen habe.

Adorno schrieb, wie eben gesagt, Werke oder Gebilde von großer Spannung zueinander, so einmal die *Konstruktion des Ästhetischen,* dann aber, mit der Breite des Nebenbei, auch über Schlagertexte und ihren Wandel in zehn Jahren: zum Beispiel über das Lied »Ich weiß auf der Wieden ein kleines Hotel« oder »Valencia«. Er schrieb über Schlagertexte, über die Aufhebung der Blockade im Ersten Weltkrieg, also über entlegene Dinge – Dinge, die der behäbige und kulturbeflissene Bürger verachtet, überhaupt nicht kennt, stärker noch als Kracauer das Untergeordnete, Verlorengegangene nebenbei betonend.

Dann kam die Zeit in Frankfurt. Sie brachte einen etwas anderen Adorno zur Geltung, nämlich das Kompromißhafte seines Wesens. Er fiel von Brecht ab, den er aufs allerhöchste bewundert hatte; er geriet unter den Einfluß der Geldgeber des Instituts für Sozialforschung; er rückte immer weiter von der Linken ab. Man kann nicht sagen, daß er nach rechts rückte, aber es war jedenfalls nichts mehr von dem alten revolutionären Impetus zu spüren – wenn er überhaupt je dagewesen war. Er war wohl auch jetzt noch da, aber in einem fremdartigen Gewand, im Gewand von Snobismus und Esoterik. Esoterik ist selbstverständlich eine höhere Kategorie als Snobismus, doch beide haben sich bei ihm vermischt.

Das bekannte Ende war, daß er die Polizei in das Institut in Frankfurt rief, als er von Studentinnen verulkt und verhöhnt wurde, die ihn immer nur mit »Teddy« anredeten, die auf ihn, als er am Katheder stand, mit einem Fächer und mit entblößten Brüsten zugingen. Sein Tod ist zweifellos einer, der aus großem Unglück stammt und im Unglück auslief.

Auch er war in seiner Art, wie Benjamin, eine schwierige

Natur, nur von ganz anderer Seite. Die beiden standen einander ebenfalls nahe, im Zusammenhang mit dem Nebenbei; Kracauer war ein ganz anderes Naturell, weniger kompliziert, in gewissem Sinn auch weniger bedeutend. Aber das Moralische bei Kracauer gab eine große positive Pointe, während es bei Adorno nur in einer schwerverständlichen Weise zur Erscheinung kam, nicht antimoralisch, eher amoralisch, gleichgültig, mit Freude an der schönen Form, an Luxus, vor allen Dingen an Adelstiteln, besonders wenn sie von Frauen getragen wurden. Diese Elemente haben das Moralische, sagen wir es freundlich, nicht ganz zur Entfaltung kommen lassen.

In Berlin kamen neue Freunde hinzu: Brecht, Weill, Klemperer. Klemperer ist daran schuld, daß *Geist der Utopie* in einem alten, angesehenen wissenschaftlichen Verlag wie Duncker und Humblot, bei dem auch die Werke von Hegel, Ranke usw. erschienen sind, herausgekommen ist. Angenommen wurde das Buch unter anderem wegen der Kapitel über die »Philosophie der Musik« als »dem ersten großen Versuch«, wie er sagte, zusammen mit Furtwängler, »Musik zu denken«.

So habe ich Klemperer kennengelernt, im Café, wie es sich gehört, im Künstler-Café zu Berlin, und wir hatten dann eine nähere Beziehung durch die Kroll-Oper. In der Festschrift über Klemperer habe ich geschrieben: »Er war eine erstaunliche Natur, ein naiver, riesengroßer Kerl mit äußerst ausgeprägter Objektivität, indem er sich wirklich treu an den Text hielt und nichts hinzufügte. Er hatte nichts von der Hybris moderner Regisseure, die Originalwerke sogar umdichten und ihnen in ihrer Regie und ihrer Ausführung andere Inhalte geben, sondern es waltete die größte Sachlichkeit, die man sich vorstellen kann.« Da stimmte jede Note, und er entdeckte Noten, die andere gar nicht gesehen hatten, und betonte sie. Aber immer nur im Werk; es war also nicht etwa ein heimatloser Schöpfungstrieb, der sich nur an einem Fremden vergriff, oder der gar einen anderen Bach, einen anderen Beethoven darstellte. Davon war er ferne, und das alles förderte wieder den Eindruck, so etwas noch nie gehört zu haben, als wäre es das Produkt einer ganz erstaunlichen esoterischen Subjektivität.

Wir waren enge Freunde gewesen. Wir haben zusammen

gearbeitet, besonders bei der Entdeckung eines anderen Offenbach, zum Beispiel der *Perichole,* die unter Klemperers Leitung ganz anders klang als bei einem anderen Kapellmeister. Aber bei allem Respekt für das Leichte, Abseitige, Sonderbare, der bei Klemperer großartig ausgeprägt war, beherrschte er auch in unglaublicher Weise das Feierliche, Monumentale und Ungeheure. Unvergeßlich ist, wie er das *Dies Irae* in Brahms' *Requiem* dirigiert hat; man glaubte, die Wände würden einstürzen von diesem Orchester und diesen Klängen. Da lernte man kennen, was Auf-die-Pauke-Schlagen bei einem so großen Gegenstand, einer derartigen Weltuntergangsstimmung, eigentlich bedeutete.

Nun zur Beziehung zwischen Klemperer, Brecht und Weill. Bleiben wir bei der Musik, also bei Weill. Mit Weill war ich eng befreundet; ich hatte großen Respekt vor seiner erfinderischen, melodischen Kraft, vor der außerordentlichen Fähigkeit, diesen längst zur Industrieware gewordenen amerikanische Jazz wieder an seinen Ursprung zurückzuführen. Alle diese amerikanischen Dinge sind ja mit der Hand gearbeitet, und Weill, ein Schüler Busonis, machte dies auf sehr merkwürdige Art. Unvergeßliche Rhythmen, ein unvergeßlicher Tango, der plötzlich eine Bedeutung bekommt, das Lied der Seeräuber-Jenny in der *Dreigroschenoper.* Viele Sonderbarkeiten, Großartigkeiten und Eleganzen, die plötzlich auftreten neben den brutalsten Trivialitäten, die allerdings ironisch zitiert werden. Weill setzt diese Dinge nicht zum ersten Mal, doch er komponiert nicht wie die Amerikaner, und siehe da, etwas ganz anderes kommt heraus, so zum Beispiel in dem Lied »Etwas fehlt«. Zu den wunderbaren Texten Brechts in der *Dreigroschenoper* oder in *Mahagonny* kommt die wunderbare Musik Weills, eine einfache Musik, die aber ins Schwarze, ins Rote, ins Grüne und Blaue trifft. Kurz, er war ein außerordentlicher Komponist, der sich auf diesem kleinen Gebiet Bedeutung erworben hat und der nicht untergehen wird.

Weill hat wesentlich Brecht komponiert, und die anderen Komponisten, die Brecht gefunden hat, waren mit Weill gar nicht zu vergleichen. In seiner letzten Berliner Zeit hat Weill eine einsame Oper geschrieben: *Die Bürgschaft,* in der ebenfalls Herrlichkeiten vorkommen, die noch nicht entdeckt sind.

Ich spreche in einem sehr wohlwollenden Ton, aber gerade
die Verbindung von unzweifelhafter schöpferischer Kraft mit
dieser Trivialität ist in der Geschichte der Musik einzigartig.
Denn was er komponiert, ist trivial. Und das ist etwas anderes
als das Nebenbei und das Kleine, wie es bei Benjamin oder
auch bei Kracauer erscheint. Es ist das Triviale, das durch die
amerikanische Tonsetzungsindustrie noch einmal trivialisiert
wurde. Und hier geht plötzlich etwas Neues, Noch-nie-Ge-
hörtes auf, das ich am besten mit genialer Trivialität bezeichnen möchte, mit allen ihren Tiefen und Untiefen.

Nun ein gar nicht so großer Sprung zu Brecht. Brecht, ich
hatte den Namen noch nicht gehört. Aber in der Zeitschrift
Der Neue Merkur, die in München erschien, gab es eine
Geschichte, die ich gelesen hatte und die hieß *Bargan läßt es
sein.** Man erkennt Brecht schon an dem Titel. Diese Geschichte erschien dort – eine Flibustiergeschichte, eine Seeräu-
bergeschichte, wie es im Untertitel hieß, mit einer auffallenden
Handlung: Um die Beute an einem besonders guten Bissen bei
einem Kauffahrteischiff nicht teilen zu müssen, bestimmt der
Piratenkapitän, daß der mindere Teil seiner Besatzung in eine
kleine Schlucht geleitet wird und dort warten soll, bis die
Beute verteilt wird. Aber er läßt einen Bach oder einen kleinen
Fluß anstechen, so daß die Schlucht unter Wasser gesetzt
wird; und alle ertrinken darin. Die Frauen – diejenigen, die
ihm nicht gefielen – hat er in einen Hof gestellt. (Die anderen
waren eine Ware für ihn geworden.) Und da steht nun die
kalte Bemerkung: »Die Weiber wurden naß.« Und dort, wo
von der Schlucht die Rede ist, davon, daß das Wasser über sie
hinfloß, steht der Satz: »Das Wasser stieg mit dem Ernst einer
Erscheinung, die ihr Handwerk versteht.« So etwas hatte ich
nie zuvor gelesen . . .

Schön, eines Tages ging ich in eine Kneipe, eine der üblichen
Literatenkneipen in Berlin, noch während der großen Infla-
tion. Da sagte mir ein Schauspieler, Regisseur oder Dirigent:
»Da drüben, da sitzt einer, der heißt Brecht, an dem soll was
sein.« Brecht saß an der Theke und »zischte eine Molle«.
Ich setzte mich an die Bar neben den Mann, auf einen Bar-
stuhl, bekam auch eine Molle, hob mein Glas und sagte zu

---

* Cf. Bertolt Brecht, *Gesammelte Werke*, Frankfurt 1967, S. 20 ff.

Brecht nur: »Bargan läßt es sein.« Brecht freute sich. So begann unsere Bekanntschaft; eine Brecht sehr gemäße Art, miteinander bekannt zu werden.

Dann seine Traumtheorie, seine absonderlichen, großartigen, einfachen, seltsamen Werke, seine Fähigkeit, entsprechend Weills Vorgehensweise in der Musik ins Trivialste einen Sinn zu bringen: »Und das Meer ist so blau, so blau. Das Meer ist blau . . .«, kongenial von Weill komponiert; die Öde, die Einsamkeit, die Langeweile des Lebens. »So geht dann alles seinen Gang, und wenn die Chose aus ist, fängt sie von vorne an.« Diese auf die Nerven gehende Darstellung von Nihilismus, Vergeblichkeit, Sinnlosigkeit – kein Hintergrund da, alles umsonst –, in ruhiger, verzweifelter Sprache, nirgends ein Ausbruch, immer nur still. Dann Dinge wie das Lied der Seeräuber-Jenny, nicht die Musik, sondern der Text, unvergeßlich, ganz sonderbar, ganz merkwürdig, älteste Archetypen aufnehmend; ein Zusammenhang mit der Nonne und dem himmlischen Bräutigam ist plötzlich da zwischen dieser kleinen Hure und dem Piratenkapitän, der die Stadt beschießt, usw.

Was nicht ganz in die Linie paßt, ist die *Art*, eine schwierige Methode, nämlich die, nie fertig zu sein, immer wieder Modelle zu bilden. Eines von Brechts Stücken heißt *Der Jasager*. Brecht hat es aufführen lassen von Schulkindern. Für Schuljungen älteren Semesters aber hat er das Stück geändert und ihm einen neuen Titel gegeben: *Der Neinsager,* wo wieder alles verschoben war. Kracauer, der nicht besonders gut zu Brecht stand, hat eine boshafte Bemerkung dazu gemacht: »Erst Jasager, dann Neinsager; nun, das nächste Stück«, sagte Kracauer, »wird heißen: der Vielleichtsager.« Darin lag eine schöne Bosheit.

Also, Brecht machte es seinem Verleger, aber auch dem Publikum schwer. »Was sagt er eigentlich?« Er sagt im nächsten Augenblick durch ein neues Modell das Gegenteil. Man denke nur an die Geschichte mit Galilei. Galileo Galilei hat recht bekommen in der New Yorker Fassung, hat aber unrecht bekommen in der Berliner Fassung.

Hier ist eine sonderbare Neigung zum Modellbilden, zum Mit-sich-reden-Lassen, eine sonderbare Schwierigkeit des Versuchens und Experimentierens vorhanden, die sich, wenn

Brecht länger gelebt hätte, fruchtbar ausgewirkt hätte, da er weder Jasager noch Neinsager, noch gar Vielleichtsager ist, und die dann Bahn zu einer ganz anderen Erkenntnis bricht, die bei ihm oft auftaucht.

Zweifellos ein großer Dichter, der auch Schweres und Erhabenes ausdrücken kann, zum Beispiel im Lied von den Kranichen in *Mahagonny*, wo es heißt: »Laßt euch Zeit, Liebe ist ja an Zeit nicht gebunden, Liebe geht nicht nach Sekunden, laßt Euch Zeit, aber laßt euch nicht zu lange Zeit«, sagt die Witwe Begbick. Und so tritt einer hinein, verrichtet sein Geschäft, kommt heraus, der Nächste kommt, usw. Weill und Brecht zusammen hatten Angst, daß die Polizei das wegen Unzüchtigkeit, wegen Pornographie verbieten würde. Brecht sagte: »Das können wir so ändern, daß wir einen Herrn und eine Dame auftreten lassen, den Herrn im Frack und die Dame in großer Abendtoilette. Beide haben Noten vor sich, beide singen ein ganz esoterisches, vornehmes, einsames Lied, damit können wir die Polizei vielleict düpieren.« Das mußte bis zur Generalprobe fertig sein, und es blieb nur noch eine einzige Nacht. In dieser einen Nacht hat Brecht das Lied *Die Kraniche* geschrieben, wo Worte vorkommen von zwei Kranichen, die dahinziehen. Wohin? Nirgendwohin. »Unter der Sonne und des Mondes wenig verschiedenen Scheiben.« Das war echt brechtisch. Und so wurde es von Brecht in der Nacht gedichtet; fertig geworden ist es um vier Uhr morgens. Er sauste sofort zu Weill, der das Gedicht bis acht Uhr komponierte; dann wurde es einstudiert und am Nachmittag in der Generalprobe aufgeführt, und die Polizei hat die Sache nicht verboten, weil darin ein Herr und eine Dame in Abendtoilette auftraten.

Das Experiment, das Modell hat Brecht also auf der Stelle angewandt. Das ist auch ein Beispiel für Brechts Arbeitsweise, daß ein so armseliger Anlaß in so kurzer Zeit zur Geburtsstätte für ein bedeutendes Gedicht, eine bedeutende Komposition werden kann.

Im übrigen ist Brecht der politische Dichter, der die Politik aus der trivialen Höhe herausgebracht und Texte geliefert hat, die nie ganz zu Ende gesungen worden sind. Weill hat sie zu Ende gesungen.

J. M.   Sie arbeiteten damals an dem Buch *Spuren,* das 1930

erschienen ist. Was bedeutet »Spuren« bei Ihnen? Was bedeutet die Suche nach kleinen Gegenständen, dem Nebenbei, wie
Sie vorhin sagten, Anekdoten, Erzählungen, in denen wesentliche Elemente Ihrer Philosophie aufblühen: das Utopische,
die Selbstbegegnung und die Weltbegegnung?

E. B.   Nun, diese Frage ist leicht zu beantworten. Sie haben
schon das Nebenbei erwähnt und das Suchen nach Instanzen
an unerwartetem Ort, was mich ja mit Kracauer, Adorno und
Benjamin – suo modo – sozusagen verbindet. Also, es gibt
zweierlei Arten persönlicher kleiner Erfahrungen und Geschichten, auch Kalendergeschichten. Die einen sind so beschaffen, daß sie behaglich zu Ende gelesen werden, im Bett,
in der Nacht, vor dem Einschlafen. Die Geschichte ist zu
Ende, alles ist gelöst, man knipst das Licht aus und schläft den
Schlaf des Gerechten, auch wenn man keiner ist.

Es gibt aber Geschichten, die nicht zu Ende sind, wenn sie
erzählt sind, die einen Überschuß haben, ein »Merken«, wie
Hebel sagt, das die Deutung dieser Geschichte ermöglicht. Bei
Hebel, dem allergrößten Geschichtenerzähler, den es über-
haupt gibt – bei Johann Peter Hebel, dem Autor des *Schatz-*
kästlein des Rheinischen Hausfreunds –, gibt es auch solche
Geschichten, die aber nicht unbedingt dahin gehen, daß das
»Merke« die Sache auflöst, sondern im Gegenteil etwas Starres
zurückbleibt. Da ist doch eine Spur von etwas und Spur im
Stil von einer »Wild-West«-Geschichte, im Stil von Cooper,
Karl May und Gerstäcker. Da ist an einem Baum die Rinde
beschädigt, und das gibt dem Sherlock Holmes, der dann
»Old Shatterhand« heißt oder der »Rote Freibeuter« bei
Cooper, sehr viel zu denken. Da war doch jemand, da ging
doch etwas vor, das bedeutet doch etwas; da ist eine Spur von
etwas geblieben.

Dies ist nun in solchen Geschichten oder auch in kleinen
persönlichen Erlebnissen zu finden: etwas Sonderbares, das in
der großen Sprache, in den großen Ereignissen, bei den großen, monumentalen Dichtern überhaupt nicht gesehen worden ist und nicht gesehen werden konnte. So ist das Buch eine
Sammlung von Erzählungen. Es gibt bei mir offenbar einen
dunklen Erzähltrieb, eine Sammlung von Erzählungen mit
einem »Merke« darin. Dort sind zum Beispiel Phänomene
behandelt wie das Motiv des Scheidens. Was ist Scheiden?

»Wer das Scheiden hat erfunden, hat an Liebe nicht gedacht«, das ist ein Dienstmädchenlied. Was ist Scheiden? Es gibt eine schöne Geschichte von Gerstäcker, die gar keine größere Bedeutung zu haben scheint; aber hier lernt man kennen, was scheiden ist, und das steht in den *Spuren* drin.

Gelegentlich finden sich dort auch kleine Witze, zum Beispiel eine chassidische Geschichte. Wir sind in einer Synagoge, der Gottessegen ist zu Ende, die Gemeinde bleibt noch mit dem Rabbi zusammen. Die Gemeindemitglieder unterhalten sich darüber, was sie sich wünschen könnten, wenn der Messias käme. Hinten sitzt ein armer Schnorrer, der gestern Abend zugelaufen war, gänzlich verlumpt und verhungert. Der Rabbi sagt: »Ich wollt', ich wäre meinen Husten los, da wäre ich schon glücklich.« Ein anderer aus der Gemeinde sagt: »Ich wollte, ich hätte eine Tochter, die gut verheiratet wird.« Wieder ein anderer sagt: »Ich wollte, ich hätte überhaupt keine Tochter, sondern einen Sohn, der mein Geschäft übernimmt.« So hat jeder einen Wunsch, und der Rabbi kommt, nachdem alle ihren Wunsch gesagt haben, zu dem armen Schnorrer und fragt: »Nun, mein Lieber, was würdest du dir denn wünschen, wenn der Messias zu dir käme? Du siehst doch, Gott sei es geklagt, nicht aus, wie wenn du ohne Wunsch sein könntest?« Der steht auf, reckt sich und sagt: »Ich wollte, ich wäre ein großer König und hätte ein großes Reich mit vielen Städten und Wiesen, Äckern und Feldern. Und in der größten Stadt hätte ich mein größtes Schloß und in den anderen meine kleineren. Ich wäre gefürchtet von meinen Feinden und geliebt von meinen Untertanen. Nun aber wird der Krieg erklärt, mein Glück ist zu Ende, meine Heere werden geschlagen, das Volk ist mit mir zerfallen; es will sogar meinen Untergang; es will mein Blut, und ich sitze allein und völlig verlassen von allen, ich sitze auf dem Thron mit der Krone und mit dem Zepter in der einen Hand und mit dem Reichsapfel, dem goldenen Reichsapfel, in der anderen; niemand aber wartet, daß ich Recht spreche oder regiere. Ich werfe das alles von mir, die Krone, das Zepter und den Reichsapfel – alles, was ich habe –, und mit nichts als einem Hemd bekleidet stürze ich durchs Fenster, komme unerkannt auf die Straße, renne durch mein Reich. Alle Äcker sind verwüstet, und endlich, endlich, endlich kann ich die Grenze überschreiten, und seit gestern abend bin ich hier.«

Langes Staunen. Der Rabbi streicht sich den Bart und fragt – nun bringe ich die erste, die übliche, die relativ banale Fassung –: »Du bist doch ein merkwürdiger Mensch. Wozu wünschst du dir denn erst alles, wenn du nachher alles verlierst? Dann hättest du doch gar nichts von deinem Reichtum und deiner Macht und deiner Herrlichkeit.« »Doch, Rabbi«, sagte der alte Schnorrer, »dann hätt' ich schon etwas: ein Hemd.« So geht die Sache also mit einem Witz aus. Aber es steckt da etwas anderes drin, das ist eben das »Merke«, das Aufpassen, das Spurenlesen, die merkwürdige Form, in der es erzählt wird. Es fällt auf, daß gefragt wird: »Was würdest du dir wünschen, wenn der Messias zu dir käme?« Die Antwort lautet: »Ich wollte, ich wäre ein großer König und hätte ein großes Reich.« Das ist auch grammatisch ein Wunschmodus. Dann geht es weiter ins historische Präsens: »Das Volk verlangt nach meinem Blut, ich stürze aus dem Fenster«, nicht: »Ich bin aus dem Fenster gestürzt, das Volk verlangte nach meinem Blut«; nicht Imperfekt, sondern es ist ein historisches Präsens, das nun weiterläuft, ungestört weiterläuft bis zum Schlußsatz: »Und seit gestern abend bin ich hier.« Echtes Präsens, Bezeichnung der Gegenwart.

Das ist also eine seltsame Form, die mit einem Wunschmodus beginnt, über das historische Präsens dann ins aktuelle Präsens geht, und von dort aus erfolgt dann die Landung im Jetzt und Hier, während doch sonst alle Erzählungen, jeder Roman und erst recht Detektivromane mit dem Präsens beginnen. In allen Biographien oder Beschreibungen eines Helden, zum Beispiel im *Jean Christophe* von Romain Rolland und in der Beschreibung des Lebens von Beethoven, finden wir diesen plötzlichen Umschlag ins Jetzt und Hier. Man schreckt unwillkürlich aus dem Jetzt und Hier auf. In Marcel Prousts *A la recherche du temps perdu* kommt dieser Sprung ins Präsenz unmittelbar aus dem aktuellen Gegenwärtig-Erlebten heraus. Hier ist es genau umgekehrt. In dieser unscheinbaren, kleinen ost-jüdischen Geschichte, die keinen Klang hat und auch sonst keinen literarischen Wert besitzt, beginnt etwas, das sonst gar nicht vorkommt, was hauptsächlich in entlegenen Gegenden zu finden ist, nämlich, daß eine umgekehrte Bauart wie die aller anderen Häuser vorliegt, nicht nur anderer Romane. Man könnte dies in etwa mit dem Dogen-Palast in Venedig vergleichen, wo unten im Parterre sozusagen der Zierat ist (die Bögen) und oben die Mauer, statt die Mauer unten und oben die reichverzierte Pracht, in der sich der poetische Ausbau breitmacht. Wir haben hier einen poetischen und nicht nur poetischen, sondern einen auf Wünsche, auf Tagträume eingestellten Unterbau, und oben beginnt die Mauer: »Seit gestern abend bin ich hier.«

So ist es also mit der Landung im Jetzt ein sehr seltsamer Fall, der nicht nur grammatisch, sondern auch theoretisch zum Nachdenken reizt.

Das ist ein kleines Exempel für eine Spur. Es finden sich bedeutend einfachere und philosophisch weniger spannende darin, die mit Kleinigkeiten anfangen und mit einem seltsamen Gefühl enden. Woher weiß dieser Vorgang das von mir?

Das wäre es, was über die *Spuren* annäherungsweise zu sagen ist und weshalb sie *Spuren* heißen. Hier bewegt sich etwas bzw. bewegt sich etwas weiter, so daß man nicht einfach die Nachttischlampe auslöscht und sich bequem auf die Seite legt und zufrieden einschläft, sondern es hat etwas geritzt, es ist ein Stachel in der Geschichte. Der Stachel ist natürlich noch deutlicher, wenn er existentiell ist, wenn er uns unmittelbar betrifft, und nicht nur unsere Gedanken, wie in dieser Geschichte, die den Titel führt *Landung im Jetzt*.

4.
Erbschaft dieser Zeit und der orthodoxe Kommunismus

J. M. Ihre Analyse der zwanziger Jahre steht in Ihrem Buch *Erbschaft dieser Zeit*, das erst 1935 in der Schweizer Emigration erscheinen konnte. Wie wurde *Erbschaft dieser Zeit* vom orthodoxen Kommunismus aufgenommen?

E. B. Auf sehr verschiedene Art. Was vor allem Widerspruch erregte, war die Hauptthese, nämlich das Erbproblem selbst. Das Erbproblem hat vor allen Dingen einen verdächtigen ökonomisch-kapitalistischen und ökonomisch-fatalistischen Beiklang. Das Erbe meine ich, Erbschaft. Das Erbproblem selbst als kulturelles Erbproblem ist für den Marxismus zuerst als sogenanntes Kulturerbe-Problem formuliert worden. Es wurde von Lukács aufgegriffen, bezog sich aber nur auf zwei Hinterlassenschaften aus der Vergangenheit: erstens auf revolutionäre Epochen, zweitens auf kulturelle Hoch-Zeiten. Zum ersten also steht ein Erbantritt, ein Aufruf dieses Erbes in allen revolutionären Bewegungen, angefangen bei Spartacus bis zur Commune (1871) und selbstverständlich auch in der Vorbereitung der russischen Oktoberrevolution. Das ist klar, darüber braucht man unter Marxisten nicht zu reden. Zweitens – und das ist Lukács' zum Teil bedenklich erscheinende Spezialität –, daß auch die Hoch-Zeiten einer Kultur, in der gar keine Klassenspannung zu herrschen scheint, sondern Produktivkräfte und Produktionsverhältnisse noch relativ ausgeglichen sind (wie zum Beispiel im 5. Jahrhundert vor Chr. in Athen, in der Glanzzeit des 15. Jahrhunderts und im Hochmittelalter usw. usw.), allesamt ein kulturelles Erbe enthalten. Der Klassizismus tritt dieses Erbe am besten an. Das ist nicht ganz selbstverständlich. Es geht an Ort und Stelle schon gegen allen Expressionismus.

Die Definition der Antike durch Winckelmann – als »edle Einfalt und stille Größe« – gibt dann nicht mehr her als Phidias, der Höhepunkt der klassischen Kultur, der ja auch von Marx noch sehr gefeiert wurde Mitte des 19. Jahrhunderts. Auf jeden Fall kann dies auch noch geerbt werden.

Die orthodoxen Marxisten glauben, daß die Zerfallszeit, die Spätzeit einer Gesellschaft, nicht geerbt werden kann, weil das nur Dekadenz sei; die Nazis sagten: »Fäulnis«; die Marxisten in der Sowjetunion sagten: »Dekadenz«, Niedergang. Also was ist das?

Nun die Frage: Läßt sich in diesen Verfallszeiten des Kapitalismus, wie wir es ja heute erleben, etwas erben, das in allen Zeiten der Vergangenheit nicht erschienen war, weil es nicht gerade unter einem mythologischen Schleier, aber unter dem hygienischen Gebilde ideologischer Gerüste verdeckt war, wo alles gut und schön und ausgemacht erscheint? Es beginnt eine kritische Zeit: die Dekadenzperiode (des Marxismus) in der Terminologie der Sowjetunion und nach Lukács unter anderem der Expressionismus. Da kann doch nichts geerbt werden in der Fäulnis, im Zerfall!

Die Frage lautet: Kann nichts geerbt werden? Oder ist es nicht einfach so, daß hier der Lack der schönen Oberfläche springt, daß man etwas sieht und merkt, das in der revolutionären Zeit ohnehin, aber auch in der großen sogenannten Glanzzeit einer Gesellschaftsperiode nicht sichtbar war, weil es dort unter der schönen Zurichtung, unter dem riesigen ästhetischen Gehabe und dem Schein versteckt war? Jetzt springt dieser Lack und sonderbare Dinge erscheinen, die nie sichtbar waren und auch viel zu entlegen erschienen, um sichtbar zu sein. Es entsteht, zum Beispiel, die Montage, die Kunst, die macht, daß Gegenstände, Themen, die weit voneinander entfernt liegen, plötzlich ganz nahe zusammenrükken und einander berühren, und umgekehrt, daß das, was ganz nahe zusammenliegt, weit auseinandergeht in ganz entfernte Gegenden: Es tritt, wie Brecht sagt, Verfremdung ein, nicht allein aus pädagogischen Gründen, sondern im Gegenteil: die Papuakunst, die Negerplastik kann uns plötzlich viel näher stehen als Phidias, was ein großes Paradox ist. Wir sind davon betroffen, von diesen eigenartigen Gestalten, von diesen fremdartigen Größenverhältnissen in der Plastik, wo der Körper riesig ist und der Kopf zu klein, wie zum Beispiel bei den Bildern von Chirico und dann von Max Ernst, in denen ebenfalls sehr viel Montage ist. Bei Chirico sehen wir zum Beispiel ein Zimmer, ein undeutlich gestimmtes Paar am Kamin, vielleicht nach der Flucht; links eine Wand, rechts eine Wand. Aber die Wand ist gar nicht da! Auf der linken Wand ist ein Urwald mit Bestien und Schlangen, die ins Zimmer einbrechen wollen. Auf der rechten Seite eine riesige Meeresbrandung. Im Vordergrund das kleine Kaminfeuer, Urwald mit Schlangen, Brandung mit Haifischen, ein Kamin, ein normaler Stuhl aus dem 20. Jahrhundert und ein gegenwärtig, modern angezogenes, wahrscheinlich sehr schlecht gestimmtes Paar. Das ist Montage nicht nur in der Zeit, wie etwa bei den Papuas, sondern das ist etwas völlig Ungleichzeitiges, so wie eine Negerplastik, die uns gegenwärtig wird, die uns angeht und die aktuell ist.

Dies ist zum Beispiel ein kleines Zeichen. Das kann in einer Zeit des Höhepunkts und der Blüte einer Gesellschaftsperiode überhaupt nicht erscheinen und gedacht werden, mit einer einzigen, sehr merkwürdigen Ausnahme: dem Manierismus, der schon sehr früh, also in der Zeit zwischen Renaissance und Barock, entdeckt worden ist, also in einer Epoche, zu der zum

Teil noch Shakespeare gehört, dessen Dichtungen – teilweise zumindest – Montagen enthalten.

Dieses Erbproblem ist ein wichtiges Thema meines Buches *Erbschaft dieser Zeit*. Dort werden vier kleine Perioden unterschieden. Zuerst wird die Zerstreuung geliefert, Zerstreuung für die Angestellten, also eine lustige, spannende, interessante äußerliche Welt. Es erscheint das Kino, es erscheint der verrottete Klotz, der Frühglanz, der Revolutionsglanz; man weiß nicht, ob die Morgendämmerung oder die Abenddämmerung hereingebrochen ist. Das waren unter anderem die zwanziger Jahre in Berlin. Das ist die Zerstreuungsperiode. Und hier lautet die Frage: Was ist da zu erben? Kommt da noch etwas anderes heraus als bloß die Gaunerei, abzulenken?

Das zweite Element wird schon sehr viel kraftvoller in seiner Erscheinung. Es heißt »Berauschung«; Berauschung ist Nazismus. Damit man nicht nachdenkt über das, was es gibt, rückt die große Epoche des Rausches heran, die Nazi-Epoche der strapazierten Ungleichzeitigkeit, d. h. es leben in einer Epoche (das ist die andere Erkenntnis, die gerade in diesem Abschnitt steht) durchaus nicht nur gleichzeitige Menschen, sondern es leben in ihr auch übergleichzeitige Menschen, zu denen beispielsweise das revolutionäre Proletariat gehört. Die Ungleichzeitigen sind die Bauern, die Fischer, auch die Kleinbürger in den Kleinstädten, diejenigen, die hinter dem Mond zuhause sind, wie das Sprichwort sagt, die noch in der Mitte des 20. Jahrhunderts wie die Bauern oder Fischer vor Jahrhunderten leben und die nicht etwa zurückgeblieben sind, sondern die ungleichzeitig sind, weil zum Teil noch der alte Unterbau vorherrscht, der ökonomische, vor allem der technologische Unterbau, daher der Pflug. Der Traktor ist ja nicht überall gleichzeitig aufgetaucht. Das Haus, die alte Bauernideologie, das Verhältnis zur Natur, die doch auch kleine Geschichtsepochen durchmacht, Regen, Gewitter, Dürre, sind die Grundvoraussetzungen dafür, denen ganz bestimmte Reflexe entsprechen. Diese Leute sind ungleichzeitig, verstehen infolgedessen gleichzeitige Fragen überhaupt nicht. Zu denen muß anders gesprochen werden. Sozialismus-Kommunismus muß also eine ganz andere Propaganda haben, um diese Menschen zu erreichen, damit sie merken, daß es sie angeht, und damit sie wissen, es handelt von uns.

Dann gibt es die gleichzeitige Periode, in der sich das Proletariat und die Großbourgeoisie befinden. Aber das revolutionäre, klassenbewußte Proletariat ist übergleichzeitig. Dieses revolutionäre Proletariat hat als Form nicht Berauschung, sondern die Montage, im wesentlichen die Montage, und zugleich Vorblitze, Experimente, ohne jegliches sichtbare Klasseninteresse von einer anderen Welt, von denen die marxistische Propaganda, der marxistische Bewußtseinskreis ebenfalls lernen können, weil das zu Marxens Zeiten noch nicht da war. Dazu gehörten also der Expressionismus und – ganz ohne Berauschung – die Probleme der außereuropäischen Kultur. China tritt nun in den Horizont, die Bauernkunst bekommt einen neuen, eigenen Sinn, der *Blaue Reiter* erscheint, der Expressionismus, später der Surrealismus, die Montage taucht auf, Dinge also, die teils gleichzeitig, teils übergleichzeitig sind und die sich nicht nur innerhalb der großbourgeoisen Salonkultur finden, sondern auch in der Straßenkultur, der Staunenskultur, den Überraschungshaltungen, also in sonderbaren epatierenden Sachen, die vom Kleinbürger erst recht abgelehnt werden, die aber hier ihren Platz haben, samt dem Snobismus, der sozusagen ein Tribut des armseligsten Lasters an die kraftvolle Tugend der Zeit ist.

Wider Willen und zur großen Überraschung gibt es also eine Erbschaft. Und jetzt geht es in die Praxis.

Was die Kommunistische Partei vor dem Aufstieg Hitlers getan hat, war richtig; nur das, was sie nicht getan hat, war falsch; falsch war zum Beispiel, daß sie die Berauschung nicht bemerkt und nicht die in die Phantasie greifende Montage aufgenommen hat. So bediente sie sich in ihrer Propaganda einer Sprache, die die Schichten, die sie ansprechen wollte, nicht erreichte.* Die Begriffe Berauschung, Montage, Expressionismus hätten in die Bewegung hineinkommen müssen. Sie hätten dazu beitragen sollen, ihre Sprache und ihre Inhalte umzufunktionieren. Die Nazis haben uns dauernd bestohlen; sie lebten davon, daß wir diese Gebiete der großen revolutionären Tradition aufgegeben haben und höchstens deren Namen gebrauchten: Spartacus.

* In *Erbschaft dieser Zeit* bezeichnet Bloch mit »Staub hoch 1« Zersetzung, Zerfall, mit »Staub hoch 2« Berauschung und mit »Staub hoch 3« Montage und Expressionismus *(Anm. d. Hrsg.)*.

Die Lehre vom Dritten Reich stammt von Joachim di Fiore, aus dem 13. Jahrhundert. Das war die erste revolutionäre Lehre, die bei Lessing noch zitiert wird und die bei Dostojewski vorkommt. Moeller van den Bruck hat Dostojewski neu übersetzt und ein Buch herausgegeben *Das Dritte Reich*. Heine verwendet das Wort, Ibsen gebraucht es, überall läuft das Wort um. Die Nazis haben es endlich mitsamt der Zahl drei übernommen und banalisiert. Die I. Stufe lautet: Heiliges Römisches Reich Deutscher Nation; darauf folgen das Wilhelminische Kaiserreich (Nummer zwei) und das Hitlerreich (Nummer drei). Letzteres nennt sich »Drittes Reich«, mit einer außerordentlichen propagandistischen Wirkung. Der Ausdruck stammt von Joachim di Fiore und geht über Lessing und Heine – von Heine, der gewiß unverdächtig ist, der kein Mystagoge, sondern ein großer Aufklärer war – zu Ibsen. Über Lessing geht der Begriff dann in die politische Propaganda ein.

Dies ist ungefähr das in *Erbschaft dieser Zeit* formulierte Problem.

5.
Prager Exiljahre (1936–1938). Forschungen zum Materieproblem. Die Expressionismus-Debatte (über den Briefwechsel Anna Seghers – Georg Lukács).

J. M. 1934 gingen Sie nach Wien, wo Sie Ihre jetzige Frau, die Architektin Karola Piotrkowska, geheiratet haben. 1935 waren Sie für mehr als ein halbes Jahr in Paris. Dort nahmen Sie am »Congrès pour la Défense de la Culture« teil. Ihr auf dem Kongreß gehaltener Vortrag ist in Ihren *Literarischen Aufsätzen* unter dem Titel *Marxismus und Dichtung* erschienen. 1936 bis 1938 lebten Sie in Prag, wo auch Ihr Sohn Jan Robert geboren wurde. Welche philosophischen Manuskripte haben Sie in Prag verfaßt und welche Bewandtnis hatte es mit der berühmten Expressionismus-Debatte, zu der Ihre Beiträge ja auch aus der Prager Zeit stammen, zum Beispiel Ihr Aufsatz *Rettung der Moral*?

E. B. Ja, bevor ich auf diese vielen und vielleicht zu vielen Fragen antworte, möchte ich einen Gruß, meine Hochachtung und Verehrung und meine Dankbarkeit meiner eben erwähnten Frau, Karola Bloch-Piotrkowska, aussprechen, die ich 1934 geheiratet und die ich schon lange Zeit vorher gekannt habe. Aber die Heirat kam wie ein Punkt auf dem i. Also, ich danke Karola, ich danke Kulmchen herzlich. Ohne sie wäre vieles nicht zustande gekommen.

Was ist nun Ihre erste Frage?

J. M. Die nach den philosophischen Manuskripten, die Sie in der Prager Zeit verfaßt haben.

E. B. Philosophische Manuskripte habe ich ziemlich viele verfaßt, sie haben erst später ihren breiteren Ausbau gefunden. Halbwegs zu Ende geschrieben habe ich in Prag ein dickes Manuskript über Materie, Geschichte des Materialismus, Geschichte des Begriffs »Materie«, das in der Gesamtausgabe 1972, ungefähr verdoppelt im Umfang, erschienen ist unter dem Titel *Das Materialismusproblem, seine Geschichte und Substanz,* ein Buch, das gegen den vulgären Materiebegriff vorgeht und das zeigt, was alles in der Materie steckt und wie der Idealismus auch hier einen merkwürdigen Beitrag wider Willen geleistet hat, dauernd unter dem Signal oder Motto von Lenin, das nicht genug eingeprägt werden kann und das lautet: »Der kluge Idealismus steht dem klugen Materialismus näher, als ihm der dumme Materialismus steht.«

Unter diesem Gesichtspunkt habe ich zu zeigen versucht, daß das Problem der Materie am besten vom idealistischen Standpunkt aus durchforscht werden kann, denn dort ist Materie eine Verlegenheit. Sie stellt dort – von Aristoteles über Leibniz bis zu Hegel – die Frage nach der Herkunft (Natur) der Materie. Im Materialismus dagegen ist sie eine Selbstverständlichkeit. Infolgedessen wird im philosophischen Materialismus das Staunen, das philosophische Staunen, das griechische Trauma, das *admirari* gegenüber dem Geist wachgerufen; denn der Geist ist im Materialismus eine Verlegenheit. Daher glänzt der Materialismus durch Ideologieforschung, um den Geist zu entzaubern, um das Schwindelhafte am Geistigen, am Intellektuellen, am Idealistischen hervorzubringen. Das ist vom Materialismus zu lernen.

Für den Idealismus ist der Geist eine Selbstverständlichkeit, ein feierliches, hohes Wort. Wenn Hegel das Wort »Geist« ausspricht, dann zieht er tausendfach seinen Hut. Das ist einfach eine Ehrensache. Wenn Lamettrie »Geist« sagt, ist das etwas ganz anderes, und auf einem noch viel höheren Niveau bewegt man sich, wenn Marx »Geist« sagt. Also ist der Geist eine Verlegenheit. Infolgedessen kann man nur am Materialismus erkennen, was der Geist ist, durch die Ideologieforschung, mitsamt dem Vulgärmaterialismus, der dann ausgetrieben wird durch einen Satz, der ausgerechnet von Stalin stammt und der besagt, daß »der Überbau den Unterbau nicht nur reflektiert, sondern anregt, aktiviert, in Bewegung setzt«. Überall entstehen solche Probleme, das Geistproblem erscheint im Materialismus am schärfsten, aber auch im Idealismus, wo es dann im paradoxen Versuch der Begründung eines neuen, spekulativen Materialismus landet – spekulativ in aristotelisch-hegelschem Sinn, nicht allein im Sinne von Lamettrie oder einem vulgären Materialismus.

J. M.   Eine weitere Frage bezog sich auf die Expressionismus-Debatte, die ja während Ihrer Prager Zeit stattgefunden hat.

E. B.   Ja, das ist eine Debatte, ein Streit, der in der Moskauer Exilzeitschrift *Das Wort*, die Brecht und Bredel herausgegeben haben, ausgetragen wurde.

Der Expressionismus ist in der damaligen Sowjetunion kein rotes Tuch gewesen, sondern ein schwarz-rot-goldenes oder gar schwarz-weiß-rotes, oder eine französisch-bürgerliche Trikolore ohne Revolution.

Nun kommt in dem Buch *Erbschaft dieser Zeit* eine große Feier des Expressionismus zum Ausdruck als einer Kunst, einer Malerei und einer Dichtung des Zerfalls, und zwar vom Morgen her gesehen, von der Erbschaft her gesehen, denn der Expressionismus lebt vom Zerfall, aber er ist kein Zerfall, er drückt ihn nicht aus, sondern er beerbt ihn. Man muß warten, bis die Tante gestorben ist; aber man kann sich, wenn man erben will, als Erbe schon bei Lebzeiten sehr genau in ihren Zimmern umsehen. So sieht sich denn dieses Buch mit dem Expressionismus schon sehr genau bei der Tante, dem Spätkapitalismus, um, bevor er zugrunde gegangen ist. Aber dann holen wir uns, was zu uns gehört.

Dies paßt natürlich nicht in die Sowjetunion mit ihrem Neo-Klassizismus, mit ihrem entsetzlichen Kitsch, mit ihrer Architektur der Gründerzeit. So kam es denn zu dem Streit.

Der Streit wurde auch noch anderswo ausgefochten, zum

Beispiel in den deutschen Zeitschriften der Emigration, zwischen Lukács und Anna Seghers. Der Klassizismus, der neue Klassizismus von Lukács auf der einen Seite, der wirklich bloß Zerfall, Fäulnis und Dekadenz im Expressionismus sah, und Anna Seghers, die selbst zwar keine Expressionistin war, aber die sich dem Expressionismus immerhin zugehörig fühlte, obwohl er schon abgeklungen war, bezeichnenderweise durch die Siege von Noske und durch das Reaktionärwerden der Weimarer Republik, auf der anderen Seite. Dieser Briefwechsel über den Expressionismus war sehr interessant. Ich habe mich an ihm beteiligt, habe ja zum Teil in *Erbschaft dieser Zeit* die Grundlage für diese Diskussion, den Boden und den Halt geliefert.

Wie steht es nun mit dem Expressionismus? Ist wirklich Kontinuität die Regel, Abbildung der Natur, und ist die gegenstandslose Malerei und Dichtung schlechthin nur Dekadenz? Oder kommt in der gegenstandslosen Malerei und Dichtung ein anderer Gegenstand heraus, nämlich der ornamentale, die vermummten Ornamente unserer Gestalt selber, die Lichtung unserer Kaspar-Hauser-Natur, in der wir gar nicht wissen, wohin wir gehen? Denn wir wissen noch nicht, woher wir kommen. Hier ist endlich ein Siegel erbrochen in diesen Bildern und diesen Dichtungen, die nichts mit Oberlehrer-Schönheit gemein haben und auch nichts mehr mit der Gründerzeit, auch nichts mit dem Kurfürstendamm und mit den Prachtstraßen aus der Haussmann-Epoche in Paris.

Wer also spricht hier zu uns? Besteht wirklich nur ein Kontinuum oder besteht die echte, marxistische Wirklichkeit nicht auch aus Unterbrechungen? Wie hätte es sonst für Dialektik Platz gegeben? Dialektik ist doch Unterbrechung!

Dies ungefähr waren die Themen, an einzelnen Beispielen ausgeführt, und die Expressionismus-Debatte ist ja jetzt neu aufgegriffen worden. Dieses, wie es schien, längst Erloschene hat plötzlich eine rätselhafte, sprechende Beziehung zu allem, was in der Luft liegt.

6.

Sozialismus und Moral. Exilzeit in den USA.
Prinzip Hoffnung – eine Enzyklopädie menschlicher
Wunschträume

J. M. Aus dieser Zeit stammt auch Ihr Aufsatz *Rettung der
Moral.* Können Sie uns sagen, wie dieser Aufsatz aufgenommen wurde?

E. B. Der Aufsatz wurde mit einer Art von Beschämung und
zum Teil merkwürdiger Zustimmung aufgenommen. Moral,
Ethik, Amoralismus, Moralität haben in der kommunistischen
Literatur kaum einen Platz. Es werden zwar dauernd moralische Auswege gebraucht, aber dem Problem der Moral wird
eher ausgewichen. Marxismus-Kommunismus ist ohne weiteres moralisch oder etwas Ähnliches, heißt es gemeinhin. Kurz
und gut, nach einem Ausdruck, der sich wohl bei Engels
findet – ich bin nicht ganz sicher in diesem Fall –, ist Moral ein
kleinbürgerliches Vorurteil.

Nun gebraucht man zwar gegen Hitler, also gegen ein
monumentales, gigantisches Verbrecherwesen, dauernd moralische Ausdrücke und arbeitet doch mit moralischen Verwerfungen. Aber da es keine Begriffskultur und Sprachkultur in
Sachen der Moral gibt, weil niemand davon spricht, ist das
alles Schmockgerede, und das äußerste, wozu man sich aufschwingt gegenüber all dem Entsetzlichen, das bei Hitler
geschah, ist, wie dann die Zeitungen schreiben: »das blutbesudelte Hitlerregime«. Nun, blutbesudelt ist ein Schweinemetzger auch, das ist doch nicht das, womit man Hitler trifft, und
doch ist es moralisch gemeint. Also kurz, wie steht's mit der
Rettung der Moral im kommunistischen Bewußtsein, in der
kommunistischen Propaganda? Das war die Frage.

Dem bin ich nachgegangen. Ich habe aufgezeigt, wie frühe
Revolutionen durchaus Moral gehabt haben, wie es eine kantische Moral gibt, der kategorische Imperativ ist im Grunde
kommunistisch, indem er sagt: Handle jederzeit so, daß die
Maxime deines Handelns das Prinzip einer allgemeinen Gesetzgebung sein könnte. Es wäre Unsinn, in einer Klassengesellschaft das zu verlangen. Im Gegenteil, es wäre Klassenverrat. Der Prolet kann nicht so handeln, daß die Maxime seines
Handelns zugleich das Prinzip oder gar die Maxime eines

Kapitalisten sein könnte, und umgekehrt. Aber in einer klassenlosen Gesellschaft ist das nicht gewollter Betrug, sondern eine Selbstverständlichkeit und eine Formulierung der Kategorie Solidarität.

Soviel über das, was nun zu tun ist, damit die Moral, die Tugend, endlich wieder interessant wird, eine kommunistische Tugend! Und das Ganze kulminierte in einem sehr kühnen Satz: »Sozialismus, Kommunismus ist dasjenige, was unter dem Namen Moral so lange vergebens gesucht worden ist.« Das paßte natürlich in Moskau sehr gut in den Kram, wenigstens in den Wortkram. Die Sache selber ist nicht durchgedrungen, wie figura zeigt.

J. M. Weshalb sind Sie gleich nach den letzten Wahlen in Deutschland, am 6. März 1933 in die Schweiz emigriert?

E. B. Auf diese Frage kann ich sehr kurz, mit einem einzigen Satz antworten: Weil ein Steckbrief gegen mich ergangen war, daß ich sofort verhaftet werden sollte wegen Verächtlichmachung der Reichsregierung. Also fuhr ich von Heidelberg nach Basel. Und ich wurde nicht entdeckt.

J. M. 1938 emigrierten Sie dann in die Vereinigten Staaten. Wo lebten Sie dort? Können Sie vielleicht Ihre äußeren Lebensumstände schildern? Hatten Sie viele Kontakte zur deutschen Emigration in den USA?

E. B. Meine Frau Karola, unser Sohn und ich wurden abgeholt von Hanns Eisler und Joachim Schumacher, der später ein schönes Buch über die »Angst vor dem Chaos« geschrieben hat. Wir waren zunächst kurze Zeit auf dem Land, dann in New York, später in Cambridge bei Boston. Ich war glücklich, ungestört auf deutsch schreiben zu können, in einer Sprache, die rundum nicht gesprochen und banalisiert wurde, einer wissenschaftlichen und einer philosophischen Sprache. Ich habe Tag und Nacht gearbeitet, elf Jahre lang, ernährt von meiner Frau, also kein Vorbild im amerikanischen Sinn. »Wenn Ihr Mann nun nichts verdient«, hat ein Amerikaner einmal meine Frau gefragt, »weshalb wechselt er nicht den Job? Man hat ja nur einen Job, weil man Geld verdienen will, und wenn er mit Philosophie nichts verdient, soll er was anderes machen!« Ich konnte nichts anderes machen. Außerdem sprach ich kein Englisch. Wie Sie an dem Französisch hören, das ich spreche, habe ich keine besonders große Sprachenbegabung, auch nicht für Englisch usw. Sollte ich Teller-wäscher werden? Ich habe dazu in einer Emigranten-Zeit-schrift einen Aphorismus veröffentlicht: »In Amerika fangen die Millionäre mit Tellerwaschen an, die Philosophen hören damit auf.« Kann man das ins Französische übersetzen? Kön-nen Sie es übersetzen?

J. M.   Nein. Wie waren Ihre Kontakte zur deutschen Emi-gration in den USA, Ihre literarischen und persönlichen Kon-takte?

E. B.   Nicht sehr reichlich. Wir lebten in Cambridge, einem Ort, an dem es nicht viele Emigranten gab, und es waren meist keine neuen Kontakte, sondern alte, also alte Freunde, die ich schon vorher aus Europa und aus Deutschland kannte, mit denen ich zusammentraf.

J. M.   Die elf Jahre amerikanischer Emigration waren für Ihre philosophische Arbeit sehr produktiv. Damals entstand Ihr Hauptwerk, *Das Prinzip Hoffnung;* Sie entwickelten den Begriff einer ›utopischen Funktion‹, die sich auch dort finden kann, gerade dort finden kann, wo von Utopie bisher nicht die Rede war: in Ideologie, in Archtypen, in Allegorien der Kunst, Symbolen der Religion.

E. B.   Ja, im *Prinzip Hoffnung* erweiterte ich den Bogen des Utopischen, der oft in verächtlicher Weise mit Spintisiererei, ›dreams‹, leeren Träumen gleichgesetzt wird. Der Ausdruck: »Die Sache ist utopisch«, ist ja fast ein Schimpfwort gewor-den. Nun ja, davon brauchen wir nicht zu sprechen, oder wenn ja, dann nur in einem polemischen Sinn.

Der andere Begriff ist das Stammhaus der Utopie, das allerdings als Sozialutopie seit den ältesten Zeiten besteht, also der Traum von einer besseren Gesellschaft, der utopisch ge-träumt wird.

Das ist richtig, das ist eine große Kategorie, sie blieb aber – abgesehen von einigen Ausnahmen, wo ihre Existenzberech-tigung von der Gesellschaft auch auf die Technik ausgedehnt wurde (bei Bacon[5] zuerst, auch bei Campanella[6] und dann bei Jules Verne) – in einer romanhaften, lustigen, unterhaltenden Form, in der ›science fiction‹, die von Amerika herüberkam, also in der Gestalt rein technischer Utopien, bestehen. Das alles wurde nicht sehr ernst genommen.

Hier aber wird es ernst genommen. Es entsteht ein neues

Prinzip in der Philosophie, nämlich die Hoffnung. Was ist das? Hoffnung nicht als Affekt, mit dem Gegensatz Furcht, sondern Hoffnung als ein kognitiver Akt, als ein Akt der Erkenntnis, nicht mit einem Gegensatz, sondern einem Wechselbegriff: Erinnerung ans Gewesene und Hoffnung auf das Zukünftige, auf das Kommende. Nicht in abstrakter Weise, nicht notwendig in abstrakter Weise, wie es der kleine Kaufmann versteht, mit Utopie, und wie es auch mit Recht von Marx und Engels verstanden wurde gegenüber den großen Sozialutopisten, Thomas Morus, Campanella, im 16. und im 17. Jahrhundert, von den großen Franzosen, Fourier, Saint-Simon und Etienne Cabet, den großen Vorläufern des wissenschaftlichen Sozialismus, nach den Worten von Engels. Also nicht Traumspinner allein, sondern primär noch abstrakte Utopisten, die die Bedingungen der Zeit nicht erfaßt haben, wonach dann, wenn die Zeit nicht reif ist, jede Utopie zugrunde gehen muß in ihrem Gegenteil, auch die Utopie der Französischen Revolution mit »Freiheit, Gleichheit, Brüderlichkeit«, »Liberté, Egalité, Fraternité«, mitsamt ihrem großen Leitbild, dem ›citoyen‹. Statt des Traumbilds, des utopischen Traumbilds ›citoyen‹, wurde dann, da man die Bedingungen nicht erfaßt hatte, durch die allein es reifen konnte, das nicht so große Traumbild ›le bourgeois‹ Realität.

Nun aber ist die Wendung auch in dem Buch drin: Auch der Marxismus ist eine Utopie, zum ersten Mal eine konkrete Utopie, also ein Paradox, ein »hölzernes Eisen«. So löste es in Leipzig großes Gelächter aus, als ich sagte: »So ist denn der Marxismus nicht etwa keine Utopie, sondern das Novum einer konkreten Utopie.«

Darüber hinaus wurde in dem Buch nachgedacht über das, was in jedem Menschen umgeht, vor allem in der Jugend, über die »dreams of a better life«, die Träume vom besseren Leben, über Wendezeiten, Zeiten des Umbruchs (wo etwas in der Luft liegt, wo etwas schwanger ist mit etwas), also über die Zeit der späteren Siege, die Zeit der Renaissance, die Zeit des Sturm und Drang, die Zeit der noch frischen jugendlichen Romantik, über alle Wendezeiten: die Zeit des Naturalismus, des Expressionismus. Überall ist ein hoher Prozentsatz von dem, was ich ›Noch-nicht-Bewußtes‹ genannt habe, mitsamt seinem objektiv-realen Korrelat, dem Noch-nicht-Geworde-

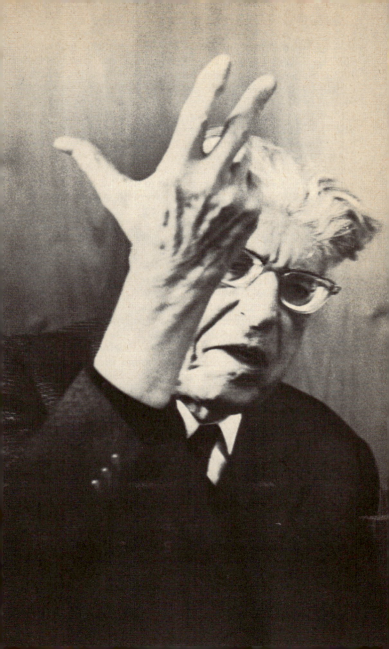

nen, Ungewordenen, mit dem die Materie des Seins schwanger ist. Die äußere Erscheinung ist die Kreativität, das Hervorbringen eines Novums, das bisher noch nicht war, und das dann plötzlich, wenn es durchschlägt, als das lang Erwartete erscheint.

Hier gibt es nun, wie schon gesagt wurde, die Beziehungen zur Ideologie, die genau untersucht worden sind, zum Ideal, zur Allegorie, zum Symbol und die Ausdehnung der Kategorie des Utopikum auf alle Gebiete mit der versuchten »Enzyklopädie menschlicher Wunsch- und Wachträume«, beginnend in der Kindheit und erst recht in der Pubertät; sexuelle, erotische Träume: »Was will ich werden, was erwarte ich denn, was erwartet mich?«, Kategorie der Erwartung, Kategorie des Tagtraums, Sozialutopien, das riesige Stammhaus technische Utopien, geographische Utopien, die Entdeckungsreisen nach irgendeinem Land. Kolumbus zog aus, um das verlorene Paradies wiederzufinden, das in Indien liegen sollte; also sucht er den Seeweg nach Indien und nennt die Ureinwohner des Landes, das er findet, deshalb ›Indianer‹. Indien als das Traumland. Die Zugänge sind uns versperrt, aber die ewigen Flüsse fließen noch aus dem Paradies und führen Gold und Edelsteine mit sich und den Stein des Weisen. Den suchte Kolumbus, seinem Briefwechsel zufolge.

Alle bisherigen utopischen Geographica haben versagt; so ging die Fahrt also weiter in den Südkontinent, nach Australien, zur ›terra australis‹; dort muß das irdische Paradies liegen. Ein gesteigerter Süden, ein gesteigertes Griechenland, ein gesteigertes Italien, ein gesteigertes Klein-Asien, alles, was uns ranreißt, die Wärme, durch die die Zugvögel angelockt werden, da unten muß es immer wärmer werden, in der terra australis. Wieder eine Utopie.

Der Südpol trat statt dessen ins Gesichtsfeld, man lief weiter, man suchte anderes. Dann kam der große Sprung, der schon in den Sozialutopien anfing: Man suchte Utopia fern in der Südsee. Sowohl bei Thomas Morus wie bei Campanella liegt es auf einer fernen Insel.

Mit der Französischen Revolution, bei den französischen Utopisten, also Fourier, Saint-Simon, Cabet, wurde die Utopie aus der Ferne des geographischen Raums in die Zukunft verlegt. Sie kommt vielleicht erst am Ende der Zeiten, und hier rückte nun wieder die Religionsutopie ein: die Apokalypse. Am Ende der Tage bricht das himmlische Jerusalem an, geschmückt wie eine Braut; Mond und Sonne verschwinden, Tod und Sünde sind vergangen, das Ende der Tage ist gekommen, alles ist eschatologisch, scheint nun in die bloß geographischen Utopien hinein, wird in der Ferne der Zukunft erwartet und nicht als etwas bereits Vorhandenes angesehen.

Andererseits gibt es auch im hohen Norden die Utopie von Thule, z. B. Ossian im 18. Jahrhundert. Die gefälschten Dichtungen von Ossian, die Macpherson[7] gemacht hat, gehen auf diese Utopie des äußersten Thule, des früh hereinbrechenden Abends, des Glücks der Wolkenlandschaft, die dann in England von der Malerei entdeckt wurde, statt des bloßen Südens mit seiner egal brennenden Sonne zurück. Regen, Herbst, das erscheint als Land und als Klima, in dem die Utopie gesucht wird – und die wohnt auf der geträumten Insel Thule.

Es gibt zahlreiche andere Utopien noch dazu, deren Gehalt, geschichtsphilosophisch-phänomenologisch und sachlich, überall in diesem Buch darzustellen versucht worden ist, mitsamt der Berechnung der Chancen, etwas davon zu erfüllen.

Erst gegen Ende, wo es vor allen Dingen um eine Darstellung der Utopien geht, steht wieder die stärkste Gegenutopie, nämlich der Tod, eine Gegenutopie ersten Ranges. Mit unserem Leben ist es aus, und mit der ganzen Menschheit wird es aus sein, wenn die Entropie kommt, wenn also Sonne und Sterne erkalten und der alte Nebeldunst wieder aufsteigt, aus dem dieses ganze Drehkarussell von Planeten, Sternen und Fixsternen entstanden ist; dann ist alles aus. Was helfen uns dann unsere Utopien, was helfen uns dann unsere Kulturen, wenn doch alles im Nihil, im Nichts, im Nihilismus zu Ende geht? Dagegen gibt es auch Utopien und versuchte Wegweisungen, denen man an der menschlichen Front begegnet, ebenso wie Schwindel und Märchen und Träumen im schlechten Sinn.

Dieses umfangreiche Buch, das ungefähr 1650 Seiten zählt, endet, nachdem es eine Enzyklopädie menschlicher Wunschträume darzustellen versucht hat – eine Enzyklopädie der Wege, der ehemals geträumten oder auch durchgearbeiteten Wege zu einer noch so partiellen Erfüllung –, mit neuen

Inhalten. Diese Enzyklopädie endet mit der Kategorie ›Heimat‹. Die ist eigentlich gesucht. In eine Welt zu kommen, wo das Objekt nicht mehr behaftet ist mit einem ihm Fremden. Das letzte Wort des Buches also ist ›Heimat‹.

7.
Hegel oder die Anamnesis in der dialektischen Philosophie
(Subjekt – Objekt)

J. M. Ihre jahrzehntelange Beschäftigung mit Hegel fand ihren Ausdruck in dem Buch *Subjekt – Objekt. Erläuterungen zu Hegel,* das in spanischer Übersetzung 1948 in Mexiko erschien. Ein neues Thema in dem Buch ist ›Anamnesis und Novum‹.

E. B. Ja, es war aus Dankbarkeit für meinen hochverehrten Jugendlehrer und dauernden Führer, Georg Friedrich Wilhelm Hegel, aber auch aus einer grundsätzlichen Kritik (in dem Kapitel *Hegel und die Anamnesis*) vom Standpunkt des Novum aus geschrieben worden.

Die Anamnesis ist der Bann, der alle Philosophie, von Thales bis Hegel, stets in die Irre geführt hat, in die Annahme nämlich, daß all unser Wissen Wiedererinnerung sei.

Hegel hatte eine Dialektik, aber sie kehrt über Thesis, Antithesis, Synthesis wieder zur Thesis zurück, schlägt also einen Kreis nach der Negation; nach der Antithesis kehrt sie wieder zur Synthesis zurück, geht wieder zur Thesis zurück und greift die Thesis auf einer höheren Stufe wieder auf, worauf das gleiche erneut beginnt: neue Antithese, neue Rückkehr zur Thesis, usw. Hier ist bei Hegel die ganze Bewegung ein Kreis von Kreisen. Es gibt keine Zukunft, es gibt nichts, das nicht schon seit immer da war, das nur wiedererinnert oder konkretisiert wird. Nihil novum sub luna, es gibt nichts Neues unter dem Mond.

Dies ist die alte Lehre, daß eine Sache desto wahrer ist, je älter sie ist; daß der Granit wahrer ist als gegenwärtig entstandener Schaum. Das ist selbstverständlich der älteste Sohn der Natur, der Felsengranit. Aber bei dem Gedanken stimmt das nicht. Denn *Das Prinzip Hoffnung,* der *Geist der Utopie,* das »Denken des Novum«, das »Denken der Kategorie Möglichkeit« ist die jüngste, die stiefmütterliche Kategorie überhaupt, die keinen Platz hat und selbst keine Heimat besitzt.

Hegel nennt die Zukunft Wind, leeren Wind und leere Spreu. In der griechischen Philosophie kommt kaum etwas vor in diesem Sinn, mit Ausnahme einiger Stellen bei Aristoteles, wo die Rede ist von etwas, das in der Welt wird, das noch nicht ist. Es gibt einige Ausnahmen, aber nie in einem durchschlagenden, systematischen Sinn, und bei Hegel mit seiner Dialektik, mit dem Denken des Prozesses, mit dem Denken der werdenden Geschichte, kommt die Möglichkeit ganz schlecht weg. Möglichkeit gibt es gar nicht, und wenn sie möglich ist, dann wird sie auch wirklich, sonst ist sie ja nicht möglich, also: sie hat einen in der Zukunft ganz untergeordneten Platz, während in der Philosophie des Neuen zum ersten Mal in diesem Umfang und mit dieser Dynamik Zukunft, Novum, Werden, Durchbruch, Aurora einen systematischen Ort haben mit der Welt als einem Experiment des Neuen, einem Experiment dessen, was in ihr selber umgeht, womit sie schwanger ist. *Experimentum Mundi* heißt das Buch, das 1975 erschienen ist.

Unsere Kategorien und Auszugsgestalten, die in der Welt sich gebildet haben – in der Welt der Figuren, und die Welt ist voller Figuren, wie Dürer und Leonardo sagen, die es wissen als Maler und Bildhauer –, sind lauter Versuche, Modelle; in ihnen drückt sich die unbekannte Endgestalt aus, die nicht heraus ist. Die Welt ist uns noch ein Rätsel, und sie ist es auch für sich selber – deshalb gibt es eine Weltgeschichte und einen Weltprozeß, und es ist nicht so, daß es vor Jahren, vor Milliarden Jahren schon da war, und daß zuerst der vollkommene Anfang Gott war. Im Gegenteil: die wirkliche Genesis steht nicht am Anfang, sondern am Ende.

Aus Fragen, aus dem Dunkel des gelebten Augenblicks, das wir alle kennen, das wir aus der Nähe nicht sehen und das die Nähe uns schwierig macht. So wie es das Sprichwort ausdrückt: »Am Fuß des Leuchtturms ist kein Licht«, »Was er webt, weiß kein Weber« und: »Der Prophet gilt nichts in seinem Vaterlande.« Überall ist diese Nähe, dieses Dunkel, das nicht zum Ausbruch gekommen ist und das sich nicht objektivieren kann oder nur unzureichend, und wenn es sich objektiviert, entsteht die uns umgebende Welt der Objekte, in denen es überall umläuft, aber noch nicht darin ist. Von daher aber der Prozeß der Welt, seine Qual und Qualität, seine Dialektik der noch währenden Unfertigkeit; von daher die Dialektik des Weltprozesses selber mit uns Menschen an der Front und mit Eingedenken eines noch Unfertigen, nämlich eines offenen, in Möglichkeit befindlichen Ziels.

8.
Die Leipziger Zeit. Der Philosoph der Utopie contra stalinistische Parteibürokratie

J. M. 1948 erreichte Sie aus Leipzig die Nachricht, daß Sie zum Ordinarius für Philosophie berufen worden waren. Worüber lasen Sie in Leipzig und wie war Ihr Verhältnis zu den Studenten?

E. B. In Leipzig las ich scheinbar nur Geschichte der Philosophie. Bei dieser Gelegenheit konnte ich jedoch alles unterbringen, was ich wollte, freilich oft nur in Form einer Andeutung. Insgesamt las ich in der Leipziger Zeit dreimal – von 1951 bis 1956 – Geschichte der Philosophie, von Thales bis Heidegger. Mich selbst habe ich dabei scheinbar immer völlig versteckt; dies war jedoch eine List, die auch von einem großen Teil meiner Zuhörer verstanden wurde.

Mein Verhältnis zu den Studenten war im allgemeinen ausgezeichnet, allerdings wurde es immer dann getrübt, wenn die Studenten in Kontakt mit den Apparatschiks gekommen waren. Aber die Apparatschiks haben zunächst kapituliert, und ich bekam alle möglichen Titel und Orden, von denen es in der Deutschen Demokratischen Republik ja so viele gibt. Geschmückt wie ein Pfau lief man da herum, z. B. als ordentliches Mitglied der Akademie der Wissenschaften, als Nationalpreisträger usw.

Das ging alles ganz gut bis zum Ausbruch der ungarischen Revolte, des polnischen Widerstands im Herbst 1956 und der Unruhen, die dann auch in der DDR begannen und die sich später in der ČSSR wiederholt haben.

J. M. In welcher Form ist Ihre Philosophie auf offiziellen Widerstand gestoßen in der DDR?

E. B. Indem ich Anfang 1957 zwangsemeritiert wurde und

indem die Bewegung, deren Chef angeblich Wolfgang Harich war, in zunehmendem Maße auch mit mir in Zusammenhang gebracht wurde, so als wäre ich der ›spiritus rector‹ gewesen. Ich wurde allerdings nicht eingesperrt – hier war vielleicht der Druck des Auslands von Bedeutung –; und es gab auch unter den Apparatschiks einige klügere Leute, die das für eine sehr schlechte Politik gehalten haben. Da ich in der Akademie der Wissenschaften, deren Mitglied ich blieb, große Unterstützung fand, konnte ich jederzeit ausreisen und bekam sofort einen Paß. Und als ich wieder einmal, mit einem Paß ausgestattet, nach Bayern in die Sommerferien reiste, wurde die Mauer gebaut, und ich kehrte nicht mehr in die DDR zurück, weil ich nicht mehr glaubte, daß es dort noch Unabhängigkeit und relative Selbständigkeit gab. Ich bin also nicht aus der Republik geflohen, sondern ich war schon in Bayern und kehrte nur nicht mehr zurück. Juristisch besteht da zur Republikflucht ein Unterschied – moralisch bedeutete es aber dasselbe.

J. M.   Welche Manuskripte haben Sie in der Leipziger Zeit fertiggestellt und welche Bücher von Ihnen sind in dieser Zeit in der DDR erschienen?

E. B.   Ich habe in der Leipziger Zeit sehr viel und nicht unglücklich gearbeitet. Es entstanden dort zum großen Teil politische Aufsätze, die später in der Gesamtausgabe unter dem Titel *Politische Messungen, Pestzeit, Vormärz*** erschienen sind. Der Großteil meiner Zeit war jedoch der Arbeit an großen philosophischen Themen gewidmet, primär dem Buch *Das Materialismusproblem, seine Geschichte und Substanz* (Band 7 der Gesamtausgabe). Über ein Viertel dieses Buches, beinahe die Hälfte, habe ich in Leipzig geschrieben, und zwar die Kapitel, die die Geschichte des Begriffs ›Materie‹ abhandeln****, also wesentlich die philosophisch-historischen Partien über eine Lesart des Materiebegriffs, die in der Geschichte der Philosophie noch nicht bemerkt worden war, weil die bürgerliche Geschichte der Philosophie sich selbstverständlich nicht mit revolutionären Gegenständen expressis verbis abzugeben in der Lage war.

* Bd. 11 der Gesamtausgabe.
** *Die Lehren von der Materie, die Bahnungen ihrer Finalität und Offenheit*, a.a.O., S. 131-315.

Die politischen Aufsätze, die ich meine, sind in der *Welt-bühne* erschienen und enthalten mir heute noch wichtig erscheinende Gesichtspunkte, die aus der Aktualität nicht herausgefallen sind, sondern ein Stück Zukunft in der Vergangenheit repräsentieren bzw. eine nicht mehr anamnetische Erinnerung wachrufen.

Sie fragten, welche Bücher in dieser Zeit in Leipzig erschienen sind. Es ist mein Hegel-Buch erschienen, das zuerst nur auf spanisch vorlag, und zwar in einer in Mexiko erschienenen Ausgabe, die in 600 Exemplaren nach Franco-Spanien kam und die dort sonderbarerweise keinen Anstoß erregte, weil man sich unter Hegel, dem königlich-preußischen Staatsphilosophen, nichts Schlimmes vorstellte. Ferner ist eine Reihe kleinerer Arbeiten erschienen, z. B. *Avicenna und die aristotelische Linke,* eine Studie über den großen arabischen Philosophen aus dem 12. Jahrhundert. Darüber hinaus versuchte ich, dem Philosophen Christian Thomasius ein Denkmal zu setzen mit *Christian Thomasius, ein deutscher Gelehrter ohne Misere.* Der Ausdruck »ohne Misere« stammt von Engels (»die deutsche Misere«). Thomasius war ein deutscher Gelehrter ohne Misere, einer der großen Vertreter des Naturrechts Ende des 17. und Anfang des 18. Jahrhunderts, in Leipzig geboren, tätig zunächst in Leipzig, dann in Halle.

Alle diese Bücher erschienen im Aufbau Verlag, einem soliden Verlag, der von Janka, der später 5 Jahre Zuchthaus bekam, und von Harich, der später 10 Jahre Zuchthaus erhielt, geleitet wurde.

Bei meiner Übersiedlung in die BRD sind viele Manuskripte in Leipzig zurückgeblieben, die mir glücklicherweise erhalten wurden, indem sie mir nach meiner Zwangsemeritierung herübergebracht wurden und noch rechtzeitig zum Antritt meiner Gastprofessur in Tübingen eintrafen.

Immerhin, es war eine reichhaltige Tätigkeit, zu der auch Vorträge hinzukamen, die ich in der Akademie der Wissenschaften, im Kulturbund und an der Humboldt Universität hielt. Das ist ein Name mit einer guten Deckung und Tarnung. Aus diesen Vorträgen wurden dann zum Teil auch Manuskripte für Bücher.

9.
Begegnungen mit französischen Philosophen (de Gandillac, Lucien Goldmann, Jean Wahl)

J. M.   1959 hielten Sie auf der Tagung »Genèse et Structure« in Cerisy-la-Salle einen Vortrag mit dem Titel *Processus et Structure,* der 1965 in die Dokumentation *Genèse et Structure,* herausgegeben vom Centre Culturel International de Cerisy-la-Salle, aufgenommen wurde. In die *Tübinger Einleitung in die Philosophie,* Band 13 der Gesamtausgabe, wurde der Vortrag unter dem Titel *Über das Vermehrende im Prozeß und seinen Gestalten, d. h. Realmodellen,* aufgenommen.

Sie trafen auf dieser Tagung mit Maurice de Gandillac, Lucien Goldmann, Ionesco, Jean Wahl und Jean Piaget zusammen. Wollen Sie von Ihrer Begegnung mit französischen Intellektuellen berichten?

E. B.   Ja, ich lernte dort Lucien Goldmann kennen und de Gandillac, mit dem ich in einem sehr guten Verhältnis stehe, der ja auch der Initiator der Übersetzung der *Spuren* und des *Thomas Münzer als Theologe der Revolution* ins Französische ist. Gandillac ist ein guter Kenner der deutschen Philosophie, nicht nur der deutschen und französischen, sondern auch der italienischen und der englischen.

Ich lernte auch Jean Wahl kennen und war eingeladen bei Lucien Goldmann.[8] Goldmann ist mir eine sehr interessante Gestalt gewesen. Er war der letzte ›bohèmien‹ von Format, und zwar ein athenischer Bohèmien. Er verwandelte die Cafés in Paris, die Literaten-Cafés, die noch geblieben sind, in eine Art ›Agora‹, und er sammelte um sich die Jugend. Er war geradezu ein neuer Sokrates, der von Gestalten umgeben war, die freilich teilweise auch neue Alkibiadesse waren. Immerhin, er ist von einer eigentümlichen Lebendigkeit gewesen, die zum Teil ja selbst aus der Vergangenheit die Zukunft herausschlug. Die brennenden philosophischen Probleme, die er in dem Buch über Pascal* und in Aufsätzen wie *L'Ordre de la Raison, l'Ordre du Cœur,* in zum Teil scheinbar ganz historisch sich gebenden Aufsätzen und Büchern behandelte, ha-

---

* Cf. Lucien Goldmann, *Le Dieu caché. Etude sur la vision tragique dans les »Pensées« de Pascal et dans le théâtre de Racine,* Paris 1959.

ben wir in reichhaltigen und nicht unfruchtbaren Gesprächen diskutiert. Zum letzten Mal sah ich Lucien Goldmann auf einer Tagung in Korčula (Jugoslawien).

In meinem Vortrag in Cerisy über *Genèse et Structure* sprach ich unter anderem über das Vermehrende im genetischen Prozeß und seine Gestalten im Gegensatz zu der strukturalistischen, statischen Auffassung von ›structure‹, in der das Wesen statisch immer wiederkehrt, vielleicht variiert, aber doch im wesentlichen unverändert bleibt. In dieser Definition ist Struktur nicht mehr als ein Seitensproß der Anamnesis, der Wiedererinnerung an das, was schon vorher in unbewegten Archetypen da war. Den Gegenpol dazu bildet ›genèse‹, was auf eine Entwicklung, auf Unstatisches verweist, aus dem etwas Neues hervorkommt; sonst könnten wir den Begriff Entwicklung gar nicht theoretisch fassen. Darüber habe ich einen Vortrag gehalten, der polemisch gegen den Strukturalismus, der damals gerade im Entstehen begriffen war, zielte. Ich untersuchte den Begriff ›genèse‹ in seinem zum Teil noch unentwickelten Sinn, d. h. in dem, was in ihm auf Entwicklung verweist. Entwicklung kann nicht ohne Novum gedacht werden, sonst ist sie ja keine Entwicklung, sondern nur »Auswicklung«. Das war 1959.

10.
Über *Naturrecht und menschliche Würde* (1961)

J. M. Der Suhrkamp Verlag schloß mit Ihnen 1960 einen Generalvertrag über eine Gesamtausgabe Ihres Werkes in sechzehn Bänden ab. Als vorher noch ungedruckter Text erschien dort 1961 Ihr Buch *Naturrecht und menschliche Würde**. Könnten Sie uns sagen, weshalb ein marxistischer Philosoph sich ausgerechnet mit Naturrechtstheorien und ihrer Geschichte beschäftigt?

E. B. Ich könnte darauf mit einer Gegenfrage antworten: Wie ist es möglich, daß sich bisher so wenige marxistische Philosophen mit Naturrecht beschäftigt haben? Das Naturrecht stellt in der Geschichte der Revolution und der Ge-

* Bd. 6 der Gesamtausgabe.

schichte der Ideologie der Revolution einen sehr wichtigen Faktor dar. Die Utopien starben im 18. Jahrhundert langsam aus; sie blühten im 16. und 17. Jahrhundert, also mit Thomas Morus und Campanella und vielen anderen. Sonst kam das Licht aber nicht von der Sozialutopie, sondern eher vom Naturrecht, das auch einen verwandten und trotzdem ganz anderen Leitstern hatte und das seit seinen ersten Erscheinungen bei den Sophisten, später dann im Mittelalter, erst recht dann bei Grotius[9], Hobbes[10] usw. sich vom Leitbild der Sozialutopien stark unterschied. Ich habe das so formuliert: Der Zielpunkt der Sozialutopien ist Herstellung des größtmöglichen menschlichen Glücks und einer Freiheit, die das Glücksstreben nicht verhindert. Der Zielinhalt, das Zielbild im Naturrecht ist nicht das menschliche Glück, sondern aufrechter Gang, menschliche Würde, Orthopädie des aufrechten Gangs, also kein gekrümmter Rücken vor Königsthronen usw., sondern Entdeckung der menschlichen Würde, die eben gleichwohl zum großen Teil nicht aus den Verhältnissen abgeleitet wird, denen man sich anpaßt, sondern (um so schlimmer für die Tatsachen!) von dem neuen, stolzen Begriff des Menschen als einem nicht kriecherischen, reptilhaften, vielmehr einem mit hocherhobenem Kopf, was uns verpflichtet und uns vor den Tieren auszeichnet und unterscheidet.

Bei der Entwicklung des Naturrechts trifft man auf eine wichtige Unterscheidung, die von einem großen deutschen Juristen – Thomasius war ja der Anfänger davon gewesen und zum Teil auch der Vollender – ausgeführt wurde, nämlich die Unterscheidung der ›norma agendi‹ und der ›facultas agendi‹. Das vorhandene Recht ist wesentlich das von der Obrigkeit gesatzte Recht, eine von oben herab gesetzte ›norma agendi‹, nach der bei Strafe des Untergangs gehandelt werden muß. Sie erscheint hauptsächlich im Strafrecht, aber auch im Zivilrecht, wo das Eigentum geschützt wird. Ganz verschieden davon ist die ›facultas agendi‹, eine schon im römischen Naturrecht merkwürdigerweise auftretende Unterscheidung, nämlich die Fähigkeit zu handeln: also Koalitionsrecht, Streikrecht, Recht auf etwas von der ›norma agendi‹, in der nur das als Recht gilt, was nicht verboten ist (und das ist sehr wenig), total Unterschiedenes. Während das andere sich um Verbote gar nicht schert, sondern nur seine Forderung anmeldet, ist das Naturrecht von Haus aus revolutionär.

Im Mittelalter, bei Thomas von Aquin, hat sich das zum Teil geändert und ist auch in der offiziellen Naturrechtslehre, die nur ungefähr bis 1800 dauerte, ausgestorben, nämlich daß wir ein relatives und absolutes Naturrecht hätten.

Und hier in unserer Gesellschaft, nach dem Sündenfall, können wir nur ein relatives Naturrecht haben, denn wir haben kein Recht mehr auf den aufrechten Gang und auf das erhobene Haupt, nachdem wir im Paradies der Schlange zum Opfer gefallen sind. Infolgedessen gibt es nur ein relatives Naturrecht, und das ist enthalten in den Zehn Geboten. »Du sollst nicht stehlen, Du sollst nicht ehebrechen, Du sollst nicht begehren Deines nächsten Weib« usw. ›Norma agendi‹, Verbote sind darin, aber es ist auch etwas darin, was erlaubt ist: immerhin läßt es noch das übrig, was für den durch den Sündenfall geschwächten Menschen und sein geschwächtes Naturrecht gültig ist.

Ganz verschieden ist das Urrecht der Täufer, dem zufolge der Sündenfall uns zwar geschwächt, aber nicht völlig vernichtet hat. Im Gegenteil, der Sündenfall gehört selbst zum Naturrecht. »Ihr sollt werden wie Gott, wissen das Gute und das Böse. Ihr sollt heraus aus dem großen Garten für Tiere, der das Paradies war.« Das ist die Menschwerdung Adams und Evas geworden, daß sie werden sollten wie Gott. Und nachher, als Gott sich, in dieser schönen, naiven und kinderähnlichen Erzählung – in *Genesis* 1 –, in der Abendkühle im Garten Eden erging, sah er Adam zu seinem Erstaunen mit einem Efeublatt geschmückt und in einer ganz anderen Haltung, und Jahwe sagte: »Siehe – Adam ist geworden wie unsereiner.« Hegel fügte bei Erwähnung dieser Stelle als Kommentar hinzu: »Die Schlange hat also nicht gelogen, die Schlange hat nicht betrogen, denn Gott selbst sagte doch: ›Adam ist geworden wie unsereiner.‹«

Die ›deificatio‹ als Ziel des menschlichen Stolzes, also des Bestrebens, wie ein Gott zu werden, ist im Naturrecht zum ersten Mal als Forderung entstanden, und nicht die Zehn Gebote sind der Maßstab, sondern der Zustand im Paradies. Der soll wiedergeboren werden. Das Naturrecht spielte auch in der Täuferbewegung und in den Bauernkriegen eine große Rolle, eine viel größere als die soziale Utopie.

Warum haben nun Marxisten das nicht aufgenommen? Und warum hat etwas, das in dem russischen Marxismus nicht alles ganz stimmig findet, das Naturrecht aufgerufen, nachdem der ökonomische Grund dafür nicht ganz ausreicht? Also, wie stehts denn nun mit dem aufrechten Gang, mit dem befreiten Menschen? Was steckt denn in der Kategorie Freiheit drin außer der Ausbeutung des Nebenmenschen? (Das ist die teuflische Variante davon.) Was steckt in der Kategorie Solidarität oder Brüderlichkeit? Lauter naturrechtliche Impulse, keine sozialutopischen, denn die gehen auf Glück, auf das größte Glück der größten Anzahl.

Um 1800 ungefähr starb die Sache aus. Der letzte Naturrechtler und zugleich Feind des Naturrechts war ein Lehrer Heines in Göttingen. Dann kam das Naturrecht nur in ganz kümmerlichen Wiedererinnerungen Ende des 19. Jahrhunderts noch einmal vor, und zwar in dem Werk eines Hallenser Juristen mit dem Titel *Das Richtigrecht*. Doch das ist nun doch etwas anderes, das »richtige Recht« im Unterschied zum geschriebenen Recht! Hier geht es um das Naturrecht im Unterschied zum geschriebenen Recht, zum Recht von oben herab. Das richtige Recht ist ein kantisches Recht; es geht wohl um die Sache herum, ist aber ungefähr die letzte Erinnerung, die blieb, bis hier wieder ein neues Zeichen gesetzt wurde: Naturrecht und menschliche Würde, wo das Wort Würde nicht eine Zeitungsphrase bleibt, zu der es verkommen ist, sondern einen Anspruch enthält, der wohlfundiert ist »im aufrechten Gang seiner Pflicht«. Mit dem Unterschied dann, daß dieses Recht, das naturrechtlich erleuchtet ist, sogar höher stehen kann als die Moral.

Anselm Feuerbach, der große Jurist, der Vater von Ludwig Feuerbach, unterschied Recht und Moral, d. h. ein immer naturrechtlich belebtes Recht, so voneinander: Das Recht ist die Wissenschaft von unseren Rechten; die Moral ist die Wissenschaft von unseren Pflichten. Anselm Feuerbach dreht es also um. Das Recht bedeutet Recht auf etwas; die Moral bedeutet eine Pflicht und hat zu tun mit dem, was allgemein akzeptiert ist als sittlich, was als der Sitte entsprechend gilt. Im Naturrecht schlummert ein großer revolutionärer Funke. Nur mit dem Naturrecht kann man gegen den Stalinismus mit wissenschaftlicher Begründung etwas auf dem Herzen haben, nicht mit dem anderen Recht, das zum Teil noch zaristisch ist, mit dem ›ius scriptum‹, dem geschriebenen Recht, dem Recht von oben herab, oder auch nur unter Berufung auf die Ökonomie.

11.
Atheismus im Christentum

J. M.   Ihr Buch *Atheismus im Christentum* hat, vor allem bei Theologen, großes Aufsehen erregt. Die Formulierung: »Nur ein guter Christ kann ein Atheist sein, nur ein Atheist kann ein guter Christ sein«, wirkte provokatorisch. Wollen Sie diesen Satz erläutern?

E. B.   Der Satz spricht, obwohl er paradox ist, für sich selbst, indem alle anderen Religionsstifter, die aufgetreten sind, sich als Propheten oder als Sprachrohr ihres Gottes dargestellt haben: Auch Moses spricht für Jahwe, Buddha spricht für Nirvâna, was kein Gott ist, aber doch das *summum bonum*, das höchste Gut, gleich dem lieben Gott. In den theistischen Religionen, wie z. B. dem Islam, sind die Propheten alle untergeordnet; sie sind Verkünder der Macht, des Glanzes und der Herrlichkeit Gottes. Jesus und vor ihm schon die Propheten sind gegen den Gott kritisch geworden, und der Gott selbst sagt kritische Sätze gegen sich, und zwar schon im *Alten Testament,* z. B. in den Klageliedern von Jeremia: »Herr, Du bist unser Feind« – ein ungeheuerliches Wort im *Alten Testament*! Es gibt auch eine Stelle, wo Jahwe an sich selbst Kritik übt, wo Gott bereut, daß er die Welt geschaffen hat und eine neue Welt schaffen wollte, so daß man der vorigen nicht mehr gedenke; also war die nicht gut. »Und Gott sah, daß alles gut war«, heißt es in dem ersten Kapitel des *Alten Testaments,* in der *Genesis.* Die Welt ist nicht gut, denn Gott sieht doch, daß man der vorigen Welt nicht mehr gedenken soll, und in der *Apokalypse,* in der *Offenbarung Johannes',* heißt es am Schluß: »Und Mond und Sonne entwichen aus ihren Orten und es wurde alles vernichtet«; übrig blieben nur das himmlische Jerusalem und die Hölle, aber das himmlische Jerusalem allein blieb, also war die Welt, das Kosmologische, wie wir es da sehen, nicht sehr gut, und der Sündenbock Schlange reicht nicht aus, um das Unzureichende und Schlechte in der Welt zu erklären. Der, der die Welt geschaffen hat, der uns in diese Welt hineingeführt hat, kann uns selber nicht aus ihr herausführen. Er gehört ja selbst zu der Welt, und sein Ende am Kreuz nimmt ihm zwar nichts von seiner irdischen Existenz, sondern beeinträchtigt allenfalls seine Anbetungswürdigkeit. All dies steht schon in der Bibel. Jesus nennt sich nicht »Gottes Sohn« – so nennen ihn nur seine Jünger –, sondern er gebraucht über fünfzig Mal einen sehr rätselhaften Ausdruck, der von seinen Jüngern nicht verwendet wird: »Menschensohn« – ein Wort, das in der griechischen Übersetzung des *Neuen Testaments* so fremdartig ist (ʾανος ανϑροπον), daß die Griechen es nicht verstanden haben. Im Aramäischen steht dafür »Bar Adam«, also »Sohn von Adam«, nicht »Sohn Gottes« oder »Gottessohn«. Und Jesus sagt weiter: »Wer mich sieht, sieht den Vater.«

Hier handelt es sich um Elemente, die nicht im Schöpfungsplan stehen, die nichts mit den anderen Religionen zu tun haben. Der Prophet selbst setzt sich usurpatorisch an die Stelle des Vaters und stürzt ihn, indem er sagt: »Ich bin Er.«

Das sind atheistische Elemente, Elemente der Erlösung, die keinen Sinn haben, wenn nicht etwas da ist, von dem man erlöst sein will. Dies aber kann nur die vorhandene Welt sein. Und wer die vorhandene Welt angeblich geschaffen hat, kann nicht zugleich selbst ihr Erlöser sein. So erschien Jesus Christus als Menschensohn.

Dies sind eindeutig atheistische Elemente. Auch das *Buch Hiob*, das voll von Anklage ist, in dem der Mensch mit all seiner Not, seinen Geschwüren, seinem Leid, seiner Krankheit und seiner Sorge anklagend erscheint und unaufhörlich die Faust ballt – eine kommunistische Faust! –, gehört in diesen Betrachtungszusammenhang. Das *Buch Hiob* wurde nur mit Mühe und Not von Luther in die Bücher des *Alten* und des *Neuen Testaments* aufgenommen. Es wurde stets als überaus gefährlich erachtet, und es hat nicht an Versuchen gefehlt, diesen revolutionären Text nachträglich durch Extrapolation zu verfälschen.

Immer wieder tauchen im *Alten* und *Neuen Testament* diese rebellischen Elemente auf. Man nehme nur einmal die Bibel in die Hand und sehe nach, wie oft dort das Wort ›murren‹ vorkommt! »Die Kinder Israels murrten dagegen, sie murrten in der Wüste.« Es wurde ihnen versprochen, ins Heilige Land zu ziehen; es gefiel ihnen dort nicht, und sie murrten. Dann kamen die Propheten, es kamen Not und Unglück, danach die Assyrer und Babylonier und später die hellenistischen Könige, die immer wieder das Gelobte Land als das Land, wo Milch und Honig fließen, gepriesen haben, und all das war eine große Enttäuschung für die Kinder Israels.

So sieht also die Welt aus, wenn wir nicht selbst nach dem Rechten sehen, und der, der nach dem Rechten sah, war für sie Jesus Christus und nicht etwa die anderen Religionsstifter oder die rabbinische Religion; auch nicht die Religion der Zustimmung zu dem, was es an Herrschaft sonst noch in der Welt gibt, d. h. die säkularisierte, pontifizierte Kurienreligion, die wir im Katholizismus wiederfinden, oder die Fürstentumsreligion des Protestantismus (die viel stärker im Luthertum ausgeprägt ist als im Calvinismus).

So also ist das Wort zu verstehen, daß »nur ein Atheist ein rechter Christ sein kann«. Und wenn diese Worte nicht ganz klar den Unterschied bezeichnen würden zwischen den vielen Göttern, die es gibt, dann wäre der Gott Jesus auch nur ein Gott unter vielen anderen. Das ist er jedoch nicht. Und das andere, die Umkehr davon: »Nur ein Christ kann ein guter Atheist sein«, richtet sich gegen eine gewisse Banalität im Atheismus. So einfach ist das alles nicht. Dieses Element muß im Atheismus drinstecken und ist noch nicht zu Ende gelebt, nicht zu Ende gefühlt, nicht zu Ende gedacht.

Warum war denn die Bibel im 15. und im 16. Jahrhundert in Deutschland, in Frankreich, in England, in Italien und nahezu in allen Bauernkriegen das, was später – in gewisser Weise – das Marxsche *Kapital* wurde, nämlich ein Grundbuch, an dem man sich orientierte? Mit keiner anderen Religion hätte man die Bauernkriege so ideologisieren können; nur mit der Bibel war dies möglich und ging dies ganz vortrefflich. Thomas Münzer hat alle seine Reden und seine Predigten mit Marginalien, mit Bibelzitaten geschmückt. Die Ränder seiner Predigten und Schriften sind schwarz von Bibelzitaten.

In der Bibel also steckt eine revolutionäre Sprengkraft, eine Sprengkraft ohnegleichen. Die herrschenden Kreise und die herrschende Kirche haben das verdeckt, abgewandelt oder mit Schönfärberei frisiert. Aber in den Bauernkriegen wurde das völlig richtig verstanden. Gegen die Banalität, gegen den vulgären Materialismus, gegen die Austrocknung und Unterernährung jeder Phantasie sage ich daher: »Nur ein Christ kann ein guter Atheist sein.«

12.
Lehrtätigkeit in Tübingen (ab 1961)

J. M.   Bis heute lehren Sie am Philosophischen Seminar der Tübinger Universität. Wollen Sie uns einen kurzen Abriß Ihrer Tübinger Lehrtätigkeit geben und vielleicht die Themenbereiche benennen, über die Sie gelesen und Seminare gehalten haben?

E. B.   Bis zu meinem 80. Geburtstag habe ich noch Vorlesungen und Seminarveranstaltungen durchgeführt; dann habe ich nur noch das Seminar weitergeführt und die Vorlesungen verschoben. Ich las über Philosophie der Renaissance, über Grundfragen der Philosophie, und meine Eröffnungsvorlesung hieß *Kann Hoffnung enttäuscht werden?* Sie begann so: »Und wie: Sonst wäre sie ja keine Hoffnung, sondern Zuversicht. Und Hoffnung ist keine Zuversicht, sondern eben nur Hoffnung, aber etwas, das ein ungeheures Erbe in sich trägt, das nicht kapituliert, das die Flagge an den Mast nagelt und das sagen kann, wenn die Tatsachen nicht übereinstimmen oder gar feindlich sind: Um so schlimmer für die Tatsachen, wir wissen es besser! Die Bastille war auch eine Tatsache, und der Positivismus hätte sich bei ihr begnügt und hätte sie als eine ›vérification‹ betrachtet. Sie wurde jedoch nicht als Wahrheit, als eine ›Bewahrheitung‹ der feudalen Ideologie betrachtet, sondern sie wurde dem Erdboden gleich gemacht.«

Mit diesen Worten begann die erste Vorlesung, in der ich sozusagen Farbe bekannte. Ich zog hier unter anderem gegen den billigen Anti-Utopismus zu Felde, den es damals schon gab und der zum Spießer gehört, der quasi an der Front des Weltprozesses selber alles noch im Namen der »Tatsachen« zu arrangieren versucht.

Ferner behandelten meine Vorlesungen die Grundfragen der Philosophie und die Philosophie der Renaissance. Die wesentlichen Stücke davon sind u. a. in das Buch *Zwischenwelten in*

der Philosophiegeschichte eingegangen*, das ausführlich das
erörtert, was bisher in der Geschichte der Philosophie nicht
bemerkt wurde. Als ursprünglicher Titel schwebte mir vor:
Unpointiertes in der Geschichte der Philosophie. Man wird
dort zum Teil verloren gegangene bzw. nicht pointierte Sätze
von Philosophen wiederfinden, einschließlich einer Bemerkung über die sieben Weisen der Antike, mit denen eigentlich
die Geschichte der Philosophie anfängt, und zwar über den
Satz von Bias**: »Omnia mea, mecum porto.« (»Alles Meini-
ge trage ich mit mir.«) Von dort geht es weiter – über das
philosophische Mittelalter bis zu Unentdecktem bei Kant, bei
Hegel, bei Leibniz, bei Spinoza usw. Dabei wird eine ganz
andere Geschichte der Philosophie sichtbar als die, die in den
Lehrbüchern steht, die die Prüfer uns weiterhin empfehlen
und die im allgemeinen ja ganz gut zu gebrauchen sind.

Zu diesem Themenkomplex gehört natürlich auch die Philo-
sophie der Renaissance mit Giordano Bruno[11], Campanella,
Bacon, Jakob Böhme[12] und Paracelsus, mit Hobbes und mit
Grotius, die für die Rechtsphilosophie bedeutsam sind.

Kurz und gut, das war eine eigene Vorlesung, die sich über
zwei Semester erstreckt hat.

J. M.   In dieser Zeit entstand auch Ihre *Tübinger Einleitung
in die Philosophie,* eine Art Leitfaden zum einführenden Verständnis des *Prinzips Hoffnung.*

E. B.   In diesem Werk ist – so könnte man in Anlehnung an
ein Wort von Christian Wolff[13] sagen – die Rede »de omnibus
rebus et quibusdam aliis« (von einigen Dingen und noch
einigen anderen). Im Titel dieser Einleitung steht das Wort
Tübingen übrigens nicht etwa aus Lokalpatriotismus, sondern
wegen der Erinnerung an Hölderlin, Schelling und Hegel, die
zwar im Tübinger Stift nicht gewirkt haben, die dort keine
Assistenten wurden und die es mit ihrer Karriere in Tübingen,
wie üblich, keineswegs weit gebracht haben, deren Namen
aber immerhin sehr eng mit Tübingen verbunden sind. Mir
ging es hier vor allem darum, zu betonen, daß das Vermächtnis von Hölderlin, Schelling, Hegel in die Philosophie kommt

---

* Das Buch erschien Anfang 1977 als Band 12 der Gesamtausgabe.
** Bias (aus Priamos), bekannte Persönlichkeit des antiken Griechenland aus dem
6. Jh. vor Christus; einer der *sieben Weisen,* der häufig zur Schlichtung von
Streitigkeiten angerufen wurde.

und daß es nicht bei der bloßen Aufnahme von Schulmeister-vorlesungen über bereits abgestempelte, längst behandelte und scheinbar erledigte Themen – vor allem erkenntnistheoreti-scher Art – bleibt.

Auf die *Tübinger Einleitung in die Philosophie* folgt ein neuer Ton, ein neuer Schlag, der aber zu dem Vorhergehenden eine wesentliche Beziehung hat: das Buch *Atheismus im Chri-stentum**. In diesem Zusammenhang möchte ich anmerken, daß der ursprüngliche Titel des Buches war: *Atheismus und Christentum*. Meine Frau hat dann den großartigen Einfall gehabt, nicht ›und‹ zu sagen, sondern ›im‹, was der Sache erst ihre Schärfe gibt und den Brennpunkt kenntlich macht, der hier logiziert und kategorisch gefaßt worden ist.

13.
Korčula und die *Praxis*-Gruppe (Jugoslawien); Prager Frühling und »Panzerkommunismus«

J. M.   Seit Mitte der sechziger Jahre haben Sie Kontakte mit der Gruppe jugoslawischer Philosophen um die Zeitschrift *Praxis*, deren Redaktionsmitglied Sie auch sind. Außerdem nahmen Sie häufig an den Tagungen der »Sommerschule« in Korčula teil. Welches Verhältnis haben Sie zu der Philosophie der *Praxis*-Gruppe und zu dem politischen System in Jugosla-wien, das man mit dem Begriff ›jugoslawisches Modell‹ umreißt?

E. B.   Mein Verhältnis zu der Sommerschule in Korčula und zu dem *Praxis*-Kreis ist selbstverständlich ein sehr sympathi-sches.

Was die Frage nach den Zuständen in Jugoslawien und dem »Bund der Kommunisten« betrifft, so kann sie nur richtig beantwortet werden, indem man chronologisch differenziert. Bis vor ein oder zwei Jahren waren die politischen Verhältnis-se in Jugoslawien – und das fand ich außerordentlich positiv – noch völlig verschieden von denen der unter der sowjeti-schen Hegemonie stehenden staatssozialistischen Länder Osteuropas und der kapitalistischen Länder Westeuropas

---

* Band 14 der Gesamtausgabe.

oder Amerikas. Was jedoch seitdem passiert ist, berechtigt zu wenig Optimismus. Auch ohne den direkten Einmarsch von sowjetischen Panzern ist hier etwas Reaktionäres geschehen, das schwer zu beurteilen ist, weil nicht ganz begreifbar ist, aus welchen Ursachen Tito sich zum Teil bis zur Unkenntlichkeit verändert hat. Außerhalb Jugoslawiens ist dies alles natürlich schwer zu beurteilen; es ist sozusagen auch nicht unsere Angelegenheit, unser Geschäft. An der Universität Zagreb und jetzt auch in Belgrad gibt es jedoch genügend Leute, die der Ansicht sind, daß eine einfache Rückdatierung des Marxismus auf eine neue, mildere Art von Stalinismus in Jugoslawien nicht möglich ist und daß dies auch in Zukunft nicht möglich sein wird. Jedenfalls bleibt die Erinnerung an das alte Jugoslawien, an den alten »Bund der Kommunisten«, an das rote Jugoslawien, an dessen Wiege etwas gesungen wurde, das in totalem Gegensatz zu dem steht, was jetzt vor sich geht, weiter erhalten. Wir hoffen, daß der alte Ton bald wiederkehrt.

J. M. Der Einmarsch der Truppen der Warschauer-Pakt-Staaten in die ČSSR 1968 überraschte Sie in Jugoslawien bei der Tagung der Sommerschule in Korčula. Könnten Sie kurz darlegen, welches Verhältnis Sie zum »Prager Frühling« haben und welche politischen Hoffnungen und Vorstellungen Sie damit verbanden? Glaubten Sie, daß dadurch eine gewisse Erneuerung des Marxismus in den Ostblock-Ländern möglich werden könnte?

E. B. Das »werden könnte« ist eine Frage, auf die ich aus Mangel an Kenntnis und an Material nicht antworten kann. Aber in diesen Ereignissen steckt durchaus eine Verpflichtung und eine Hoffnung für die Zukunft. An der Spitze dieses neuen Frühlings im Marxismus steht die neue internationale Studentenbewegung, die von Berkeley bis Tokio reicht und die vor einigen Jahren ohne jegliche Verabredung einen großen Aufschwung nahm. Doch trotz der brutalen Beendigung des »Prager Frühlings« und des Zusammenbruchs der französischen Mai-Revolte ist dort noch nicht aller Tage Abend, es ist gewiß auch nicht aller Abende Tag.

Das Gedenken ist hier eine Verpflichtung, die dabei hilft, die zum Teil eingetretene Untergangsstimmung oder den Nihilismus, der an unerwarteter Stelle immer wieder durchgebrochen ist, zu überwinden. Dies ist möglich, weil eben die Tendenz und die Latenz des richtigen Marxismus, der sich selbst ernst nimmt und sich verpflichtet bleibt, nicht so einfach aus der Welt zu schaffen ist: Jugend, Zeitenwende und Produktivität, diese angestammten Heimatorte des Noch-nicht-Bewußten, des Noch-nicht-Gewordenen, des Noch-Ungewordenen, sterben nicht einfach aus. »Geschlagen ziehen wir nach Haus, unsre Enkel fechten's besser aus«: Dies war ein Lied der Bauern 1525.

Es hat lange gedauert, bis die Enkel es ausgefochten haben. Aber das Postulat, das ist der mächtigste Ruf. Das Gewissen, das Angesprochensein, kommt hier ganz deutlich zur Geltung. Es gilt weiterhin der Satz: Selbst wenn das, was im Osten geschieht, viel weniger schlimm ist als das, was der Kapitalismus in Vietnam, Chile usw. anrichtet, so entschuldigt dies gar nichts. Denn vom Kapitalismus ist ja nichts anderes zu erwarten; von Hitlers Programm war ja auch nichts anderes zu erwarten als das, was er getan hat. Betrachtet man aber näher, was im Osten geschehen ist, so sollte man sich an ein altes lateinisches Sprichwort erinnern, das heißt: »Corruptio optimi pessima«, die Korruption des Besten ist die schlimmste Korruption. Daß in diesen langen Jahren dort nichts anderes passiert ist als eigentlich immer wieder nur dasselbe: Aufruhr und Niederwerfung durch Panzer – auch wenn die Panzer nicht immer wie Panzer aussahen –, daß das also, was mit dem Namen ›Stalin‹ nur unzureichend bezeichnet wird, dort immer wieder periodisch sich wiederholt, das ist eine Anomalie. Es ist wichtig, diese Anomalie im Gedächtnis zu behalten, ebenso wie die Erinnerung, die verpflichtende Erinnerung an das Programm, mit dem man angetreten ist.

Hoffnung ist nicht Zuversicht; das heißt aber nicht, daß sie zu einem Nichts zerrinnt. Ganz im Gegenteil! Es gibt ja nicht nur die Kategorie, sondern auch das »Prinzip« Hoffnung, dem man verpflichtet ist mit einer invarianten Richtung seines Denkens und Handelns und das unangefochten, wenn auch nicht ungestört, bestehen bleibt. Und je schlimmer es wird, je größer der Abfall und der Verrat gegenüber diesem Prinzip an unerwarteter Stelle in der Realität ist, desto wichtiger ist es, auf einem schöpferischen, tätigen, rebellischen Verwundern zu beharren, das der Sache treu bleibt, die schon seit langem in

Angriff genommen wurde und die beinahe so alt ist wie die menschliche Geschichte. Eine der ältesten geschichtlichen Erscheinungen, derer wir uns erinnern, ist der Spartakus-Aufstand, auf den sich mehr als zweitausend Jahre später die »Spartakisten« beriefen. Die Wahl gerade dieses Wortes verweist auf eine Tendenz und eine Richtung in der Konkretisierung des Utopischen in der Geschichte, mit der wir sehr viel zu tun haben und die uns unmittelbar angeht.

14.
Schopenhauers Pessimismus und die Potentialitäten der Kategorie »Möglichkeit«

J. M. Wie würden Sie das Verhältnis der Philosophie des »Prinzips Hoffnung« zu Schopenhauers pessimistischer Philosophie definieren?

E. B. Schopenhauers Philosophie ist extremer Pessimismus. Der Wille zum Leben ist für ihn ein grauenhaftes Ding-ansich in der organischen Welt, vergleichbar dem angstvollen, unglücklichen Dasein der Tiere, die sich gegenseitig die Beute mit Morden der entsetzlichsten Art entreißen. Und grübelnd über das Verhältnis von Lust und Unlust in der Welt, antwortet Schopenhauer in der Manier eines Mannes, der nüchtern ein kaufmännisches Fazit zieht: »Wie gering ist die tiefe Lust und wie trügerisch und ungeheuer groß ist der Schmerz, die Verzweiflung und das Elend, und zwar als Unerprobbares.« Das einzige Remedium dagegen sieht er in der Verneinung des Willens zum Leben, dem gegenüber die ganze Welt, das ganze Universum mit all seinen Sonnen und Fixsternen als das erscheinen, was sie sind, nämlich als Nichts. Wer noch des Willens zum Leben voll ist, dem erscheint sie so. Wer die Umkehr des Willens zum Leben im Nirvana erfahren will, der sieht in diesem Nihilismus alles, was wir an Zufriedenheit, Behaglichkeit und endlicher Ruhe in dem entsetzlichen Satansspektakel Welt haben, aufgelöst und aufgehoben.

Die metaphysische Lehre, der Schluß, mit seiner völligen Hoffnungslosigkeit, demgegenüber nur die totale Verneinung und der Austritt aus diesem ewig bankrotten Weltgeschäft die

Rettung sein können, enthält ein dauerndes Gegengift, eine stetige Mahnung, nicht dem Optimismus mit der Hoffnung zu verfallen.

Diesen Optimismus gibt es nicht; es gibt ihn nur in der Form des militanten Optimismus oder – behaglicher ausgedrückt – als Optimismus mit einem Trauerflor. Dann bleibt allerdings noch der Optimismus in der Form eines rätselhaften Leichtseins, als Ausdruck der Dankbarkeit gegenüber den glücklichen Zeiten, den glücklichen Elementen in der Welt, z. B. der Jugend, der ersten, zweiten, dritten, vierten und fünften Liebe usw. Auch der Optimismus, der sich ausdrückt in der Schönheit, der Naturschönheit, in den großen, merkwürdigen, nicht mit dem Nichts auszulöschenden Offenbarungen eines Anderen, in dem Menschsein, in den großen Werken, die entstanden sind, in den Vorscheinen und Antizipationen des glückhaften Endzustands, im Trompetensignal des *Fidelio*, das nicht nur die Ankunft des Ministers zu einem Besuch bei den Gefangenen ankündigt, sondern – im weiteren, metaphysischen Sinne – auch eine Wendung.

All dies ist natürlich nicht aus der Welt zu schaffen, auch nicht für Schopenhauer. Schopenhauer nimmt dies mit in seine pessimistischen Kontemplationen hinein, und zwar in dem dritten Buch von *Welt als Wille und Vorstellung*, wo er die Schönheit als inkarnierte oder kontemplierte platonische Idee behandelt. Immerhin, dazu sieht er sich genötigt, und das ist ein großer Widerspruch in seinem System, in dem dergleichen doch keinen Platz haben könnte. Aber selbst bei Schopenhauer gibt es hier eine – zwar bürgerliche, rein kontemplative und daher abzulehnende – seltsame Formulierung, die lautet: »Das Sein ist schrecklich, das Sehen ist selig.« Dieser Standpunkt ähnelt in fataler Weise dem eines Zeichners, der einen Mann zeichnet, der gerade gestürzt ist und der einen Beckenbruch erlitten hat, der aber so sehr von der Verrenkung der Glieder fasziniert ist, daß er sie auf seinem Blatt unbedingt festhalten will: Wie schön ist das doch alles! Das ist eine niederträchtige und rein kontemplative Haltung, die Schopenhauer da einnimmt.

Schopenhauer kennt die Adresse des Feindes sehr gut. Er hat in seinem Werk eine Sammlung all des Unzureichenden, Gräßlichen und Schrecklichen in der Welt gegeben, nicht etwa, um fahnenfluchtartig, feige und in einer rein kontemplativen Haltung verharrend aus der Welt zu fliehen, sondern um diesem Satanischen in der Welt einen Stoß zu versetzen. Das ist eine durchaus lohnende Aufgabe.

Es gibt jedoch nicht nur den militanten *Optimismus*, sondern selbstverständlich auch einen militanten *Pessimismus*. Dieser militante Pessimismus hat absolut nichts gemein mit dem einfachen kontemplativen Pessimismus, der sich's wohlsein läßt und der sagt: »Ich bin ja eigentlich als Pessimist der glücklichste aller Menschen. Ich kann immer nur angenehm überrascht werden, indem ich alles als ganz miserabel betrachte. Wenn es aber nicht so ist, bin ich ein glücklicher Mensch; denn Pessimismus ist die beste Anweisung, höchst vergnügt zu leben.« Selbstverständlich ist diese Haltung völlig falsch. Der wirkliche militante Pessimismus spekuliert stets noch auf die Möglichkeit, die Hoffnung, daß das Pessimum, das Schlechte, das Ungute und das Menschenfeindliche endlich radikal, an der Wurzel ausgehoben werden können.

Die Möglichkeit ist noch nicht zu Ende. Die Möglichkeit ist die merkwürdigste Kategorie in dem riesigen Laboratorium, das die Welt darstellt, dem Laboratorium eines möglichen Heils, dem sehr laborierenden Laboratorium ›possibile salutis‹. Zur Überzeugung von dieser Möglichkeit kann man auch und gerade durch den Pessimismus gelangen.

Das wäre die Beziehung, die zu Schopenhauer besteht: Dankbarkeit dafür, daß endlich diese ewige Schönmalerei aufhört, daß ein hartes, feindseliges Wort gesprochen wurde, das weit mehr betrifft als nur das Verhältnis von Lust und Unlust, das ja nicht die letzthin entscheidende Kategorie ist. Hier ist Schopenhauer, wie Keyserling einmal, ohne eigentlich ein Recht darauf zu haben, gesagt hat, »eine Mischung aus einem Mystiker und einem Großkaufmann, einem Großkaufmann, der am Ende eines Geschäftsjahres seine Bilanz macht und Soll und Haben, d. h. Lust und Unlust vergleicht, und der zu dem Schluß kommt, daß das Soll sehr viel größer ist als das Haben.« Das ist zwar kein entscheidender philosophischer Gesichtspunkt, aber durchaus ein Gesichtspunkt, der seine Berechtigung hat. Deshalb kann ohne Schopenhauer Hoffnung nicht gedacht werden, denn sonst sähe sie aus wie eine Phrase oder eine miserable Art von Zuversicht, was Hoffnung am wenigsten ist.

Hoffnung ist keine Zuversicht, sondern ein *Aufruf* an uns Menschen, die wir doch an der Front des Weltprozesses stehen und die wir die Aufgabe haben, die Welt zu humanisieren oder, wie Marx sagt, »die Humanisierung der Natur, die Naturalisierung des Menschen« zu betreiben. Was die Natur angeht, so gebraucht Marx hier überraschenderweise einen ganz und gar mythisch-christlichen Ausdruck: »Resurrection der Natur«. Er bedeutet nicht Wiederauferstehung am Kreuz, sondern Resurrection der Natur, insofern als sich in der Natur selbst ja viele Zeichen und Symbole vorfinden; alle Glücksworte stammen von der Sonne her und vom Sonnenaufgang; alle Unglücksworte stehen in einer Beziehung zum Erdbeben und zur finsteren Nacht. Beide kommen aus der Natur – die Nacht und die Sonne –, und Resurrection der Natur bedeutet, den Aufgang der Sonne zu beschleunigen, die Weichen dazu zu stellen in dem Weltprozeß, in der immer noch vorhandenen Möglichkeit, in der Kategorie ›possibilitas‹ und der anderen Kategorie, der ›potentia‹ des Menschen, d. h. der Macht, die Welt im Marxschen Sinn und in einem über Marx weit hinausgehenden Sinn zu verändern, das heißt das menschliche Gesicht aus ihr herauszuschlagen, das darin schläft und das eine so schwierige Existenz hat.

Aber immerhin, das Eingedenken, um den Ausdruck von Meister Eckhart[14] zu gebrauchen, das Eingedenken an das andere wird durch die Tatsachen nicht widerlegt, sondern diesen schlechten Tatsachen gegenüber gilt das schon häufig zitierte Wort: »Um so schlimmer für die Tatsachen!« Die Bastille muß erstürmt werden und ist erstürmt worden, und es ist ein schönes Zeichen für die Zukunft, daß dies möglich war und ist. Das, was an die Stelle der Bastille gesetzt wurde, ist nicht identisch mit dem, was bei der Erstürmung der Bastille eigentlich gemeint war. Aber dieses Vermächtnis des damals Gemeinten, Erhofften muß durch uns erfüllt werden, durch Erkenntnis und durch Tat, durch Theorie und durch Praxis, durch die richtige Theorie und die richtige Praxis, die stets im Einklang steht mit der Tendenz und der Latenz des Weltprozesses in der jeweiligen Gegenwart. Ohne diesen Einklang entstehen nur Niederlage und bloßes ›wishful thinking‹, d. h. bloßes leeres Wunschträumen. Erst mit der Erkenntnis, mit dem Einklang, mit der Tendenz und Latenz des Weltprozesses im gegenwärtigen Stadium kann ein Sieg erfochten werden. Dadurch eröffnet sich eine Perspektive, für die Optimismus und Pessimismus keine zureichenden Kategorien mehr sind, sondern wo die Welt endlich bis zur Kenntlichkeit gut verändert worden ist, wo sie endlich mit sich identisch geworden ist und nicht dauernd im Zustand des Abstands – nicht nur von uns, sondern von den Dingen selbst – verharrt; wo das Gemeinte, Intendierte, Antizipierte im Weltprozeß endlich Wirklichkeit wird, womit wir wieder bei der wichtigen Kategorie des Noch-nicht als dem Muskel und dem Herz der Kategorie ›Möglichkeit‹ selber angelangt wären.

Anmerkungen

1 Windelband, Wilhelm (1848-1915); stark vom Neukantianismus beeinflußter deutscher Philosoph, der unter Philosophie – ähnlich wie Rickert – die »Wissenschaft von den allgemeingültigen Werten« verstand. Hauptwerke: *Die Geschichte der neueren Philosophie*, 2 Bde. (1878-80); *Geschichte und Naturwissenschaft* (1894); *Geschichtsphilosophie* (1916).

2 Mach, Ernst (1838-1916); deutscher Physiker und Philosoph, dessen Arbeiten die theoretische Physik stark beeinflußten. Lenin setzte sich in seinem Buch *Materialismus und Emiriokritizismus* mit Machs Thesen auseinander, der seiner Ansicht nach zu sehr die Rolle der menschlichen Empfindungen gegenüber den objektiven Bedingungen der Außenwelt betonte.

3 Külpe, Oswald (1862-1915); Philosoph und Psychologe; wurde 1894 Professor in Würzburg, 1909 in Bonn und 1913 in München. Begründer der Würzburger Schule der »Denkpsychologie«, die philosophisch einen »kritischen Realismus« vertrat. Hauptwerke: *Grundriß der Psychologie* (1893); *Einleitung in die Philosophie* (1895); *Vorlesungen über Psychologie* (1920) (hrsg. von K. Bühler).

4 Simmel, Georg (1858-1918); in Berlin lehrender deutscher Philosoph und Soziologe, dessen Denken auf den jungen Bloch und Lukács starken Einfluß ausübte. Als Begründer der »formalen Soziologie«, deren Interesse sich v. a. auf die Analyse des Vergesellschaftungsprozesses der Individuen richtet, fand er, trotz seiner partikularen Stellung, auch in marxistischen Kreisen starke Beachtung. Im Zentrum seines umfangreichen Werkes stehen nicht nur soziologische Untersuchungen, sondern auch zahlreiche literarische und kunstphilosophische Essays. Wichtigste Werke: *Über soziale Differenzierung. Soziologische und psychologische Untersuchungen*, Leipzig 1890; *Die Probleme der Geschichtsphilosophie*, Leipzig 1892; *Philosophie des Geldes*, Leipzig 1900; *Kant und Goethe*, Berlin 1906; *Grundfragen der Soziologie*, Berlin/Leipzig 1917; *Zur Philosophie der Kunst*, Potsdam 1922; *Rembrandt, Ein kunstphilosophischer Versuch*, Leipzig 1916.

5 Bacon, Francis (1561-1621); englischer Philosoph und Staatsmann, der in seinem utopischen Hauptwerk *Nova Atlantis* die Vision eines technisch und wissenschaftlich perfekten Zukunftsstaats entwarf.

6 Campanella, Thomas (1568-1639); Dominikanermönch und Renaissance-Philosoph, der in seinem Hauptwerk *Der Sonnenstaat* die Utopie eines künftigen Gesellschaftszustands entwarf, in dem der Egoismus der Menschen zugunsten einer brüderlichen Gemeinschaft überwunden wird.

7 Macpherson, James (1736-1796); schottischer Dichter, der durch Dichtungen aus dem irisch-schottischen Sagenkreis hervortrat. Autor einer meisterhaften Nachahmung gälischer Volksdichtung, die er zu Lebzeiten als die ins Englische übersetzten Werke des Sängers Ossian ausgab. Wirkte anregend nicht nur auf die romantische englische Dichtung, sondern auch auf Herder und den »Sturm und Drang«. (Macpherson, *The poems of Ossian* [2 Bde.]. Edinburgh 1805.)

8 Goldmann, Lucien (1913-1970); von Lukács und vom französischen Strukturalismus beeinflußter rumänisch-französischer Literatursoziologe, der mit seinen Arbeiten über Pascal, Racine, Malraux, Robbe-Grillet und den »nouveau roman« neue Perspektiven einer an der Genesis der »vision du monde« orientierten materialistischen Literaturbetrachtung eröffnete. Wichtigste Werke: *Le Dieu caché* (1959); *Recherches Dialectiques* (1959); *Pour une sociologie du roman* (1964); *Marxisme et sciences humaines*, Paris 1970.

9 Grotius, Hugo (eigentl. Huig de Groot) (1583-1645); niederländischer Jurist, Gelehrter und Staatsmann. Sein auf naturrechtlicher Anschauung beruhendes Hauptwerk *De iure belli ac pacis* (1625) wurde zur Grundlage eines neuen Völkerrechts. Werke: *Epistolae*, Amsterdam 1687, etc.

10 Hobbes, Thomas (1588-1679); englischer Philosoph, dessen Hauptleistung in der Übertragung der mechanistisch-naturwissenschaftlichen Methode auf die Staatslehre bestand. Im Mittelpunkt dieser Staatslehre steht der Begriff des Souveräns, dem als Schlichter egoistischer Partikularinteressen die Bürger aus rationaler Einsicht Gehorsam zu leisten hätten. Hauptwerke: *Elements of Law Natural and Political* (1640); *Elementa Philosophiae* (1642); *De corpore* (1655); *De homine* (1658).

11 Giordano Bruno (1548-1600); stark vom Neu-Platonismus beeinflußter Renaissance-Philosoph (Dominikaner), der radikal mit einigen Lehren des christlichen Mittelalters brach und dem pantheistischen Weltbild zum Durchbruch verhalf. Wurde wegen seiner Infragestellung der kirchlichen Autorität von der Inquisition zum Tode auf dem Scheiterhaufen verurteilt. Brunos Ideen hatten einen gewissen Einfluß auf Herder, Goethe und Schelling.

12 Böhme, Jakob (1575-1624); protestantischer Mystiker und Philosoph. Seine Lehre ist eine Verschmelzung von Naturphilosophie und Mystik. Bekannt als der damals größte deutsch schreibende Philosoph der Innerlichkeit, stellte er u. a. die Theorie von der »Materie als dem Urschoß aller Dinge« auf. – Hauptwerke: *Die drei Prinzipien göttlichen Wesens* (1619); *Vierzig Fragen von den Seelen* (1620); *Mysterium Magnum* (1623).

13 Wolff, Christian (1679-1754); deutscher Philosoph der Aufklärung, der, stark beeinflußt von den Ideen der französisch-englischen Aufklärung und von Leibniz, ein philosophisches System des Rationalismus schuf, das alle Disziplinen (von der Logik bis zur Ethik) umfaßte. Seine Naturrechtslehre gründet auf der logischen Ableitbarkeit (Deduktion) der einzelnen positiven Rechtsgrundsätze von einem allgemein Vernünftigen. In seiner Staatslehre vertrat Wolff den Standpunkt des aufgeklärten Absolutismus. Seine lange Zeit an den deutschen Universitäten maß-

gebliche »rationale Ontologie« wurde später von Kant widerlegt. Hauptwerke: *Philosophia rationalis sive logica* (1728); *Vernünftige Gedanken von Gott, der Welt und der Seele des Menschen* (1719).

14 Meister Eckhart (1260-1327); Dominikanermönch; bedeutendster deutscher Mystiker. Im Mittelpunkt seiner Lehre steht die »Einswerdung des menschlichen Seelengrunds« mit Gott. Seine Schriften wurden 1329 vom Papst als ketzerisch verdammt, weil in ihnen der Unterschied zwischen Gott und seinen Geschöpfen geleugnet wurde.

II
»Ein Marxist hat nicht das Recht, Pessimist zu sein«* (1976)
Gespräch mit Jean-Michel Palmier

1.
Die Begegnung mit Lukács

J.-M. P.   War die deutsche Universitätsphilosophie von Bedeutung für die Herausbildung Ihrer Philosophie?

E. B.   Nein; denn diese existierte ja gar nicht mehr. Dennoch verdanke ich vor allem *einem* Gelehrten sehr viel. Es handelt sich um keinen Philosophen, sondern um den Philosophiehistoriker Windelband. Auch von dem in Marburg lebenden Hermann Cohen[1] und von Simmel habe ich gelernt. Im übrigen habe ich mich ziemlich abseits von der Universitätsphilosophie gehalten. Ich bin ein Philosoph, der in seinem eigenen philosophischen Gebäude wohnt.

J.-M. P.   In Heidelberg haben Sie Max Weber[2] kennengelernt . . .

E. B.   Ja, später; aber diese Begegnung war nicht so wichtig. Ich habe nie regelrecht in Heidelberg studiert; Heidelberg lag nur 18 Kilometer von Ludwigshafen entfernt, und ich wäre somit gezwungen gewesen, jeden Abend nach Hause zurückzukehren. Aus diesem Grunde ging ich nach München, in die Stadt, die nach Berlin die größte Ausstrahlung hatte. Mein Kontakt zu Max Weber war nie so eng und so intim wie die Beziehung, die Lukács mit Weber unterhielt. Ich nahm auf den Rat von Lukács hin an Webers Seminar teil, das am Sonntagnachmittag stattfand. In Heidelberg gab es außerdem noch den Stefan-George-Kreis, den ich nicht besonders mochte. Zwischen 1913 und 1914 stand ich vor allem in engem

---

* Erstveröffentlichung in *Les Nouvelles Littéraires* (Paris) vom 29. 4. 1976 und 6. 5. 1976. (Das Gespräch wurde für diese Ausgabe leicht gekürzt.)

Kontakt mit Lukács. Wir waren Tag und Nacht zusammen.

J.-M. P.   Waren die Leute in dem Kreis um Max Weber sehr politisiert? Wer gehörte ihm an?

E. B.   Man kann nicht sagen, daß er sehr politisiert war. Weber war ein Liberaler, und diejenigen, die sich in seinem Kreis versammelten, waren ebenfalls vorwiegend Liberale. Der Marxismus galt dort als eine Tendenz unter vielen anderen, und man konnte in diesem Kreise auch Leute antreffen wie den Germanisten Gundolf[3], einen George-Schüler, der ausgesprochen reaktionär war. Weber selbst teilte die allgemeine Kriegsbegeisterung beim Ausbruch des Ersten Weltkriegs und empfing uns zu Kriegsbeginn 1914 in seiner Reserveoffiziersuniform. Unter den Seminarteilnehmern befanden sich u. a. Lukács, Jaspers, Radbruch, Lederer und ich.

J.-M. P.   Einige Teilnehmer des Weber-Seminars waren aber doch deutlich linksengagiert und kriegsfeindlich eingestellt, wie z. B. Lederer, Leviné und vor allem Toller . . .

E. B.   Toller hat sich der Gruppe erst viel später angeschlossen. Er war zu diesem Zeitpunkt noch nicht in Heidelberg.

J.-M. P.   Könnten Sie kurz darstellen, unter welchen Umständen Sie Georg Lukács kennengelernt haben und wie Ihre freundschaftliche Beziehung entstand?

E. B.   Simmel sagte mir eines Tages, man hätte ihm einen jungen ungarischen Philosophen geschickt, der an seinem Seminar teilnehmen wollte: einen gewissen Georg Lukács. Ich kannte ihn zu diesem Zeitpunkt noch nicht, Simmel ebenfalls nicht, und Simmel bat mich daher, mit ihm zu sprechen, um sich ein Bild von ihm und seinen Vorstellungen machen zu können. Ich gestehe, daß er mich zuerst nicht außergewöhnlich beeindruckte, und ich gab diesen Eindruck an Simmel weiter. In Budapest lernte ich dann Emma Ritook[4] kennen, wissen Sie, wen ich damit meine?

J.-M. P.   Ja, eine Romanautorin und Freundin von Georg Lukács, die in ungarischer Sprache eine Rezension über *Die Seele und die Formen* geschrieben hatte. Ich glaube, sie hat, nachdem sie sich zugunsten des Horty-Regimes entschieden hatte, einen Roman geschrieben, in dem sie sich sehr negativ über Lukács äußert.

E. B.   Auch über mich! Der Roman hieß *Die Abenteuer des Geistes.* Sie war sehr reaktionär und natürlich überaus kriegsbegeistert. Emma Ritook hatte mich eines Tages gefragt, was ich von Lukács hielte, und ich sagte ihr, daß er keinen großen Eindruck auf mich gemacht hätte. Dies war keineswegs in gehässiger Absicht gemeint. Sie aber hat es Lukács gleich wortwörtlich weitererzählt, und Lukács hat darauf geantwortet: »Emma, ich glaube nicht, daß ein großer Philosoph gleichzeitig auch ein guter Menschenkenner sein muß.« Emma Ritook hat mir diese Äußerung von Lukács wiedererzählt, und ich muß sagen, daß sie mich stark beeindruckt hat. In diesem Satz von Lukács war keinerlei Bitterkeit, keinerlei Revanchegeist zu bemerken, und das hat mich sehr betroffen. So begann unsere Freundschaft zunächst auf einer rein moralischen Ebene; denn Lukács begnügte sich nicht damit, über Ethik zu schreiben; er lebte auch danach.

J.-M. P.   War bei Lukács, bevor Sie einander kennenlernten, schon jenes systematische Interesse für Fragen der Ästhetik vorhanden?

E. B.   Lukács hatte damals schon ein zweibändiges Werk in ungarischer Sprache unter dem Titel *Die Entwicklung des modernen Dramas* geschrieben. Ich glaube, einer seiner Freunde, Leo Popper[5], hat ihn in diese Richtung gedrängt. So ist der erste Essay von *Die Seelen und die Formen* eigentlich ein Brief an Popper. Ich selbst habe Popper nicht gekannt; er war schon tot, als ich Lukács kennenlernte. Es war geplant, daß Popper eine Ästhetik und Lukács eine Ethik verfaßten. Nach dem Tode Poppers reifte bei Lukács der Plan, ebenfalls eine Ästhetik zu schreiben. Er hat im Alter diesen ursprünglichen Plan wiederaufgegriffen und seine große *Ästhetik* geschrieben, die ich nicht sehr schätze. Wir sahen uns vor allem in Heidelberg, wo wir in wahrer Symbiose lebten. Wir verhielten uns zueinander wie zwei kommunizierende Röhren. Ich war jedoch nicht die ganze Zeit in Heidelberg, sondern auch sehr oft in Garmisch. Wenn wir einige Wochen lang nicht zusammen waren, arbeiteten wir gedanklich an den gleichen Problemen. Ich konnte den Faden genau dort wiederaufnehmen, wo er ihn fallengelassen hatte, und umgekehrt. Die zwischen uns herrschende geistige Affinität war so groß, daß es nötig war, einen »Naturschutzpark der Differenzen« zwischen uns anzulegen, wie wir das nannten. Die Gründung dieses Schutzparks war nötig, um zu verhindern, daß wir gegenüber Max Weber und anderen eventuell das gleiche äußerten.

J.-M. P.   Worin bestanden diese Differenzen?

E. B.   Sie waren nur künstlich erzeugt und wenig bedeutsam; sie zeigten sich z. B. bei der Beurteilung des Verhältnisses von Kunst und Mythos. Ohne diese Meinungsverschiedenheiten hätten wir uns nur gelangweilt. Oft passierte es, daß wir die gleiche Antwort auf die gleiche Frage fanden.

J.-M. P.   Gab es zwischen Ihnen auch Meinungsverschiedenheiten politischer Art?

E. B.   Ja und nein. Lukács stammte aus dem Großbürgertum, einer sehr reichen Familie. Sein Vater war Bankier bzw. Bankpräsident, und vieles in seinem Benehmen und Auftreten erinnerte an seine großbürgerliche Herkunft. Ich hingegen kam aus einer kleinbürgerlichen Familie aus Ludwigshafen und war stark beeindruckt von dem Elend der Arbeiter und der Härte der sozialen Unterschiede. Aus diesem Grunde interessierte ich mich schon sehr früh für Politik. Wir diskutierten von Zeit zu Zeit über das Verhältnis Marx–Nietzsche, eine Frage, die Marxisten im allgemeinen nicht sonderlich beschäftigt, vor allem wegen der Theorie des »Übermenschen« bei Nietzsche. Erst zum Zeitpunkt des Kriegsausbruchs 1914 entstanden größere Meinungsverschiedenheiten zwischen Lukács und mir. Wir sprachen darüber im kleineren Kreise mit Max Weber und Karl Jaspers. In Deutschland war der Ausbruch des Ersten Weltkriegs von einer Welle des leidenschaftlichen Patriotismus begleitet, der bei uns auf eine ebenso leidenschaftliche Ablehnung stieß; denn der Haß auf das Preußentum existierte ja nicht nur in Bayern, sondern auch in unseren eigenen Reihen. Mit dem Krieg wurden verstärkt politische Phänomene sichtbar, die einen mehr oder weniger notwendigerweise zum Marxismus führen mußten, den wir zwar in der Theorie, aber noch nicht in Verbindung mit irgendeiner Praxis kannten. Lukács kehrte in diesem Moment nach Ungarn zurück; er wurde dort später Kultusminister in der Regierung Béla Kun.

J.-M. P.   Zu diesem Zeitpunkt begeisterte sich Lukács vor allem für Kierkegaard und Dostojewski. Gingen von dieser Seite ebenfalls Einflüsse auf Ihre Philosophie aus?

E. B.   Ich kannte weder Kierkegaard noch Dostojewski, aber

Lukács war mein Lehrmeister auf diesem Gebiet. Umgekehrt wurde ich zu Lukács' Lehrmeister in Sachen Hegel, den er damals noch nicht sehr gut kannte. Auch hier blieb es also bei unserem »Schutzpark der Differenzen«. Was Kant betrifft, so waren Belehrungen nicht notwendig – Lukács hatte sein Werk bereits in Budapest studiert; Hegel aber wurde dort noch nicht gelehrt.

J.-M. P.   In Heidelberg lernte Lukács seine erste Frau kennen, Jeljena Grabenko, der die *Theorie des Romans* gewidmet ist. Sie war, glaube ich, Sozialrevolutionärin und sicherlich nicht ganz unbeteiligt daran, daß Lukács vom Rußland Dostojewskis so sehr fasziniert war.

E. B.   Nun, das war eine seltsame Ehe, die von Georg Lukács mit Jeljena Grabenko. Auch ich war mit einer aus dem baltischen Adel stammenden Frau verheiratet; aber zwischen Grabenko und Lukács harmonierte es nicht besonders gut, und da unsere Frauen nicht gut miteinander zurecht kamen (was nur allzu verständlich war), wurde unsere freundschaftliche Beziehung dadurch gestört. Lukács und ich maßen dem jedoch keine große Bedeutung bei. Lukács' Frau war eine aktive Revolutionärin mit anarchistischen Tendenzen, die während der Revolution von 1905 in der Ukraine an Bombenattentaten mitgewirkt hatte. Bei einer dieser Aktionen war z. B. eine Bombe in einem Kissen versteckt worden, auf dem ein Baby lag, als deren Mutter die Grabenko sich ausgab; sie hatte den Auftrag, diese Bombe explodieren zu lassen. Dabei konnte sowohl das Baby wie auch sie selbst ums Leben kommen. Dies beeinflußte Lukács' Ethik in durchaus erotischer Weise. Es ist gar nicht so verwunderlich, daß er von den Romanen Dostojewskis so fasziniert war; denn Jeljena Grabenko war selbst sozusagen eine Schöpfung Dostojewskis. Das war jedoch nicht unbedingt eine gute Voraussetzung für eine Heirat. Jeljena Grabenko hat diese anarchistischen Züge jedoch bald abgelegt, und während unserer gemeinsamen Studienzeit in Heidelberg merkte man davon eigentlich gar nichts mehr. Lukács' zweite Frau Gertrud war ganz anders; sie war eine ganz bezaubernde Person, eine Nationalökonomin und Marxistin. Sie ist lange Zeit vor ihm verstorben.

2.

Zur Aktualität des Expressionismus. Gespräch über Weill, Grosz, Herbert Marcuse und Jean-Paul Sartre

J.-M. P.   Von den vorherrschenden künstlerischen Strömungen im Deutschland Ihrer Jugendzeit war der Expressionismus mit Abstand die wichtigste. Im Gegensatz zu Lukács waren Sie beeinflußt vom Expressionismus.

E. B.   Ja, der Expressionismus war für mich von fundamentaler Wichtigkeit, für Lukács hingegen war er nur ein Gegenstand der Verachtung. Er hatte immer schon einen starken Hang zum Neo-Klassizismus. In seiner Jugend schwärmte er von Paul Ernst, einem Vertreter des Neo-Klassizismus um 1914, der schließlich zum Mitläufer des Nationalsozialismus wurde. Neo-Klassizismus bedeutete Ruhe und Ordnung, Struktur und Formstrenge. Genau das ist die Problematik von Lukács' Schrift *Die Seelen und die Formen*.[6]

Lukács unverständliche Haltung gegenüber dem Expressionismus war sowohl der Grund für unsere Trennung wie für die spürbare Abkühlung unseres Verhältnisses. Während ich mich in München für den Expressionismus begeisterte, sah Lukács in dieser Kunstrichtung nur »Dekadenz« und sprach der Bewegung jeglichen Wert ab. Ich versuchte, da er sich prinzipiell für Kunst interessierte, ihm die Bedeutung der expressionistischen Malerei klar zu machen; es gelang mir aber nicht, ihn zu überzeugen. Ich erläuterte ihm, daß gewisse Elemente des Expressionismus schon Vorläufer in der Malerei von Cézanne und Van Gogh gehabt hätten, er jedoch stellte kategorisch in Abrede, daß diese beiden Großen der Malerei je mit einer derartigen »Falschmünzerei« einverstanden gewesen wären und verglich die Bilder der Expressionisten sogar verächtlich mit »zerfetzten Saiten von Zigeunergeigen«. Diesmal handelte es sich um eine wirklich ernste Meinungsverschiedenheit, im Gegensatz zu der eher künstlichen früherer Jahre. 1918 war Lukács noch der Ansicht, unsere Freundschaft müsse durch die Ausarbeitung einer gemeinsamen Philosophie weiter vertieft werden. Ich sollte vor allem die Kapitel über die Ästhetik bzw. die Philosophie der Musik schreiben, denn Lukács kannte sich in musikalischen Dingen nicht gut aus, während ich immerhin Musikgeschichte studiert hatte. Lukács sollte die bildenden Künste übernehmen. Er war der Ansicht, es sei unnötig, uns gegenseitig jeweils das zu zeigen, was wir geschrieben hatten. So weit ging unser Einverständnis, unsere Harmonie. Und unsere Freundschaft dauerte weiter an. Wir machten gemeinsame Fortschritte auf dem Gebiet der Philosophie und der Ästhetik. Lukács wollte auch, daß wir gemeinsam etwas verfaßten, und er schrieb mir in diesem Sinne nach Interlaken in der Schweiz. Mir aber war bewußt, daß dies unmöglich war, und ich unterbrach diese Arbeit.

J.-M. P. Was bedeutet der Expressionismus für Sie?

E. B. Mein Buch *Geist der Utopie* ist ganz und gar von der Sensibilität des Expressionismus geprägt. Weil das Ziel der Schöpfung der Mensch ist, wollte der Expressionismus eine neue Welt, einen neuen Menschen, eine neue Sensibilität schaffen. In *Geist der Utopie* habe ich mehr als zehn Seiten dieser Kunst- und Literaturrichtung gewidmet.

J.-M. P. Gewisse Kritiker haben in Ihrem Buch *Geist der Utopie* so etwas wie eine »Philosophie des Expressionismus« gesehen. Ist das richtig?

E. B. Ich habe mein Buch nicht ausschließlich wegen der expressionistischen Malerei geschrieben, ich weiß aber nicht, ob die Maler des Expressionismus dies gut begriffen haben. Gustav Mahler hätte dies sehr gut verstanden.[7]

J.-M. P. Adorno, der gleichzeitig Lukács' *Theorie des Romans* und Blochs *Geist der Utopie* gelesen hatte, waren da manche Analogien aufgefallen ...

E. B. Dies ist möglich; aber viel stärker ist die Analogie zwischen *Geist der Utopie* und *Geschichte und Klassenbewußtsein*, Lukács' erstem marxistischen Buch. In Lukács' Buch gibt es Sätze, die von mir stammen könnten, und umgekehrt gibt es in meinen zur gleichen Zeit erschienenen Büchern Sätze, die den starken Einfluß von Lukács verraten. Man findet zu dieser Zeit bei Lukács auch die Kategorie des Utopischen, das »Dunkel des gelebten Augenblicks«, die Kategorie des »Noch-nicht-bewußten Wissens« und sogar die Theorie der objektiven Möglichkeit. Lukács hat als erster diese unsere Ideen publik gemacht. Es handelt sich jedoch keineswegs um ein Plagiat, da Lukács stets darauf verweist, daß er gewisse Probleme von mir übernommen hat. Lukács' Aufsätze über die Verdinglichung, das Klassenbewußtsein des

Proletariats und über Rosa Luxemburg sind sehr bedeutsam. Und sein Buch hat zahlreiche Kontroversen innerhalb des kommunistischen Lagers ausgelöst.

J.-M. P.   Zu den bedeutendsten Schöpfungen dieser Zeit mit Symbolwert gehörte der *Blaue Reiter* von Franz Marc ...

E. B.   Ja, aber für Lukács war dies nur »Geschmiere«. Er kam zu diesem Urteil einfach qua Deduktion von seinem klassizistischen Ideal aus. Ich wollte ihm die Augen über diesen Irrtum öffnen und machte ihm deswegen oft Vorwürfe. György aber wollte von all dem nichts wissen. In bezug auf die moderne Kunst war er absolut blind. Im übrigen ist ja auch sein Stil von neo-klassizistischen Zügen geprägt.

J.-M. P.   Hat Sie die schnelle und plötzliche Hinwendung Lukács' zum Kommunismus überrascht?

E. B.   Wir lebten in Heidelberg in vollständiger Gedankengemeinschaft. Ich war zwar nicht sein Schüler und er nicht meiner, aber wir befruchteten uns gegenseitig sehr stark. Erste Meinungsverschiedenheiten zwischen uns ergaben sich erst in den Diskussionen um den Expressionismus. Ich war voller Bewunderung für den *Blauen Reiter*, den ich in München kennengelernt hatte. Lukács aber verachtete diese Art von Malerei. Nach seinem Eintritt in die Kommunistische Partei leugnete er alles ab, was er früher bewundert hatte, sowohl Kierkegaard wie Dostojewski. Zu Kriegsbeginn 1914 fühlten wir uns beide vollständig verloren. Dieser Krieg wurde zu einem entscheidenden Faktor für die Entwicklung eines jeden von uns. Der Anschluß an die kommunistische Bewegung war für ihn wohl gleichzeitig eine Stütze und eine Zuflucht. Zur Zeit der Räterepublik, der »Commune von Budapest«, habe ich ihn jedoch nicht mehr gesehen.

J.-M. P.   Hat bei der Herausbildung Ihres philosophischen Denkens der Judaismus eine gewisse Rolle gespielt? In einem kürzlich in Frankreich zur Würdigung Ihres Werkes erschienenen Buch[10] behauptet der Autor eines darin veröffentlichten Beitrags, Emmanuel Lévinas, Sie hätten gelegentlich Anleihen bei der Volksdichtung des osteuropäischen Judentums gemacht ...

E. B.   So etwas kann nur ein gläubiger Jude schreiben, der ich nicht bin. Mein Denken hat tiefe Wurzeln im Christentum, das man weder als Mythologie noch als Volksdichtung abtun kann. Im *Neuen Testament* kommt kein einziger nicht-jüdischer Autor vor; alle sind Juden, bis zum heiligen Johannes, dem Verfasser der *Apokalypse*. Um meine Beziehung zum Judaismus richtig zu verstehen, muß man auch einen Blick auf meine Kindheit und mein Elternhaus werfen. Mein Vater war königlich-bayerischer Beamter, der keinerlei Beziehung zum Judentum hatte, und ich selbst wuchs ohne jegliche Bindung an das Judentum auf. Erst später, als ich in Würzburg eine zionistisch eingestellte Studentin kennenlernte, entdeckte ich diese Welt. Über sie lernte ich auf langen, ausgedehnten Spaziergängen den Judaismus erst richtig kennen, und zwar nicht etwa durch die Schriften von Martin Buber, sondern vor allem durch andere Quellen. Wie ich dem Botschafter Israels anläßlich seines Besuchs an der Tübinger Universität sagte, habe ich mich an den Judaismus lediglich assimiliert. Erst relativ spät begann ich mich für die Kabbala und die Gnosis zu interessieren, ebenso wie für die Philosophie und die Tradition der deutschen Romantik. Der Judaismus ist – leider, vielleicht – nur *ein* Element in dieser Reihe. Daß ich von Geburt Jude bin, ist Zufall.

J.-M. P.   Im *Zauberberg* hat Thomas Mann ein ziemlich häßliches Porträt von Lukács in der Gestalt des Naphta gezeichnet. Ist Naphta wirklich (nur) mit Lukács identisch, oder erkennen auch Sie sich in dieser Figur wieder?

E. B.   Naphta verkörpert gewissermaßen uns beide: sowohl Lukács, auf den die rein physische Beschreibung – klein von Wuchs, große Nase – und die Charakterisierung – listig – zutreffen, als auch mich.

J.-M. P.   Als Sie den *Geist der Utopie* schrieben, hielten Sie sich gerade in der Schweiz auf. Welche Umstände haben Sie dorthin geführt?

E. B.   Ich war von Max Weber, dem Herausgeber der *Zeitschrift für Sozialphilosophie und soziale Theorie* in die Schweiz geschickt worden, um im Auftrag der von Weber, Werner Sombart[9] und Emil Lederer herausgegebenen Zeitschrift einen Artikel über die politischen Utopien in der Schweiz zu schreiben. Das war 1917. Diese Arbeit bildete zugleich meine wirtschaftliche Lebensgrundlage in der Schweiz. Der Artikel erschien 1918, aber die Clique um Weber, vor allem seine Frau Marianne, war dagegen; denn der Artikel endete mit der positiven Darstellung der pazifistischen und anarchistischen Anschauungen von Hugo Ball[10]. Ich war damals Pazifist, heftiger Kriegsgegner und gegen Deutschland eingestellt. Auf der Zimmerwalder Konferenz hatte man des langen und des breiten darüber diskutiert, *wer* für diesen Krieg verantwortlich war; es wurde die Meinung vertreten, es handle sich um einen Konflikt zwischen verschiedenen imperialistischen Mächten, so daß man nicht sagen könne, die eine Macht treffe mehr Schuld als die andere. Für mich jedoch bestand nicht der geringste Zweifel daran, daß dieser Krieg vor allem von Deutschland aus betrieben wurde.

J.-M. P.   Wegen Ihrer Veröffentlichungen in dieser Epoche hat man Sie oft als »Aktivisten« bezeichnet. Haben Sie damals Dichter wie Kurt Hiller, Johannes R. Becher, Kurt Schwitters und bildende Künstler wie George Grosz kennengelernt?

E. B.   Aktivismus? Daran kann ich mich nur schlecht erinnern. Das war alles sehr weit weg und sehr literarisch. Mein Verhältnis zu Schwitters war ganz und gar negativ, und über Kurt Hiller habe ich mich in ziemlich lebhafter Weise geäußert. Er kam rechtzeitig, aber am falschen Ort. Persönlich habe ich ihn niemals kennengelernt. Später hat er mir einmal geschrieben, ich habe ihm jedoch nicht geantwortet. Wir gehörten jedoch zur gleichen Generation.

J.-M. P.   Aber Ihr Utopie-Begriff entstand doch im Kontext des Kriegsausbruchs 1914 und Ihrer Revolte gegen die von ihm angerichteten Verheerungen?

E. B.   Die Theorie der Utopie findet sich schon bei Marx. Nicht gerade in einem dogmatisch verstandenen Marxismus, aber bei Marx ist sie durchaus da. Das Utopische, das ist das Werdende, die politische Zukunftsvision. Ich habe diesen Utopiebegriff lediglich vom marxistischen Standpunkt aus weiterentwickelt.

J.-M. P.   Nun hätte ich noch einige Fragen, die Ihre Entwicklung nach dem Ersten Weltkrieg (1914) betreffen. Sie verließen Deutschland 1927. Mit Ihren in den zwanziger Jahren veröffentlichten Arbeiten befanden Sie sich unter den Philosophen, die die vom Nationalsozialismus ausgehende Gefahr sofort erkannten. Wann emigrierten Sie aus Deutschland und wohin gingen Sie dann ins Exil?

E. B.   Viele Kapitel in meinem Buch *Erbschaft dieser Zeit* handeln vom Deutschland der zwanziger und dreißiger Jahre. Ich verließ Deutschland 1933, kurz nach den Reichstagswahlen. Von der neuen Reichsregierung war sofort ein Haftbefehl gegen mich erlassen worden. Meine Frau und ich gingen zunächst in die Schweiz (Zürich), dann nach Österreich, nach Paris und schließlich nach Prag. Wir wußten, daß die Nazis nach dem »Anschluß« Österreichs auch bald die Tschechoslowakei besetzen würden. Im Juli 1938 emigrierten wir in die USA. Ich arbeitete als freier Schriftsteller.

J.-M. P. Trafen Sie dort mit anderen deutschen Emigranten, z. B. Brecht, Fritz Lang, George Grosz, Kurt Weill und Herbert Marcuse, zusammen?

E. B. Ja, ich habe vor allem Brecht wiedergesehen. Brecht lebte zwar in Kalifornien, kam aber oft nach New York, desgleichen George Grosz. Grosz hatte sich sehr verändert. In den zwanziger Jahren war er noch Dadaist und sehr politisiert. Er hatte u. a. für Piscators Inszenierung des *Schweyk im zweiten Weltkrieg* Karikaturen gezeichnet, die das »neue Gesicht der herrschenden Klasse« in all seiner Schrecklichkeit zeigten. In den USA verbürgerlichte Grosz jedoch vollständig. Er wurde zum Porträtisten der neuen herrschenden Klasse, malte nur noch Landschaften, Wälder und Wiesen. Ich kannte auch Kurt Weill; Fritz Lang habe ich nicht kennengelernt, und Marcuse erst nach dem Ende des Zweiten Weltkriegs.

J.-M. P. Als Sie 1949 nach Deutschland zurückkehrten, hatten Sie praktisch die Wahl zwischen einem Lehrstuhl der Philosophie in Frankfurt am Main und dem in Leipzig. Sie haben sich entschlossen, in die DDR zu gehen. Es geht das Gerücht, Sie hätten damals gesagt: »Ich will nicht dem Kapitalismus dienen.«

E. B. Dies ist z. T. Legende. Man hat mir niemals ernsthaft vorgeschlagen, nach Frankfurt zu kommen. In Leipzig jedoch hat man mir die Leitung des Instituts für Philosophie angeboten. Ich habe auch nicht die Äußerung getan, die Sie gerade zitierten; der Satz aber ist richtig und könnte von mir sein.

J.-M. P. Ihr Denken weicht ziemlich stark vom orthodoxen Marxismus ab. Wie stand es um Ihr Verhältnis zur Regierung der DDR?

E. B. Anfangs war es ganz gut. Ich war nicht Mitglied der

Kommunistischen Partei, auch nicht der SED, aber meine Bücher wurden in der DDR veröffentlicht. Auf philosophischem Gebiet gab es gewiß manche Meinungsverschiedenheit. Ich galt als Hegelianer; Hegel wurde damals in der UdSSR unter Stalin als Repräsentant der Reaktion angesehen. Mein Hegel-Buch[11], das ich in dieser Zeit veröffentlichte, wurde stark kritisiert. Schwerwiegende Differenzen auf politischem Gebiet ergaben sich dann anläßlich der ausbrechenden Unruhen in Polen und in Ungarn.

3.
Linke Kritik am bürokratischen Sozialismus

J.-M. P.   1956 hat man Sie beschuldigt, der führende Theoretiker einer Gruppe von »Abweichlern« zu sein, an deren Spitze Wolfgang Harich stand.

E. B.   Das ist richtig. Harich[12] war Herausgeber einer philosophischen Zeitschrift in der DDR, und ich veröffentlichte fast in jeder Nummer einen Beitrag. Die Gruppe aber war in Berlin, nicht in Leipzig. Sie kritisierte das Ulbricht-Regime von links, und man beschuldigte mich dann, der »spiritus mentor« dieser Gruppe von »Linksabweichlern« zu sein.

J.-M. P.   Was hat Sie veranlaßt, die DDR zu verlassen und in den Westen zu gehen?

E. B.   1961 war das Jahr des Mauerbaus. Ich wurde vorzeitig in den Ruhestand versetzt; meine Frau, die Mitglied der SED war, wurde aus der Partei ausgeschlossen. Seit dem Aufstand in Ungarn 1956 beschuldigte man mich ununterbrochen des Abweichlertums und des Revisionismus. Zum Zeitpunkt der Errichtung der Berliner Mauer befand ich mich gerade im Westen in den Ferien. Ich beschloß, nicht mehr zurückzukehren, da ich fürchtete, mich nicht mehr frei äußern und in der DDR nichts mehr publizieren zu können. Auch bestand die Gefahr, daß ich meinem westdeutschen Verlag, Suhrkamp, keine Manuskripte aus Leipzig würde schicken können. Schließlich hat mir aber jemand meine Manuskripte herübergebracht.

J.-M. P.   Zum gleichen Zeitpunkt wurde auch Lukács heftig von der Partei attackiert.

E. B.   Ja, sogar noch mehr als ich. Auch er galt als unorthodoxer Kommunist, und seine philosophischen und ästhetischen Schriften wurden in der DDR scharf kritisiert. Ich habe Lukács noch 1956 mit seiner Frau in der DDR getroffen. Wir haben ein sehr ausführliches und langes politisches Gespräch geführt und uns auch länger über das Ulbricht-Regime unterhalten, das von Lukács kritisiert und abgelehnt wurde. Er war jedoch nicht in der Lage, praktische Direktiven zu entwickeln, die zur Kritik bzw. zur Veränderung des Regimes beitragen konnten.

J.-M. P.   Lukács war Ihr Jugendfreund. Später jedoch gab es häufig Meinungsverschiedenheiten zwischen Ihnen. Wie waren Ihre Beziehungen zu Lukács kurz vor seinem Tode?

E. B.   Sehr gut. Ich widmete ihm eines meiner Bücher[13], aber er starb kurz vor Erscheinen des Buches. Er war ein großartiger Freund. Natürlich kühlte sich unser freundschaftliches Verhältnis ab, als er sich in Berlin in den zwanziger Jahren, dem orthodoxen Kommunismus anschloß. Wir hatten des öfteren Meinungsverschiedenheiten in theoretischen Fragen, vor allem im Bereich der Kunst. Lukács kritisierte damals vor allem, daß ich nicht den gleichen politischen Weg einschlug wie er.

J.-M. P.   Waren Ihre Beziehungen zu den Theoretikern der »Frankfurter Schule«, insbesondere zu Adorno und Horkheimer, auch so gut?

E. B.   Nein, das kann man nicht sagen. Ich nannte das »Institut für Sozialforschung« in Frankfurt »Institut für Sozialfälschung«, und ich habe nie den Pessimismus der Frankfurter Schule geteilt. Die Autoren der »Frankfurter Schule« sind weder Marxisten noch Revolutionäre. Sie sind die Begründer einer sehr pessimistischen Gesellschaftstheorie. Ich war anfangs mit Adorno befreundet, wir konnten uns jedoch nie über den Utopie-Begriff verständigen. Und Horkheimer wurde zuletzt reaktionär.

J.-M. P.   Obwohl Ihr Werk stark sowohl von Marxschen wie von hegelianischen und religiösen Einflüssen geprägt ist, obwohl Sie als »Philosoph der Utopie« und des revolutionären Utopismus gelten, bezeichnen Sie Ihr Werk als ganz und gar in der Marxschen Linie stehend . . .

E. B.   Ja, aber in der Tradition welches Marxismus? Sicherlich nicht des sowjetischen! Nein. Der Marxismus ist heute kein einheitliches System mehr, ebensowenig wie man von einer einzigen Form des Sozialismus sprechen kann. Selbstverständlich teile ich nicht die Anschauungen des Sowjet-Marxismus. Es gibt aber auch noch Frankreich und Italien . . . Der von der französischen KP eingeschlagene Kurs ist sicherlich vernünftig. Es ist jedoch klar, daß man, wenn man sein ganzes Leben lang mit dem Begriff der »Diktatur des Proletariats« operiert hat, nicht von heute auf morgen auf ihn verzichten kann. Wahrscheinlich ist dieser Begriff auf die kapitalistischen Länder des Westens heute nicht mehr in der Weise anwendbar, wie es Marx einst vorschwebte.

J.-M. P.   Marcuse vertritt die Ansicht, daß das Proletariat der kapitalistischen Industriegesellschaften auf dem Wege sei, sich wirtschaftlich und ideologisch immer mehr in diese Gesellschaften zu integrieren, und daß die »Neue Linke« zu schwach sei, um sich in wirksamer Weise gegen diese Integration zu stemmen.

E. B.   Marcuse bezieht sich insbesondere auf die Arbeiterklasse der USA. Er schwankte stets zwischen revolutionärer Romantik und abgrundtiefem Pessimismus. Er war stark mit der »Neuen Linken« der USA, vor allem mit der dortigen Studentenbewegung, liiert; er hat jedoch mit ihr gebrochen bzw. sie brach mit ihm.

J.-M. P.   Mit seiner Verteidigung der Utopie in *Triebstruktur und Gesellschaft* z. B. nähert er sich aber den von Ihnen vertretenen philosophischen und politischen Positionen an.

E. B.   Als wir 1968 zusammen auf dem Kongreß von Korčula (Jugoslawien) waren, erwies mir Marcuse seine Reverenz dafür, dem Utopiebegriff auch im politischen Bereich wieder zur Geltung verholfen zu haben. Mein Utopiebegriff aber ist konkret, d. h. bezogen auf die in der Realität vorhandene *objektive Möglichkeit*, wohingegen Marcuse ihn mit Freud, dem Unbewußten und dem Traumleben in Verbindung bringt. Darin sind wir uns nicht einig, trotzdem schätze ich ihn sehr; er ist ein sehr bedeutsamer Denker.

J.-M. P.   Im heutigen Deutschland sind Sie einer der geachtetsten Philosophen. Sie haben zahlreiche Schüler. Haben Sie auch Kontakte zu anderen Persönlichkeiten der Philosophie, zum Beispiel zu Heidegger? Sie gehören ja beide – im Abstand von nur zehn Jahren zueinander geboren – derselben Generation an. Heidegger war ja ebenfalls – wie Lukács – Schüler von Lask[14] und Rickert.[15] Auch er bewunderte Simmel.

E. B. Heideggers Sympathie für das Nazi-Regime 1933 machte uns zu politischen Gegnern. Ich traf Heidegger nur ein einziges Mal, 1961, eher zufällig. Wir waren beide zu Gast bei einem Philologen. Wir unterhielten uns über Hebel, dessen *Schatzkästlein des rheinischen Hausfreunds* Heidegger eine Studie gewidmet hat.

J.-M. P. Haben Sie sich für Sartres philosophische Arbeiten interessiert?

E. B. Ja, vor allem für *Das Sein und das Nichts* und für sein Verhältnis zum Marxismus. Ich teile jedoch seine Einschätzung des Marxismus nicht. Sartre ist ein sehr mutiger Mann, den ich bewundere. Aber die Lektüre seiner letzten Interviews hat mich enttäuscht. Sie kann nur meinen Widerwillen gegen Autobiographien verstärken. Was ist in Sartre vorgegangen? Eines seiner letzten Interviews handelt nur noch von seinem alltäglichen Leben, davon, was er ißt und trinkt etc. Was aber erfährt man von seinen philosophischen Ideen? Auch ich bin blind, dennoch habe ich die Hoffnung, neue philosophische Ideen zu entwickeln, nicht aufgegeben.

J.-M. P. Ihr ganzes Werk dreht sich um die fundamentale Kategorie der Utopie. In Frankreich ist inzwischen der I. Band von *Das Prinzip Hoffnung* erschienen, und die französische Ausgabe von *Geist der Utopie* ist in Vorbereitung, also jenes Werk, in dem Sie in einmaliger Weise Karl Marx mit der Apokalypse und dem Tode versöhnen. Selbst wenn Sie, wie Sie sagten, schon in Ihrer Studienzeit diese Ontologie des »Noch-nicht-bewußt-Gewordenen«, des »Noch-nicht-Gewordenen« entwickelten, so scheint Ihre Theorie der Utopie doch in engerem Zusammenhang mit dem sozialen und politischen Kontext des Kriegsausbruchs 1914 und der zwanziger Jahre, vor allem mit dem revolutionären Messianismus, der die Generation von Fritz von Unruh, Ernst Toller und Yvan Goll[16] charakterisierte, zu stehen. Glauben Sie, daß es möglich ist, heute noch politisch mit dieser Kategorie zu operieren?

E. B. Die Philosophie ist wahr oder sie ist nicht. Die Kategorie der Utopie steckt tief im Marxismus, ich habe sie nur herausgebracht. Sicherlich ist in meinem Werk auch ein gewisser Einfluß des Christentums spürbar, und die *Apokalypse* hat Eindruck auf mich gemacht. Ich analysierte vor allem das Verhältnis der Utopie zur säkularisierten Eschatologie, d. h. ihre Beziehung zum Leben und zum Tod in einem durch die Revolte gegen Barbarei und Krieg gekennzeichneten sozialpolitischen Kontext. Diese ganze Epoche, insbesondere der Expressionismus, war beseelt von der großen Sehnsucht nach einem neuen Leben, nach der Erschaffung eines neuen Menschen – die Bilder eines Franz Marc drückten sie ebenso aus wie die Musik eines Gustav Mahler. Was ich damals schrieb, ist heute noch gültig. *Geist der Utopie* ist immer noch wahr, und ich bin nach wie vor davon überzeugt, daß die Utopie, auch die politische, die fundamentale Kategorie unseres Zeitalters darstellt. Wer hätte sich noch vor einigen Jahren ausgemalt, daß die Ära der faschistischen Diktatur in Griechenland und in Portugal zu Ende geht? Wer hätte es für möglich gehalten, daß ein kleines mutiges Volk wie das vietnamesische die mächtige amerikanische Kriegsmaschinerie besiegen könnte?

J.-M. P.   Marcuse zeigt einen viel größeren Pessimismus im Hinblick auf die Entwicklungsmöglichkeiten der Industriegesellschaften, insbesondere der Vereinigten Staaten . . .

E. B.   Marcuse ist pessimistisch, aber sein politischer Werdegang steht auch in einer gewissen Abhängigkeit von seiner psychologischen Entwicklung. Die schmerzlichen Erlebnisse, die sein Leben kennzeichnen, haben tiefe Auswirkungen auf sein politisches Denken gehabt. Ich habe stets einen Unterschied zwischen meinem Leben und meiner Philosophie gemacht. Utopie ist nicht die Flucht ins Irreale; sie ist die Ergründung der objektiven Möglichkeiten des Wirklichen und Kampf für ihre Verwirklichung. Das »Prinzip Hoffnung« verkörpert die gesamte Menschheitsbewegung; es führt in eine bessere Zukunft, in eine humanere Welt. Selbst in Amerika gibt es viele Leute, die für eine andere Welt kämpfen.

J.-M. P.   Die Kunst hat immer eine bedeutende Rolle in Ihrem Leben gespielt. Glauben Sie, daß Sie in unserer heutigen Gesellschaft noch jene revolutionäre, »subversive«, eine neue Welt antizipierende Rolle spielen kann wie in früheren Epochen? Ich denke hier an die Zeit der Weimarer Klassik und an Kunstströmungen wie Dada und den Expressionismus.

E. B.   Die Kunst hat gewiß eine große Rolle in meinem philosophischen und auch politischen Denken gespielt, in erster Linie der Expressionismus, worauf ich ja schon im Zusammenhang mit der Entstehung von *Geist der Utopie* hingewiesen habe. Es ist mir nicht mehr möglich, zur heutigen modernen Kunst Stellung zu nehmen, da ich – erblindet – mir die neuesten Werke nicht ansehen kann. Expressionismus, Surrealismus und die phantastische Kunst haben jedoch einen großen Einfluß auf mich ausgeübt; alle diese Werke zielten auf eine Veränderung der Welt durch Traum und Utopie. In Frankreich war der Expressionismus kaum bekannt; dafür hatten Sie den Surrealismus. Es mutet sonderbar an, daß die beiden bedeutendsten Kunstströmungen in beiden Ländern einander fremd geblieben sind.

J.-M. P.   Inzwischen werden jedoch auch in Paris die Stücke von Ernst Toller und Frank Wedekind aufgeführt. Das Interesse am Expressionismus und an der Generation, die ihn verkörperte, nimmt zu, vor allem bei der Jugend.

E. B.   Ja, aber erst so spät! Der Expressionismus – das war die Revolte meiner Generation, unserer Jugend, eine Revolte, die den Hoffnungskeim einer neuen Welt in sich trug, die es erst noch zu schaffen gilt. Die Ära des Expressionismus liegt weit hinter uns, sie war aber außerordentlich bedeutsam. Jede Epoche muß jedoch ihre eigene Kunst, ihre eigene Revolte hervorbringen. Nur dies ermöglicht den Fortschritt der Menschheit, und dieser Fortschritt wird kommen. Man muß ans »Prinzip Hoffnung« glauben. Ein Marxist hat nicht das Recht, Pessimist zu sein.

Anmerkungen

1 Cohen, Hermann (1842-1918); in Marburg lehrender deutscher Philosoph. Neukantianer. Versuchte Kants Lehre zu einem logischen Systemidealismus weiterzubilden, in dem das reine Denken die Gegenstände der Erkenntnis erzeugt. Wichtigste Werke: *System der Philosophie* (1) *Logik,* (2) *Ethik,* (3) *Ästhetik,* 1904-1912.

2 Weber, Max (1864-1920); Sozialökonom und Soziologe; lehrte in Berlin, Heidelberg, Freiburg und München. Beeinflußt von der Soziologie Auguste Comtes und den geschichtslogischen Untersuchungen von Dilthey, Windelband, Rickert

und Simmel, begründete Weber eine spezifische Methode der Sozialwissenschaft, deren zentrale Kategorie die »Wertfreiheit« in Erkenntnisziel und Stoffauswahl empirischer Kulturwissenschaft ist. Seine »verstehende Soziologie« bemühte sich um die Eruierung »idealtypischer« Begriffsformen. – Hauptwerke: *Wirtschaft und Gesellschaft,* 1921/22; *Ges. Aufsätze zur Religionssoziologie* (1902), *Ges. Aufsätze zur Wissenschaftslehre.*

3 Gundolf, Friedrich (1880–1931); konservativ-nationalistischer Literaturforscher und Germanist, der in Heidelberg lehrte. Mitarbeiter an Stefan Georges *Blättern für die Kunst.* Hauptwerke: *Goethe* (1916); *George* (1920); *Shakespeare* (1928).

4 Ritook, Emma; ungarische Romanautorin; Freundin von Georg Lukács.

5 Popper, Leo; mit Lukács befreundeter Kunsthistoriker. Autor einer vielbeachteten Studie *Pieter Brueghel der Ältere, Kunst und Künstler,* Berlin 1910, die von G. Lukács mehrmals in der Ästhetik, vor allem in Kapitel VII *(Probleme der Mimesis IV. Die eigene Welt der Kunstwerke),* in: *Ästhetik II,* S. 156-233, insbes. S. 207-209, zitiert wird. (Popper hatte insbesondere die spezifische Problematik des Schaffensprozesses in der Malerei am Beispiel Pieter Brueghels d. Ä. untersucht.)

6 Erschienen zum ersten Mal unter dem Titel *Die Seelen und die Formen. Essays* bei Egon Fleischel & Co; Berlin 1911; Neuausgabe Neuwied/Berlin 1971.

7 Ein großer Abschnitt von *Geist der Utopie* ist der Geschichte der Philosophie und der Theorie der Musik gewidmet. Vgl. Ernst Bloch; *Geist der Utopie,* Frankfurt, 1964, S. 49-202.

8 Gemeint ist das Werk *Utopie – marxisme selon Ernst Bloch. Hommages publiés par Gérard Raulet,* Paris 1976; der zitierte Artikel von Lévinas, a.a.O., S. 318-325.

9 Sombart, Werner (1863-1941), in Breslau, dann in Berlin lehrender bürgerlicher Volkswirtschaftler und Soziologe, dessen Hauptwerk in einer entwicklungsgeschichtlichen Untersuchung des Kapitalismus besteht, der sich weitere Studien über die soziale Bewegung und den Sozialismus anschlossen. In seinen Anfängen von Marx beeinflußt, wird seine Betrachtungsweise, die in der Theorie der »verstehenden Nationalökonomie« zur vollen Ausformung kommt, zunehmend unmarxistisch. Hauptwerke: *Sozialismus und soziale Bewegung* (1896); *Die deutsche Volkswirtschaft im 19. Jahrhundert* (1903); *Luxus und Kapitalismus* (1903); *Die Juden und das Wirtschaftsleben* (1911).

10 Ball, Hugo (1886-1927); Schriftsteller, Schauspieler und Dramaturg; war als Mitbegründer des Dadaismus zunächst ein scharfer Kritiker seiner Zeit, konvertierte später zum Katholizismus. Mit Hermann Hesse befreundet. – Wichtigste Werke: *Kritik der deutschen Intelligenz* (1919); *Die Folgen der Reformation* (1924); Die Flucht aus der Zeit (1927).

11 Cf. Ernst Bloch, *Subjekt – Objekt. Erläuterungen zu Hegel,* Gesamtausgabe, Bd. 8, Frankfurt 1962. (Das Buch – im amerikanischen Exil in Cambridge, Mass., vollendet – erschien zuerst in spanischer Ausgabe in Mexiko 1948, dann 1952 im Leipziger Aufbau Verlag. Die 1962 im Suhrkamp Verlag erschienene Neuauflage erhielt wesentliche Ergänzungen und Erweiterungen.)

12 Harich, Wolfgang; geb. 1921 in Königsberg; aktiver Gegner des NS-Regimes als Mitglied einer KP-Widerstandsgruppe. Nach 1945 Lehrtätigkeit in der DDR. Aufgrund seiner linken Kritik am Stalinismus und am Ulbricht-Regime wurde Harich, der mit Ernst Bloch befreundet war, 1956 wegen »konspirativer Tätigkeit gegen die DDR« und ihre »Arbeiter- und Bauernmacht« zu 10 Jahren Zuchthaus verurteilt. Harich wurde 1964 aus der Haft entlassen und rehabilitiert. In seiner Schrift *Zur Kritik der revolutionären Ungeduld,* Basel 1971, einer harten Auseinandersetzung

mit dem alten und dem »neuen« Anarchismus, widerruft Harich zum großen Teil seine früheren Bloch-nahen Anschauungen und unterwirft sich weitgehend dem parteioffiziellen Standpunkt der SED.

13 Gemeint ist das Buch *Das Materialismusproblem, seine Geschichte und Substanz*, Frankfurt 1972, das »dem Jugendfreund Georg Lukács« gewidmet ist.

14 Lask, Emil (1875-1915); in Österreich geborener Philosoph, der in Heidelberg lehrte, wo Bloch und Lukács zu seinen Hörern zählten. Stark von der neukantianischen Schule beeinflußt, entwickelte er eine »universale Kategorienlehre«, die alle Erscheinungen der Welt des Sinnlichen und des Übersinnlichen gleichermaßen umfassen sollte. Wichtigste Werke: *Die Logik der Philosophie und die Kategorienlehre* (1911); *Die Lehre vom Urteil* (1912); *Gesammelte Schriften in 3 Bänden* (1923/24). (Lukács geht in seinen 1918 veröffentlichten *Kantstudien* ausführlich auf Lask ein.)

15 Rickert, Heinrich (1863-1936); Professor der Philosophie in Freiburg, dann in Heidelberg; Begründer der südwestdeutschen sog. »badischen« Schule des Neukantianismus, die bestrebt war, Kants Lehre zu einer »systematischen Wertphilosophie« weiterzuentwickeln. – Wichtigste Werke: *Der Gegenstand der Erkenntnis* (1892); *Die Grenzen der naturwissenschaftlichen Begriffsbildung* (1896-1902); *Kulturwissenschaft und Naturwissenschaft* (1899); *Die Philosophie des Lebens* (1920). Ernst Bloch promovierte 1908 bei Külpe in Würzburg über Heinrich Rickert.

16 Goll, Yvan (1891-1950); in Zürich, Lausanne, Ascona, New York und in Paris lebender Dichter des Expressionismus, »durch Schicksal als Jude, durch Zufall in Frankreich geboren, durch ein Stempelpapier als Deutscher bezeichnet«. Verband in seiner Dichtung den expressionistischen Menschheitsglauben und sozialutopische Gedanken mit einer visionären, bilderreichen Sprache. Wichtigste Werke: *Dithyramben*, Leipzig 1918; *Der Torso*, München 1918; *Der Eiffelturm*, Berlin 1924; *Dichtungen*, Darmstadt/Neuwied 1960.

III
Die Utopie ist eine philosophische Kategorie unseres Zeitalters* (1970)

J.-M. P. Herr Professor Bloch, viele Franzosen kennen Sie im wesentlichen als »Philosoph der Hoffnung«, »Philosoph der Utopie« etc. Ihre Werke wurden ins Englische, Italienische, Serbokroatische und Japanische übersetzt, doch der französischen Öffentlichkeit sind bisher lediglich *Thomas Münzer* und *Spuren* zugänglich.[1] Wie erklären Sie sich diesen Rückstand in der Übersetzung Ihrer Werke?

E. B. Es fällt mir selbst schwer, das zu verstehen. Im Augenblick wird die spanische Edition meiner Werke vorbereitet. Man könnte also glauben, daß ich im Lande Francos besser verstanden werde als von den Franzosen, denen ich mich so nahe fühle. Denn schließlich sind mehrere meiner Werke eine Reflexion über die Französische Revolution und den Geist von 1789. In meinem Buch *Naturrecht und menschliche Würde* habe ich ausführlich die Bedeutung Ihrer Revolutionen und ihrer Theoretiker, insbesondere Rousseaus, untersucht. Wieso ist ein solches Werk gerade in dem Land nicht übersetzt worden, das es doch in seiner ganzen Tragweite verstehen könnte? Mein Buch über Thomas Münzer ist übersetzt worden, aber das ist eine Ausnahme. Tatsächlich ist dies bisher mit keinem meiner Hauptwerke: *Prinzip Hoffnung, Geist der Utopie, Atheismus im Christentum*, geschehen. *Spuren* ist eine Sammlung von Fragmenten und Betrachtungen, die ohne jene Bücher kaum verständlich ist. Während ich mich sehr für Frankreich interessiere, interessieren sich die Franzosen kaum für mich. Vielleicht fühlen sie sich den gotischen Wortspielen von Heidegger näher, die selbst die Deutschen nicht immer verstehen. *Naturrecht und menschliche Würde* war eine Reflexion über die Hoffnung, die Beseitigung der Armut, die Abschaffung des Staates, die Freiheit und die menschliche Würde, über das, was ich die »Orthopädie des aufrechten

---

* Aus: *Le Monde*, 30. 10. 1970.

Ganges« nenne. Alle diese Probleme sind von der Französischen Revolution und der Pariser Kommune von 1871 in den Vordergrund gestellt worden. Es waren Werte wie Recht, Gerechtigkeit, Freiheit, Würde des Menschen, für die die Franzosen auf die Straßen gegangen und auf den Barrikaden gestorben sind.

J.-M. P.   Sie haben Ihr ganzes Leben lang an den gleichen Themen, an der gleichen Idee festgehalten. Ich möchte Sie dennoch bitten, mir einige wichtige Etappen Ihres Lebensweges näher zu schildern, insbesondere: Wie konnten Sie die Strenge des Marxismus mit dem romantischen Elan, der Ihr Werk durchzieht, in Einklang bringen?

E. B.   Das stimmt, ich glaube, daß ich mir selbst immer treu geblieben bin. Das ist das, was mich am meisten von meinem Freund Lukács unterscheidet. In diesem Zusammenhang gibt es einen Satz von Schiller, der mir sehr gefällt. Don Carlos sagt zu der Königin, »daß er die Träume seiner Jugend verehre«. Genau das wollte ich auch. Meine Kindheit habe ich in einer ziemlich erdrückenden Welt verbracht. Von meiner Jugend bin ich tief geprägt geblieben. Mein Vaterhaus, die schreckliche Schule haben mich sehr gehemmt, und dies alles in der Atmosphäre des Ersten Weltkrieges, im Zusammenbruch der Revolutionen und der darauffolgenden Reaktion. Es kamen Hitler, das Exil in den Vereinigten Staaten. Aber seitdem weiß man, wogegen man kämpft. Alles ist sehr klar. Was meine Begegnung mit dem Marxismus betrifft, sie wurde von all diesen Ereignissen vorbereitet. Es gab nichts Unvereinbares. Ganz im Gegenteil hat mir dies alles zu einem tieferen Verständnis des Marxismus verholfen. Gegenwärtig arbeite ich an einem Buch über den Materialismus[2], um zu zeigen, daß man ihn sehr wohl mit der Utopie in Einklang bringen kann.

J.-M. P.   Sie sind auf der ganzen Welt als der »Philosoph der Utopie« bekannt. Ist diese Umschreibung zutreffend?

E. B.   Ja. Früher sagte man von einer Sache, um sie herabzusetzen: »Das ist nur eine Utopie«, »das ist utopisch«. Heute ist die Utopie zu einer bedeutenden philosophischen und marxistischen Kategorie geworden. Jeder spricht von ihr, als läge sie klar auf der Hand, und vergißt dabei, daß ich der erste war, der ihr wieder einen Sinn verliehen hat. Als ich von einer »konkreten Utopie« gesprochen habe, haben die Menschen gelacht. Das erschien ihnen ebenso absurd wie ein viereckiger Kreis. Jetzt haben sogar die Sozialdemokraten diesen Begriff aufgenommen. In meinem Buch *Geist der Utopie* wollte ich zeigen, daß das Wort »Utopie«, weit davon entfernt, ein ausgestoßener Begriff zu sein, vielmehr *die* philosophische Kategorie unseres Jahrhunderts ist. Die Utopie ist weit davon entfernt, sich auf den gesellschaftlichen Bereich zu beschränken; sie existiert auch in der Kunst, besonders im Expressionismus, den Dichtern und Malern, die er beeinflußt hat, wie Franz Marc, Kandinsky, den Kreis um den Blauen Reiter. Ich bin vom Expressionismus sehr stark beeinflußt gewesen, und mein Buch *Thomas Münzer als Theologe der Revolution* ist schwer zu verstehen, wenn man es nicht in dieser Atmosphäre ansiedelt. In der Utopie finden sich die Revolution, die Apokalypse und der Tod wieder. Es ist zugleich eine Begegnung mit sich selbst und den Wegen dieser Welt. Sie ist mit der Poesie entstanden, aber sie ist auch eine bedeutende logische Figur. Im übrigen ist das keine neue Idee: sie hat in der Französischen Revolution, in der Kommune eine ganz entscheidende Rolle gespielt, und heute ist sie gegenwärtig in der Jugend, die für die Konstruktion einer anderen Welt und die Veränderung des Lebens kämpft. Die Utopie ist nicht ein Mythos, sie bezeichnet vielmehr, wenn es sich um diese konkrete Utopie, von der ich gesprochen habe, handelt, eine objektive und reale Möglichkeit. Sie ist ein Kampfprinzip. Sie weist auf das Nicht-Entdeckte des Neuen hin. Historisch gesehen ist sie eine gesellschaftliche Kraft, die eine Rolle spielt, selbst wenn sie als solche nicht immer erkannt wird.

J.-M. P. Lehnt diese Konzeption der Utopie die Vergangenheit kategorisch ab?

E. B. Nein, aber es kommt darauf an, welche Vergangenheit. Ich habe darüber in einem Buch geschrieben, das ausdrücklich *Erbschaft dieser Zeit* heißt. Während die Sozialisten und die Kommunisten in die Zukunft blicken, klammern sich die Faschisten und Reaktionäre an die Fetzen der Vergangenheit. Gerade auf diese fortschrittsfeindliche Welt haben sich die Faschisten gestützt. Die Utopie ist ganz im Gegenteil nicht nur Zukunft, sie erhellt die Gegenwart. Denken Sie an Münzer, an Saint-Simon, an Fourier. Die Utopie eines anderen, eines besseren Lebens ist schon immer revolutionär gewesen.

Im Gegensatz dazu wollten die Faschisten die Schatten des Mittelalters mit ihrer falschen Gotik, ihrer Blut- und Boden-Literatur wiederauferstehen lassen. Dies alles habe ich auch in meinem *Prinzip Hoffnung* entwickelt. Es geht darum, zu verstehen, wie das Mögliche im Augenblick möglich ist. Wenn die Vergangenheit eine fortschrittsfeindliche Mythologie bedeutet, muß man sich ihrer entledigen. Die Faschisten standen außerhalb der Zeit. Man darf niemals zurückgehen. Jedoch ist nicht die ganze Vergangenheit tot. In ihr fanden Ereignisse statt, die das Licht der Zukunft enthielten und die uns noch heute erhellen.

J.-M. P.   Man hat oft den Pessimismus der Theoretiker der Frankfurter Schule, z. B. Adornos, dem Realismus von Lukács und dem Optimismus von Bloch gegenübergestellt. Sind Sie wirklich Optimist?

E. B.   Hoffnung, das ist nicht Zuversicht. Ein Marxist sollte nicht den Pessimismus verbreiten. Man kann aber auch nicht Optimist sein, es gibt zuviel Schlechtes, zu viele Konflikte auf der Welt. Aber soll ich deshalb kapitulieren? Ich bin auch Pessimist, aber mein Pessimismus ist einer aus Vorsicht. Die Hoffnung ist in jedem Fall revolutionär. Man hat niemals eine Sicherheit; aber wenn man keine Hoffnung hat, ist kein Handeln möglich.

J.-M. P.   Was für ein Verhältnis haben Sie zu Lukács und Marcuse? Lukács stand der Utopie immer ablehnend gegenüber. Im Gegensatz dazu spricht Marcuse heute von einem »Ende der Utopie«. Worin unterscheiden sich Ihre Positionen?

E. B.   Lukács und Marcuse sind meine Freunde. Gegen Lukács habe ich oft polemisiert. Zum Beispiel im Zusammenhang mit dem Expressionismus. Er hat diese Bewegung nie gemocht, mich dagegen hat sie begeistert. Ich interessiere mich überdies für alles, was Moderne bedeutet, ich liebe die moderne Malerei und das Theater von Beckett; Lukács verstand davon nichts. Was Marcuse betrifft, so sprechen wir zwar beide von Utopie, aber unsere Positionen bleiben unterschiedlich. Meine Utopie ist eine konkrete, die von Marcuse ist es nicht. Er ist zu sehr Idealist. Was ich anstrebe, ist, aus der Gegenwart das Mögliche, das in ihr angelegt ist, herauszulesen. Im übrigen war Marcuse niemals Optimist, ausgenommen zwei Jahre lang. Ich habe niemals daran gedacht, so weit wie Marcuse in dem zu gehen, was irreal utopisch ist. Marcuse war von der Parole begeistert worden, die die französischen Studenten im Mai 1968 an die Wände von Paris geschrieben hatten: »Laßt uns realistisch sein, fordern wir das Unmögliche!« Marcuse hat mich in seinem Vortrag, den er 1968 in Korčula gehalten hat, in bezug auf die Utopie gewürdigt. Es hat mich gefreut, daß er die Wahrheit meiner Theorien anerkennt; dennoch sprechen wir nicht von der gleichen Utopie. Ich glaube, er ist in letzter Zeit viel pessimistischer geworden. Ich mag ihn sehr gerne.

J.-M. P.   Warum und unter welchen Umständen haben Sie die DDR verlassen? Haben Sie dort noch Freunde?

E. B.   Auf jeden Fall nicht unter den Funktionären, dafür freilich unter den wirklichen Sozialisten. Der Führung dort gefällt meine Konzeption des Sozialismus nicht. Sie findet sie zu menschlich. Meine Frau, die seit ihrer Studentenzeit Mitglied der Kommunistischen Partei war, war Mitglied der SED. Sie wurde jedoch aus den gleichen Gründen ausgeschlossen. Ich selbst war niemals Mitglied der Kommunistischen Partei, aber ich war Sympathisant. Jetzt glaube ich, daß sie mich hassen. Als meine Frau ausgeschlossen wurde, hat man sie gefragt, ob sie Anhänger eines »menschlichen Sozialismus« sei. Um die Frage lächerlich zu machen, antwortete sie, sie sei für einen »unmenschlichen Sozialismus«. Nach ihrem Ausschluß sind wir noch einige Jahre in Leipzig geblieben. Meine Frau war Architektin; sie hat ihren Arbeitsplatz verloren, weil sie aus der Partei ausgeschlossen war und die Frau von Ernst Bloch ist. Viele Leute haben mit uns nicht mehr geredet, aber zu jener Zeit hat man sich noch nicht getraut, mich aus der Akademie der Wissenschaften in Berlin auszuschließen. Das geschah dann nach 1961. Zu der Zeit waren wir gerade in Bayreuth. Die Mauer wurde gebaut . . . Ich habe mir überlegt, ob ich meine Bücher weiterhin noch frei veröffentlichen könnte, doch das war wenig wahrscheinlich. Mein Sohn hielt sich damals in England auf und schrieb mir, daß er nicht mehr nach Ost-Berlin zurückkehren werde. Das Härteste für mich war, daß ich alle meine Manuskripte in Leipzig zurücklassen mußte – mein ganzes Leben, meine Arbeit. Ich wäre bereit gewesen, zurückzugehen, nur um sie wiederzufinden. Aber jemand war so nett, sie mir mitzubringen. Seitdem bin ich nie mehr nach Hause zurückgekehrt.

J.-M. P.   Glauben Sie, daß die Philosophie gegenwärtig eine revolutionäre Rolle spielen kann?

E. B.   Ja, ich bin davon überzeugt, und dafür arbeite ich. Aber alles hängt davon ab, um welche Philosophie es sich handelt. Eine Philosophie, die mit dem Faschismus zusammengearbeitet hat oder noch mit ihm zusammenarbeitet, die die Unterdrückung, die Ausbeutung des Menschen gutheißt, niemals!

Aus dem Französischen von Dagmar Rappenecker

Anmerkungen

1 Dieses Gespräch wurde 1970 von Jean-Michel Palmier geführt, zu einem Zeitpunkt, als das Werk von Ernst Bloch in Frankreich noch wenig bekannt war. Inzwischen erschienen in französischer Übersetzung: *Das Prinzip Hoffnung (Le Principe Espérance)*, Paris, Gallimard, 1976 (Bd. I); die Vorlesungen zur Renaissance-Philosophie *(La Philosophie de la Renaissance)*, Paris, Payot, 1975, und *Naturrecht und menschliche Würde (Droit naturel et dignité humaine)*, Paris, Payot, 1976.

2 Cf. *Das Materialismusproblem, seine Geschichte und Substanz*, Gesamtausgabe, Bd. 7, Frankfurt 1972.

IV
Tagträume, Wachträume und die Musik als »Utopikum schlechthin«* (1976)

FRAGE Utopische Philosophie, die Philosophie des »Prinzips Hoffnung« bezieht ihren Wahrheitsanspruch auf die Zukunft, nicht auf das Gegebene der Gegenwart. Nun unterscheiden Sie aber, Herr Bloch, gerade im Hinblick auf die Zukunft zwischen einer echten und einer unechten. Also die Berufung auf Zukunft oder Veränderung überhaupt wird dem, was wahr sein könnte, nicht ohne weiteres gerecht, es muß hier geprüft werden. Nicht alles Verändern, nicht jede Zukunftsbezogenheit dient dem Herausbringen der Wahrheit. Von welchem Maß her ist der Unterschied zwischen echter und unechter Zukunft zu fassen?

E. B. Bevor ich konkret auf die Frage nach der Zukunft eingehe, möchte ich zwei Sätze wiederholen, mit denen ich im allgemeinen meine Werke einzuleiten pflege. Der erste Satz steht in den *Spuren,* und er wird auch in meinem letzten Buch, dem *Experimentum Mundi,* wiederholt. Er lautet kurz und knapp: »Ich bin. Aber ich habe mich nicht. Darum werden wir erst.« Und *Das Prinzip Hoffnung* beginnt mit folgenden Fragen, die auf der gleichen thematischen Ebene liegen: »Wer sind wir? Wo kommen wir her? Wohin gehen wir? Was erwarten wir? Was erwartet uns?« Mit diesen Fragen wird angedeutet, daß die philosophische Beschäftigung mit einem Gegenstand für mich bedeutet, über die vorgegebene Sache hinauszugehen, sie auf ihre Entwicklungstendenzen hin zu befragen.

Doch nun zurück zu Ihrer Ausgangsfrage – und Frage ist ja der Grundtenor meines Philosophierens, Frage nicht verstanden als »Frage, die wir stellen«, sondern als Frage, die der Gegenstand selber stellt, die der Gegenstand selber ist, die mit dem Experiment etwas zu tun hat. Kirchhoff, ein in Heidel-

* Gespräch mit dem kanadischen Rundfunk, das im Sommer 1976 gesendet wurde. Die Fragen stellten Michael Gibson, Pierre Furlan und Peter Stein. Erstveröffentlichung in deutscher Sprache mit freundlicher Genehmigung von Radio Canada.

berg lehrender Physiker, hat einmal gesagt: »Das Experiment ist eine gezielte Frage an die Natur.« Diese Feststellung war für mich eine Art Leitmotiv, dem ich nicht nur für den Bereich der Physik, wo dieses Phänomen zuerst beobachtet wurde und wo diese Frage zuerst gestellt worden ist, Gültigkeit beimaß. Es war eine gezielte Frage an das Dunkel, in dem der Gegenstand selbst sich noch befindet und aus dem nicht nur wir herauswollen, sondern aus dem auch der Gegenstand selber herauswill. Wichtig ist mir dabei der schon in der Frage enthaltene neue Zeitmodus, der Zeitmodus der echten Zukunft im Unterschied zur unechten, falschen.

Daß wir uns nachher voneinander trennen bzw. daß wir abends müde zu Bett gehen werden, auch das ist Zukunft. Doch da sich das immer wiederholt, da es schon hundert- und tausendmal geschehen ist, fehlt darin die Dimension, die echte Zukunft ausmacht: ein sachlich Neues. Auf das aber kommt es allein an. Alles andere ist ja nur Wiederholung von schon Dagewesenem und lediglich sprachlich in unreflektierter Form in den Modus der Zukunft gekleidet.

Die echte Zukunft – das ist die Entwicklung, die auf uns wartet, die von uns mitbefördert werden muß; die es notwendig macht, aus dem Dunkel des erlebten Augenblicks herauszukommen, die uns dazu ermuntert, uns zu erforschen, und die bewirkt, daß die in und vor uns liegenden Dinge herausgebracht werden, »herausgebracht« im doppelten Wortsinn: einmal im Sinne des Heraustretens aus dem Zustand des bloßen Naheseins, den das Dunkel hervorruft, zum andern im Sinne des Lösens einer Aufgabe, so wie wenn ein Lehrer den Schüler fragt: »Hast du das jetzt herausgebracht?« Philosophisch gesprochen hätte es die Bedeutung von: einen Gegenstand auf eine neue Ebene stellen, auf der er betrachtet werden kann.

So lautet denn der erste und am schnellsten einleuchtende Grundbegriff meiner Philosophie, daß der von uns gerade erlebte und gelebte Augenblick selber noch völlig unmittelbar, also dunkel, »nicht herausgebracht« ist. Die Problematik dieses Zustands des Naheseins, den das Dunkel hervorruft, ist das Agens, das in uns und in allen Dingen der Welt umtreibt.

»Am Fuße des Leuchtturms ist kein Licht«, sagt schon das Sprichwort. D. h., der gerade gelebte Augenblick ist völlig dunkel; ich kann ihn erst später und wahrscheinlich nur auf verfälschte Weise wahrnehmen, ihn mir nur undeutlich vor Augen halten, ihn durch Drehung über mir aus dem Unmittelbaren herausheben. Oder aber ich erwarte ihn, male mir etwas aus, was noch nicht da ist. Bezieht sich dieses Ausmalen auf die echte Zukunft, so entsteht aus diesem Ausgemalten, das dem Vorhergeträumten, den Wunschbildern adäquat sein kann, utopisches Denken bzw. ein Denken aus dem Utopischen. Das ist eine neue Art des Philosophierens, die absolut nichts gemein hat mit der bloßen Wiedererinnerung an schon Vorgegebenes, das nur reproduziert wird, mit der Reproduktion von Dingen, die ohne ein Bemühen von uns entstanden sind. Diese Philosophie ist nicht der Ansicht, es gehe darum, quasi mit unserem beschränkten Untertanenverstand etwas hervorzubringen, das selbst schon völlig herausgebracht ist und empirisch als reflektierter Begriff erscheint. Nein. Sie geht vielmehr von der Grundthese aus, daß die Welt selber eine Frage ist, und daß der Affekt, den wir ihr gegenüber empfinden, sowohl philosophisch wie wissenschaftlich, der des Staunens ist. Das Staunen ist die Mutter des Fragens überhaupt. Dieses Staunen drückt sich schon in der Kindheit in Form einer Frage aus, die in verschiedenen Abwandlungen und in nahezu allen Sprachen die ganze Welt der Kindheit durchzieht. Sie lautet: »Why is something and not nothing?« »Warum ist etwas und nicht nichts?« Eine echte Kinderfrage. Stellt man aber die Frage um und fragt: Warum ist nichts und nicht etwas? so wird dabei auch nichts gewonnen; denn die Annahme, es wäre nichts als Nichts ist unsinnig, weil doch ein Nichts, das ist, wiederum kein Nichts wäre. Davon wird die Sache also nicht besser, ganz abgesehen davon, daß auch niemand da wäre, der diese Fragen stellen bzw. beantworten könnte. Bleiben wir also bei unserer ursprünglichen Fragestellung: Warum ist etwas und nicht nichts?

Diese philosophische Grundfrage hat, wie schon gesagt, ihren Ursprung in dem kindlichen Staunen, einem Staunen, das in dem wissenschaftlichen und forschenden Staunen der Erwachsenen nicht nur in objektiv-wissenschaftlicher Naturbetrachtung und Naturerforschung, sondern auch in der aktiven Betrachtung und Mitarbeit an der Welt als einem Experiment ihrer selbst weiterblüht und sich fortsetzt. Dieses Staunen bewirkt, daß das menschliche Denken und Forschen gewissermaßen den objektiven Gegenstand umarmt und daß der räumlich herausgebrachte, aus der Inwendigkeit des Staunens hervorgebrachte Gegenstand zu sich selber kommt. Es ist verbunden mit dem Trieb, den durchgehenden Weltprozeß zu ergründen, den Sinn der Welt und ihrer Entwicklung zu entschlüsseln, den Zielinhalt der Welt aufzuschließen.

Alle diese Bilder und Metaphern erweisen sich als hilfreich und nützlich bei dem Versuch, das in der Welt selber verschlossene Ziel auszudrücken, das Ziel einer Welt, die selber nicht weiß – noch nicht weiß –, wo ihr der Kopf steht, wo ihre Vermitteltheit ist, wo – und zwar in jeder einzelnen noch so kleinen Erscheinung – »des Pudels Kern« endlich sichtbar wird. Hierbei werden auch die allergrößten Fragen nicht ausgeklammert, die ja in ihrer Bedeutung nichts anderes als Verwandlungen, Metamorphosen der Urfrage sind.

»Why is something and not nothing?« Was geht in der Welt vor? Wie komme ich mit ihr in Berührung? Was tue ich hier? Was wird aus der Welt? Wohin kann sie geführt werden? Welche Möglichkeiten der Lösung gibt es für den Knoten, das zentrale Symbol für das Dasein der Welt? Für den Knoten, der selber voller verborgener Möglichkeiten sowohl in positiver wie in negativer Hinsicht steckt, aus dem Böses hervorbrechen kann, aber auch etwas, das unsere Fragen und Sehnsüchte – die Sehnsucht nach Helligkeit, nach Licht, nach Bestimmung und Lösung der Frage – erfüllt, auch wenn diese Erfüllung melancholisch bleibt, behaftet mit dem dumpfen Gefühl: »Im Traum war's doch besser«?

Diese Melancholie der Erfüllung, die sich in den Worten ausdrückt: »Schön, das ist gut, das ist erfüllter Augenblick, aber im Traum war es besser«, war schon da, bevor ich mir etwas im Wachtraum vorgestellt, bevor ich diese utopische Erfüllung antizipiert habe. Sie verschwand erst nach der Enthüllung.

FRAGE Als fundamentale Antizipationsformen dieser neuen Zukunftsinhalte benennen Sie im *Prinzip Hoffnung* die Träume: »Tagträume, Wachträume, Träume vom besseren Leben.« Könnten Sie näher auf die Funktion der Tagträume eingehen?

E. B. Dafür gibt es endlose Beispiele, die jeder Mensch in

seinem Leben, vor allem in seiner Jugend, vorfindet. Wir müssen jedoch genau zwischen dem Tagtraum, den kleinen Tagträumen und dem Nachttraum unterscheiden. Es war unserer Sache nicht gerade sehr förderlich, daß man das Nicht-mehr-Bewußte immer nur als einen Ort, einen Topos des Träumens ansah, daß immer nur vom Nachttraum gesprochen wurde und nicht vom Tagtraum. So interessierte sich die Psychoanalyse eigentlich nur für den Nachttraum, vernachlässigte aber den Tagtraum, obwohl wir täglich mit seiner Entität konfrontiert sind – nicht nur, wenn wir allein sind, sondern auch dann, wenn wir unter Freunden sind, mit ihnen etwas besprechen und plötzlich das Gefühl auftaucht, etwas anderes, das keineswegs nur als eine Vorstufe des Nachttraums anzusehen ist, löse sich von der Realität ab. Dieser Zustand unterscheidet sich vom Nachttraum schon dadurch, daß in dieser Form des Traums zum Beispiel keine Zensur stattfindet. Ein Tagtraum armseligster Art kann z. B. darin bestehen, daß ich davon träume, mir morgen ein neues Taschentuch zu kaufen, falls ich zufällig keines mehr haben sollte; auch der Tagtraum des kleinen niedergedrückten Angestellten gehört hierher, der auf dem Nachhauseweg davon träumt, seinen Chef umzubringen; ebenso der Wunschtraum des frustrierten Ehemannes, der träumt, wie schön es wäre, wenn er endlich seine Frau los wäre. Tagträume kennen auch keine Symbole, so wie die von Freud ausführlich analysierten Nachtträume, und das Fehlen dieser Symbole hängt damit zusammen, daß es hier keine moralische Zensur gibt. Die Kulturgeschichte der Menschheit ist voll von solchen Tagträumen, und ich habe versucht, die verschiedenen Orte aufzuzeichnen, an denen dieses Tagträumen besonders hervorbricht.

Der erste dieser Orte heißt *Jugend*. Da ist der Drang, etwas zu werden, zu gewinnen oder zu erringen. Zwar weiß ich noch nicht genau, was ich werden will, noch kenne ich genau den Weg, der dorthin führt; aber das Ziel steht mir fest vor Augen. Die große Zeit der Jugend ist in den Wendezeiten, in den Epochen, die sich ändern, in denen eine ökonomisch-soziale Verschiebung stattfindet, wo Umbruch in der Luft liegt, um nicht zu sagen: Revolution. Damit meine ich konkret-geschichtlich die Zeit unmittelbar vor der französischen und der russischen Revolution sowie die Epoche der Renaissance, die eigentlich gar keine Revolution im engeren Sinne darstellt, wo aber paradoxerweise der Durchbruch viel leichter zu schaffen war als in den revolutionären Bewegungen der Jahre 1789 oder 1917/18. Dies ist der denkbar günstigste historische Kontext, in dem sich die Tagträume der Jugend erfüllen. Auch die, die gar nicht mehr so jung sind, wissen, was solche Tagträume bedeuten, sind in der Lage, zu erkennen, daß etwas »in der Luft liegt«, daß die Zeit mit etwas »schwanger« geht, das noch nicht herausgebracht wurde, das aber erfühlt und erahnt wird, uneingedenk der Vermittlungen, die notwendig sind, damit dies Wirklichkeit wird. Dies ist gleichzeitig der Zustand großer Kreativität und Produktivität, ein Zustand, den man mit einem vagen Ausdruck »schöpferisch« nennt, ein Zustand des Heraus- und Hervorbringens, kurzum, ein Novum, das den Tag- von dem Nachttraum unterscheidet: Es wird etwas Neues hervorgebracht, etwas, das noch nie da war, das aber dennoch nichts »total« Neues darstellt; denn das gute Neue ist niemals ganz neu, sondern durchläuft in der Form der Antizipation die Menschheitsgeschichte. Neu ist es nur insofern, als darin der Durchbruch zu einer in ihm angelegten möglichen Formulierung noch nicht gekommen ist.

Die drei Orte, in denen der Tagtraum aus der Grundform der Antizipation direkt hineinführt ins Neue, sind also: Jugend, Wendezeit, Produktivität.

Die Frage, die uns beschäftigt, muß daher lauten: Wie muß die Welt beschaffen sein, damit dieses Neue in ihr durchbricht, in ihr Platz findet, damit sie an diesem Neuen schwanger wird? Gleichzeitig muß versucht werden, eine Antwort zu finden auf die Frage: Welche Vermittlungen sind notwendig, damit dieses Neue nicht nur ein armseliger, abstrakter psychologischer Wunschtraum bleibt, sondern vermittelnd und vermittelt in die Geschichte selbst eingreift? Die entscheidende politische Frage ist die, wie in der Welt statt der überall propagierten abstrakten Utopie eine *konkrete*, d. h. historisch-ökonomisch-gesellschaftlich vermittelte *Utopie* Platz greifen und realisiert werden kann. In diesem Zusammenhang stellt sich auch die Frage nach dem Verhältnis von Theorie und Praxis, konkret: Wie kann das theoretisch Formulierte in die Praxis, d. h. zur tätigen, aktiven und aktuellen Vermittlung übergehen und dadurch einen Anschluß finden an das Dunkel des gelebten Augenblicks, so daß er nicht nur ein erlebter, sondern auch ein schöpferischer Augenblick ist, in dem etwas umschlägt, aus dem etwas herauskommt, das bisher in ihm geschlummert hat, das sich im Traumzustand befand, während wir doch aus dem Traumzustand gerade herauskommen wollen durch Theorie-Praxis, das heißt durch die Verwirklichung, durch das Einschlagen in das Dunkel des gelebten Augenblicks, in die Jetzt-Zeit, die Hier-Zeit, in das Wirkliche selber.

FRAGE Mit großer Konzentration auf das Zentrale der Utopie haben Sie im *Prinzip Hoffnung,* in dem dortigen Musikkapitel, geschrieben: »Der Ton zündet dabei das Licht, das er braucht, selber an. Er braucht kein Äußeres, er erträgt das Dunkel, ja, er sucht sein Schweigen. Schweigend, in der Nacht, werden Schätze gehoben. Musik stört dieses Schweigen nicht. Sie versteht sich auf die Gruft, als Licht in der Gruft. Von daher ihre Nähe, nicht nur zum Glück der Blinden, sondern zum Tod, vielmehr zur Tiefe der Wünsche, die diese zu erhellen versuchen. Ist der Tod als Beil des Nichts gedacht, die härteste Nicht-Utopie, so mißt sich an ihr die Musik als die utopischste aller Künste.« Was meinen Sie mit dieser Bestimmung der Musik als dem Utopikum schlechthin?

E.B. Ja, Ihre Frage selbst enthält schon eine Anspielung auf den Schwebezustand, in dem wir uns hier befinden, um den es hier geht: um die Verbindung zwischen dem Tod als dem absoluten Schweigen und der Musik als dem »tönenden Schweigen«. Der Ausdruck »tönendes Schweigen« stammt von Richard Wagner, und ich halte diese Formulierung für ganz ausgezeichnet. Die Frage, die in dem Kapitel über den Tod, das in meinem Buch ziemlich weit hinten steht, aufgeworfen wird, lautet: Gibt es gegen den Tod, den Ausdruck der härtesten Nicht- bzw. Gegen-Utopie, ein Heilmittel aus dem Umkreis der Utopie? Ist da irgendein Kraut gewachsen, das den Tod nicht nur erträglicher macht und – im medizinischen Sinne – hinausschiebt, sondern das auch ein Licht in ihm, diesem völligen Dunkel unseres Lebens, anzündet? Und hat die Musik dazu vielleicht eine eigentümliche, noch nicht erkannte und gedeutete Beziehung?

Beginnen wir also mit der radikalsten Gegen-Utopie, dem Tod, jener Urform des Mißlingens all unserer Absichten und unseres Lebens selber. Denn im Kampf, im Widerstand gegen den Tod bildete sich ja eine Reihe von Gegen-Utopien, genauer: von Gegen-Utopien zu dieser radikalen Gegen-Utopie, die zum Teil weder auf empirisch-wissenschaftlicher noch auf philosophischer Ebene ganz zu Ende gedacht wurden.

Der Tod ist ja nicht nur ein rein individuelles Faktum, dessen Individualität darin begründet ist, daß nach meinem Tode noch so viele andere Menschen weiterleben und andere neu geboren werden. Er ist nicht nur ein individuelles, sondern auch ein allgemeines Schicksal in Gestalt des Nichts. Dieses Nichts ist nicht identisch mit dem Nicht. Das Nicht steht im Dunkel des gelebten Augenblicks; etwas »ist nicht« bedeutet: etwas ist noch nicht da, noch nicht herausgebracht, noch nicht objektiviert. Das Nichts hingegen ist die Vereitelung jeglicher Hervorbringung, der Zustand, in dem alles menschliche Tun, alles, was in der Welt passiert, eitel wird, zum Stillstand kommt, ähnlich der Entropie in der Astronomie, der Vorstellung, daß das ganze Karussell der Planeten, die um die Sonne kreisen, stillsteht, daß die Sonne selbst aus ihrer Bahn stürzt und daß dadurch das ganze Universum zusammenbricht, wodurch all unser Tun gegenstandslos, sinnlos wird, so als hätte es nie existiert. Gegen diese beklemmende Vorstellung entwickelten sich schon sehr früh Träume, deren bekanntester der in den Religionen verbreitete Traum der Apokalypse ist, der Traum vom »himmlischen Jerusalem«, die Vorstellung, daß Jesus Christus »geschmückt wie eine Braut« herunterfährt und daß die einzige Sonne, die dann noch leuchtet, wenn Sonne und Mond verschwinden, das »Lamm«, also Jesus Christus, ist. Was für eine ungeheuere, großartige Phantasmagorie gegen die Entropie!

Die andere Seite des Todes ist der persönliche Tod, der verbunden ist mit dem Schrecken des Sterbens und dem Problem der »persönlichen Unsterblichkeit«. Der Schrecken des Sterbens gehört ja noch eigentlich zum Leben selber, er ist noch eine Lebensäußerung, so wie das Trinken oder das Gehen. Erst mit dem Tod endet das Leben, wird die Schwelle zu diesem unvorstellbaren Nichts überschritten. Der Tod als solcher – als Sprung ins Nichts – hat noch keinerlei Erhellung gefunden. Auf dieser Ebene gibt es nur leere Wunschträume, die keinerlei Vermittlung erreicht haben, die aber andererseits unser Leben auch nicht in dem Maße ruinieren, wie man das eigentlich erwarten sollte. Und so hält sich – das ist das Erstaunliche daran – die gute Hoffnung, daß wir selber eigentlich am Tode gar nicht so leiden, wie der Begriff des Todes an sich selber leidet. Obwohl unwiderruflich und unumkehrbar, verliert sein Schrecken an Kraft und Bedeutung, eben wegen des Dunkels des gelebten Augenblicks; denn der Kern der Welt und unser persönlicher, individueller Kern sind ja noch nicht herausgebracht, sind noch nicht geworden. Was aber noch nicht geworden ist, kann auch nicht im gleichen Sinn wie ein Gewordenes vergehen. Das Noch-nicht-Gewordene ist also dem Vergehen, dem Nichts (als einem Resultat des Vergehens) disparat. Diese Disparatheit hängt indirekt mit der aus dem Dunkel des gelebten Augenblicks entstehenden Frage zusammen: Wie komme ich eigentlich zu mir? Wie komme ich zu mir selber? Wie komme ich eigentlich in die Welt hinein?

Wäre die Welt schon vollständig aus sich herausgebracht und vollendet, so könnte sie in der Entropie, dem absoluten, astronomischen Tod, nicht vernichtet werden. Da sie aber in dem oben angedeuteten doppelten Sinn noch nicht vollständig aus sich herausgebracht ist, ist für sie auch das Nichts kein Schrecken. Noch ist nicht aller Tage Abend und auch nicht aller Abende Tag. Insofern ist das mit der Entropie, dem großen universellen Tod identische Nichts, das so lähmend sein kann, noch nicht spruchreif. Höchstens auf individueller Ebene kann es gelegentlich spruchreif werden, z. B. in der oft gehörten Wunschäußerung: »Meine Kinder sollen es besser haben als ich.« Zwar kommt darin die Hoffnung auf eine bessere Zukunft zum Ausdruck; das Urproblem unseres Selbst, unsere Angst vor der alles lähmenden und vernichtenden Vision des Todes, wird dadurch aber nicht gelöst.

Ich habe in diesem Zusammenhang, um ein konkretes Beispiel zu geben, schon an anderer Stelle einmal an den Roman *Sanin* von Arzybaschew erinnert. Der Held dieses Romans ist ein russischer Revolutionär, der aktiv an der Revolution von 1905 teilgenommen hatte, sich aber nach ihrem Scheitern von der Politik abwandte und sich in das Privatleben zurückzog. An einer Stelle des Romans wird nun geschildert, wie seine früheren Genossen ihn besuchen kommen und ihn deswegen

zur Rede stellen, Rechenschaft von ihm fordern. Und Arzybaschew läßt den Helden seines Romans, den ehemaligen Revolutionär Sanin, resigniert sagen: »Wozu soll ich mich aufhän-
gen lassen? Damit die Arbeiter des 32. Jahrhunderts keinen
Mangel an Nahrung und Geschlechtsgenüssen haben?« Darauf wußten die Freunde in ihrer Betroffenheit natürlich keine
Antwort. So etwas kann natürlich nur jemand sagen, der
schon lange innerlich nicht mehr dabei ist, der einer totalen
Resignation verfallen ist. Wäre hier noch etwas vorhanden
gewesen von der Hoffnung auf eine bessere Zukunft, auf das
Herausbringen des eigentlichen utopieträchtigen Weltkerns,
so hätte diese pessimismusgeladene Gleichgültigkeit eher dem
triumphalistischen Gefühl Platz gemacht, das sich daran begeistert, daß die Arbeiter des 32. Jahrhunderts keinerlei Mangel an Nahrung und geschlechtlichen Genüssen mehr leiden
werden. So aber bleibt nichts als der Sturz in einen abgrundtiefen Pessimismus und Nihilismus.

FRAGE   Wenn es so ist, daß das Utopische des Weltprozesses
besonders in der Kunst zum Vorschein kommt, warum ist
dann gerade die Musik das offenste und stärkste Medium
dafür?

E. B.   Weil die Kunst selbst von ihren allerersten Anfängen
her etwas Utopisches, etwas relativ spät Gewordenes ist. Die
Musik ist von allen Künsten diejenige, die sich am spätesten
entwickelt hat. So entstand die Mehrstimmigkeit, mit der wir
unseren Begriff der Musik im allgemeinen identifizieren, erst
gegen Ende des Mittelalters. Vorher gab es nur die bei fast
allen Völkern verbreitete Einstimmigkeit. Die Mehrstimmigkeit ist etwas typisch Europäisches; aus ihr entwickelt sich der
Kontrapunkt, die mit allen nur denkbaren Verflechtungen des
Melos arbeitende abendländische Kompositionsweise. Diese
Musik nun hat mit ihrem schwer faßbaren Topos, ihrem
sonderbaren Überall und Nirgendwo, eine unmittelbare ver-
wandtschaftliche Beziehung zu dem Noch-nicht-Heraufge-
kommenen, zu dem Schweigen, das ein Sprechen ist, und zu
dem Sprechen, das ein Schweigen ist. Sie hat, wie ich am Ende
des Kapitels *Philosophie der Musik* in *Geist der Utopie* fest-
stelle, ihre eigene Sprache, die dem Lallen eines Kindes vergleichbar ist, eine Sprache der Unmittelbarkeit, die sich fast
mit jedem Text, jedem Affekt und Gedankeninhalt verträgt,

weil in diesem kindlichen Lallen etwas ausgesagt wird, das wir noch nicht wahrnehmen können, weil die Stunde der großen Sprache, der verstehbaren, eigenen, neuen Sprache in der Musik noch nicht gekommen ist.

Die große Musik Bachs und Beethovens kann nicht rein von ihren formalen musikalischen Strukturen her verstanden werden; sie schließt sich einem erst dann auf, wenn man ein sensibles Organ hat für die Erfassung des ungeheuerlich tiefen Schweigens, der »poesis a se«, die aus ihr spricht und die sie in so einmalig vollendeter Weise darstellt. Diese »poesis a se« ist der Sinn und die Finalität aller großen Musik, die mit etwas geladen zu sein scheint, das auf eine neue Lösung, ein neues Thema hindrängt, wo das bloße Nacheinander von Tönen zu einem Nacheinander von Worten neuer Art geworden ist, von Worten, die etwas ausdrücken, das in der menschlichen Sprache bislang nicht zum Ausdruck gebracht werden konnte.

Dieser Gedanke, daß die Stunde der Sprache in der Musik noch nicht gekommen ist und daß das »tönende Schweigen« ein tönendes Sprechen ganz anderer Art darstellt, als wir es uns vorstellen, tauchte zum ersten Mal im Expressionismus auf, und er paßt auch sehr gut in diese Epoche.

FRAGE Könnten Sie dieses Hervorbrechen des Utopischen in und aus der Musik einmal an einem konkreten Beispiel erörtern?

E. B. Nun, ich nannte ja bereits Beethoven, dessen dritte *Leonoren*-Ouvertüre ein ausgezeichnetes Beispiel ist für den Nachweis jener Kategorie des Sich-Ladens, Sich-Durchdringens, Sich-Herausentwickelns usw. Schon bei Bach, vor allem aber bei Beethoven – nicht nur in der Ouvertüre zu *Fidelio*, sondern auch in sämtlichen Symphonien –, schließlich auch bei Brahms wird in ziemlich leuchtender Form sichtbar, daß diese Musiksprache etwas zum Ausdruck bringen will, was auf andere Weise unsagbar ist. Man spürt beim Anhören, Hineinhören in diese Musik, wie die musikalischen Strukturen sich mit einem Ausdruck laden, den es bisher noch nicht gab, wie hier etwas Neues, Utopisches zum Vorschein kommt, das in der bisherigen Musikgeschichte noch nicht zur Darstellung gelangt ist. Das Merkwürdige und zugleich manchmal Erschreckende an Beethovens Musik ist, daß in seinen Werken oft gerade dort, wo man den Sprung in die Tonika, die Lösung der aus der Kontrastierung von Haupt- und Nebenthemen erzeugten Spannung erwartet, eine Zäsur erfolgt und ein leichtes Scherzo ertönt. Am Gestus dieses ironischen Abblendens bzw. Abwinkens wird das von uns Versäumte gleichsam in seiner negativen Gestalt sichtbar: Da – hier hätte es kommen müssen. Statt dessen aber erklingt nun – Ausdruck der Ironie Beethovens oder nur lächelnder Verzweiflung? – ein Scherzo, obwohl alle Erschwerungen und Verschlingungen der thematischen Entwicklung sich auf die Tonika zubewegten.

FRAGE Im *Prinzip Hoffnung* sprechen Sie mehrmals vom *Deutschen Requiem* von Brahms. Dort gibt es eine Stelle, wo der Text selbst von der Hoffnung spricht, und zwar da, wo es heißt: »Denn wir haben hier keine bleibende Statt, sondern die zukünftige suchen wir.« Könnten Sie sich dazu äußern?

E. B. Ja, Brahms hat diesen Text, diese Bibelworte aus dem Hebräer-Brief (»Denn wir haben hier keine bleibende Statt, sondern die zukünftige suchen wir«) in einer Weise vertont, daß die Bibelworte, die von der ungewissen Zukunft handeln [E. B. singt: »denn die zukünftige suchen wir«], dadurch eine besondere Sinnesschwere erhalten, daß sie so komponiert sind, daß sie gleichsam aus dem Rhythmus der Chorpartie herausbrechen. Die Orchesterbegleitung ähnelt einem Tappen von vielen Füßen in der Dunkelheit. Der Text ist von Paulus aus dem Hebräer-Brief: »Wir haben hier keine bleibende Statt, das ist das einzige, was wir haben, außer dem Suchen ohne Wissen, wohin.« So wandern wir in diesem sonderbaren und durchaus utopischen Vers zu einem Unbekannten hin. Wenn es heißt, daß wir hier »keine bleibende Statt haben«, so liegt der Akzent bei Brahms sowohl auf »bleibend« als auch auf »Statt«. Wir haben weder eine Statt noch eine bleibende, oder das, was ist, ist keine Statt, sondern was bleibt, ist Unruhe, keine Statt; und diese Unruhe nun in ihrem lichthaften, positiven Ausdruck, in einer Utopie des Glücks, richtet sich auf das, was in der Zukunft gesucht wird, was das Gegenteil ist von dem dauernden, unglückseligen, gehetzten oder gelähmten Hintappen zu einem Ziel, das noch nicht sichtbar ist, das wir aber auf eine unausdrückbare Art meinen und antizipieren. Dieses Ziel steckt also sehr wohl als intendiertes im

Text und besonders in der Musik mit echt Brahmsscher Schwermut, mit einer echt Brahmsschen schwierigen Form von Glück. Das schließt unmittelbar an die apokalyptische Suche im *Neuen Testament* an und an den Exodus im *Alten*. Die zukünftige Statt suchen wir, darin ist so sehr echte Zukunft, daß sogar die verzweifelte Möglichkeit eines eventuellen Ausbleibens der Zukunft in ihr offengehalten ist. Nicht Behaglichkeit ist gemeint, mit der ich mich heute abend ins Bett legen werde, sondern offengehalten ist, was kommt und ob es überhaupt kommt.

Aber das Suchen, das Meinen einer solchen Zukunft steckt in dem von Brahms versteckt auskomponierten Glück, das insofern präsent ist, als ja kein Stillstand eintritt, sondern Tausende von Füßen zu etwas hintappen, von dem keiner sagen kann, ob es kommt, was es ist, das aber in Gestalt von Utopie, von utopischer Funktion, von Antizipation durch sämtliche menschliche Lebensäußerungen hindurchgeht. Gerade deshalb kann ja *Das Prinzip Hoffnung* beanspruchen, eine versuchte Enzyklopädie menschlicher Wunschinhalte zu sein. Ob dieser Anspruch hinreichend erfüllt wurde, ist eine andere Frage. Wäre er aber ungebrochen, vollständig erfüllt worden, so wäre das Thema verlassen; es muß immer das Suchen dieser Füße noch da bleiben, damit man sich nicht durch eine falsche Erfüllung betrügen läßt. Aber wir haben das riesige Reich von Wunschinhalten am stärksten, untrügbarsten und unverwechselbarsten auch in dem gegenwärtig, was in der Musik gärt, was die Musik ankündigt, was vielleicht mit dem Pathos der Möglichkeit noch zum Licht, ans Licht kommen kann, wobei ich darauf hinweisen möchte, daß das eigentliche Schlußthema als Schlußthema der Sache die Kategorie ›objektiv-reale Möglichkeit‹ ist, damit wir nicht nur in die Luft hineinreden oder gar, was wir sprechen, Luft sei und nichts anderes.

FRAGE Sie sprachen von dem Suchenden, dem Sichherausbildenden, wie es ganz besonders in der Musik darstellbar geworden ist. Gilt das nicht ganz besonders auch für die Musik Mahlers?

E. B. Viele meiner Gedanken bzw. Keim-Gedanken zur Musik sind dem Einfluß und der Kenntnis Mahlers verdankt, bei dem die Sehnsuchtsmusik ohne Schmalz und Sentimentalität den bisher schönsten und treffendsten Ausdruck in der neueren Musik gefunden hat. Dies zeigt sich z. B. darin, daß von ihm ein Thema nicht einfach fertig hingestellt und nachträglich dann in der Durchführung ausgeschöpft, variiert und konfrontiert wird, sondern daß das Thema sich selbst erst allmählich bildet. Die Musik Mahlers bildet sich, während sie gespielt wird; nachher wird etwas aufgegriffen und zu Ende geführt, aber dieses Ende ist wieder kein Ende [E.B. singt]. Was bisher noch nicht da war, geht auf etwas Zukünftiges, ein Novum zu – eine Musik von einer unbekannten, unspießigen Innigkeit und zugleich ein Hymnus, der gar keinen Grund und keinen Gegenstand hat, der aber etwas neu Entstandenes begrüßt, so z. B. in der 7. bzw. in der 2. Symphonie, die ja nicht ohne Grund *Auferstehungssymphonie* heißt, oder in der 8. Symphonie, in deren 2. Teil Mahler die Schlußverse von Goethes *Faust* komponiert mit dem Thema »Verweile doch, du bist so schön«, wobei der Augenblick, zu dem das gesagt wird, ganz und gar so verstanden wird, wie ich es anfangs angedeutet habe. Hier schlägt etwas ein und bringt eine Erfüllung von dem, was im Dunkel war. Und das Dunkel selber wird Licht. Das Licht aber im Dunkel bleibt dunkel, nicht als Finsternis, sondern als Schweigen, als ein »tönendes Schweigen«, das ohne Sentimentalität und mit großer Betroffenheit aus dieser Musik spricht. Dieses »tönende Schweigen« äußert sich uns gegenüber so, daß – vielleicht durch ein von Mahler selbst nahegelegtes Mißverständnis – der Eindruck entsteht, als ob hier erste Erscheinungen, erste Glücksfälle von Sprache – und zwar von Sprache des Glücks – in die Welt gekommen wären, die uns besonders stark berühren, die uns besonders nahe sind.

FRAGE Nun sind Sie zu den äußersten Grenzen der Utopie vorgedrungen, zu dem noch Unaussprechbaren einer sehnenden Ahnung in der Musik. Zugleich aber betonen Sie, daß Ihr utopisches Philosophieren genau in den Materialismus gehört. Nun: Utopie als Wunschtraum des Menschen und Materie als das subjektunabhängige Prinzip der Welt, beider Verbindung scheint auf den ersten Blick paradox.

E. B. Der Bogen Utopie-Materie bedeutet einen weiteren Aufenthalt im Problem der Immanenz. Transzendieren – überall – ist unsere Aufgabe, vielleicht auch unser Geschick.

Aber Transzendieren ohne Transzendenz und nicht *in* die Transzendenz – darauf kommt es an. Oder in anderer Formulierung: stärkstes Transzendieren in Immanenz. So also verfliegt hier das Utopische nicht in ein allen irdischen Beschwerden entrücktes Jenseits, sondern es bleibt in der Immanenz unseres Augenblicks und in dem, was an den Augenblick angrenzt; d. h. es verbleibt in der Immanenz irdischer Möglichkeit, im Zustand zureichender Erfüllbarkeit der immanenten Bedingungen, unter denen Glück und am Ende Heimatgefühl verwirklicht werden könnten.

Hierbei übernimmt nun der Marxismus als Theorie-Praxis die Führung; und hierzu bedarf es der Vorschein-Kunst und nicht nur der Vorschein-Technik und ihrer Logik, der realen Logik des dialektischen Widerspruchs. Derart stellt er einiges vom Kopf auf die Füße; und dazu gehört auch das scheinbar so traumleichte, wolkenkuckuckshafte Gebiet der Utopie. Das meint die Forderung: Wir schlagen den Bogen von der Utopie zur Materie. Materie wird nun zum letzten Grundbegriff in jeder objektiv-realen Antizipation. Materie kann dann aber nicht mehr die tote eines Steinklotzes sein oder die einer nach endlos sich gleichbleibenden, egal wiederholenden Gesetzen sich leblos abrollenden Mechanik. Solche armselige Immanenz wurde freilich unter dem Titel Materialismus im 19. Jahrhundert vertreten und hochgejubelt. Je niederer, d. h. je unausgeführter, je klotzhafter, je steinerner – im toten Sinn – diese Immanenz war, desto besser. Aber es handelt sich dabei gerade um den bürgerlichen Materialismus, der mit dem dialektischen des Marxismus nicht verwechselt werden darf. Der dialektische Materialismus hat in Sachen Dialektik Hegel als Quelle, sein Materiebegriff geht aber auch auf noch andere Ursprünge zurück. Zentral wichtig und entscheidend zu prüfen wird für ihn, was Aristoteles als Materie definierte. Seine Bestimmung ist zweifach. Zunächst verweist er auf das κατὰ τὸ δὐνατον, in Übersetzung: »die Maßgabe des Möglichen«. Dadurch wird bestimmt, was eintreten kann nach materieller Fälligkeit. Die sehr viel weitere Bestimmung der Materie aber faßt sie ganz und gar immanent auf als δυνάμειὸν, als dauerndes In-Möglichkeit-Sein.

Die Kategorie ›Möglichkeit‹ ist hier also ein Synonym für Materie. Der Name Materie kommt von »Mater« – von Mutter. Materie bezeichnet Schwangerschaft oder Geburtsraum, in dem etwas entsteht, das bisher noch nicht war. Es gibt eine Materie nach vorwärts, es gibt die ökonomisch-gesellschaftliche Materie, nicht nur die physikalische Materie; auch die gesellschaftliche heißt noch Materie. Und es gibt eben in der Materie nach vorwärts das, was im Schwange ist. Das hat hier seinen Ort, die Materie hat noch nicht ausgeschlagen, hat sich noch nicht zu Ende herausgebracht; die Materie ist so nicht nur der Topos, sondern die Substanz des konkret Utopischen. Das ist in Kürze der Sinn dessen, was die Formulierung eines Bogens Utopie-Materie meint. Utopie ist eine Funktion der Materie. Sie wohnt der Materie durchaus notwendig inne – von deren Matercharakter als Schwangerschaft her. Wegen der utopischen Funktion in ihr hat Materie Horizont, der das andeutet, was eintreten könnte, wenn die Immanenz gänzlich immanent geworden ist, wenn die Materie nun tatsächlich sich selbst konkretisiert hat als letzte Materie. Die letzte Materie würde an die Stelle dessen treten, was bisher durch die Träume von Himmel und Hölle, von allem jenseits des Irdischen in ausweichender Weise besetzt war. Das Ausweichen hat gerade jene Topos-Gegend, die als Horizont aufs Werden bezogen ist, geschichtslos machen wollen durch Überhöhung zu einem schon ausgemachten Jenseits, doch hat sich das Ausweichen mittlerweile selber ruiniert. Also: Das Paradox konkreter Utopie muß noch vermehrt werden durch das Paradox eines Transzendierens in Immanenz, das heißt eines Transzendierens in Materie, was zu einer Geschichtsphilosophie der Materie zwingt. Nur so kann Materie die Basis von Hoffnung abgeben, auch wenn dabei immer noch das Nichts droht, da wir hier noch keine bleibende Statt haben und uns drüben auch keine gebaut ist. Uns drohend bleibt bis auf weiteres die Gefahr der Vereitelung bestehen, die Gefahr, daß die Materie sich tatsächlich in die dümmste Stofflichkeit und die hoffnungsloseste vollständige Entspannung auflöst. Sonst wäre Hoffnung schon Zuversicht. Aber dem zum Trotz ist Materie nicht nur der Garant nüchterner Erforschung dessen, was eintreten kann nach Maßgabe der materiellen Bedingungen, sondern sie stellt auch die Öffnung eines breiten Horizonts, breiter Perspektiven des In-Möglichkeit-Seins dar. Wenn nun also etwas ganz anderes heraufkommen kann als das von uns

Erwartete, Antizipierte, so muß das nicht die Vereitelung sein, möglich wäre auch eine vollständige Überbietung unserer Wunschträume, und solcher Überbietung möchten wir die Helfer ihrer Realisierbarkeit sein. Wir Menschen stehen an der Front des Weltprozesses, und wenn wir den subjektiven Faktor, der wir sind, den Faktor der Tat, die sich mit uns selbst verwirklicht, nicht einsetzen, dann allerdings entsteht nichts. Wenn wir ihn aber einsetzen, dann kann das Gegenteil von nichts, das Alles, als andere Alternative eintreten.

Materie fängt an zu blühen, Materie bringt die große Überraschung, die zukünftige Materie suchen wir, die wir – was im Suchen schon ausgesprochen wird – selber sind. So entsteht ein neuer Materialismus, der auf Marxens ökonomisch-dialektischem Materialismus aufbaut, ein Materialismus, dem der Erbantritt an luftigen Träumen nicht sogleich als Verrat erscheint, weil ja gleichzeitig mit dem Erbantritt aller bloß luftigen Träume eine Korrektur durch die Realität stattfindet. Die Realisierung ihrerseits zielt in allen ihren Schritten auf die Realisierung des Realisierenden selber, das im Dunkel des gelebten Augenblicks treibt, keimt, jagt, sucht und Sehnsucht hat, sich nicht hat, aber zur Realisierung seiner selbst drängt. Die Realisierung des Realisierenden wäre die aufgeschlagene Materie, die vorerst sich noch in einem utopischen Zustand befindet oder vielmehr der utopische Zustand als realisierbares In-Möglichkeit-Sein selber ist, d. h. in Schwangerschaft einer anderen Welt steht, in die diese Welt sich verwandelt, ohne aufzuhören, diese Welt zu sein; d. h. sie verharrt im Diesseits der Immanenz, ohne der Tatsächlichkeit zu verfallen.

Aber über solchen weiten Horizonten darf man die Nüchternheit der materiellen Maßgabe des Möglichen nicht vergessen. Nicht nur die Ideologien, also die Überbauten über den ökonomischen Unterbauten, die zum Teil aus dem Bedürfnis entstanden sind, zu verschleiern, zum Teil aber auch Ausdruck eines aufrichtigen Bewußtseins sind, haben einen Fahrplan. Nehmen wir zur Veranschaulichung wiederum ein Beispiel aus der Musik, von der schon die Rede war. Die Bachsche Fuge erlosch um die Mitte des 18. Jahrhunderts und wurde von der Symphonieform abgelöst. Dies hängt eindeutig mit dem Aufsteigen des Kapitalismus, des Unternehmertums, mit dem aufsteigenden Prinzip der Freiheit allgemein zusammen. Verlangt wurden nun Themensetzung und Gegeneinandersetzung, während die Fuge den Ständestaat reflektiert als Überbau mit Stimmen, die übereinander liegen, und nicht mit Stimmen, die vorwärtsschießen. Dies entsprach der Ideologie einer Gesellschaftsorganisation, die kurz vor ihrem Untergang stand. Allerdings wurde erst später daraus eine reine Betrugsideologie. Daß Ideologie einen Fahrplan hat, daß nicht alles zu jeder Zeit gedacht, geschrieben und abgehandelt werden konnte, ist selbstverständlich. Aber auch die Utopie ist – trotz ihres Überschreitens der Gegebenheiten – mit dem ökonomisch-gesellschaftlichen Leben stark verbunden, sie hat ebenfalls ihren Fahrplan. So sind beispielsweise die Gesellschaftsutopien von Thomas Morus und Campanella – ihr Nirgendwo, ihr Glücksland – das Stammhaus des utopischen Denkens. Aber ihre sozialen Utopien wurden auf fernliegende Inseln, auf glückselige Inseln, die sehr weit weg liegen, verlegt. Und da ist alles Wünschbare bereits erreicht, wenn auch für die meisten nahezu unzulänglich; allenfalls ein Seefahrer, der sich auf dem Weltmeer verirrt hat, kann hinkommen. Diese Verlegung hängt eng damit zusammen, daß zur damaligen Zeit im Abendland einfach die Bedingungen dafür fehlten, einen Anfang zu machen mit der Begründung von Glücksländern. Fourier, Saint-Simon und Owen dagegen verlegen Anfang des 19. Jahrhunderts, also zu einer Zeit schon relativ hoch entwickelter Akkumulation des Kapitals mit bloßen Resten von Feudalismus, ihre glücklichen Gesellschaften in die Zukunft. Es geht um den Zukunftsstaat und nicht um ferne glückliche Inseln. Und diese eingreifende Veränderung vom Raum- zum Zeitmodus, die die späteren Utopien viel deutlicher zum Vorläufer des Sozialismus macht, ist selbstverständlich bedingt durch den Fahrplan der Geschichte. Die vorerst letzte Form verwandelter Utopie ist nun der Marxismus selber, obwohl er dem ersten Anschein nach gegen die Utopie zu kämpfen scheint; aber seine Kampfansage gilt ja nur der *abstrakten* Utopie. Indem der Marxismus die Hegelsche Dialektik auf die Füße stellt, wird auch die abstrakte Utopie, das, was in ihr Utopie und nicht nur abstrakt ist, auf die Füße gestellt. Zwar hat Engels von einem »Fortschritt des Sozialismus von der Utopie zur Wissenschaft« gesprochen. Ich habe dem hinzuzufügen: Es gibt leider auch einen allzu großen

Fortschritt des Sozialismus von der Utopie zur Wissenschaft, nämlich dann, wenn der Sozialismus nicht mehr in eine konkrete Phantasie greift. Das ist das eine. Das andere ist, daß der Marxismus nicht etwa keine Utopie ist, sondern das *Novum* einer konkreten Utopie, das heißt, daß hier Utopie selber auf die Füße gestellt wird. Der materielle Fahrplan aber gilt für Utopie genauso wie für die Ideologie, allerdings mit dem bedeutsamen Unterschied, daß Utopie bei aller Abhängigkeit zu neuen Zielen aufbrechen will, während Ideologie, indem sie einer der Klassengesellschaften, die einmal vergehen werden, Dienste tut, nicht ein Durchbrechen zu und ein Ankommen an einem Ziel meint, sondern an Ort und Stelle bleiben will.

Ökonomische, klassenhafte Vorgänge werden vergoldet, verschönt, während die Utopie nur durch ihre ausstehende Erfüllung aufhört, gegen das Vorfindliche zu rebellieren. Ideologie hingegen hat ihre Erfüllung schon darin, nämlich durch das Geschäft auf Erden, das in der Ideologie sich ein schönes Kleid angezogen hat, um zu betrügen. Allerdings gibt es auch utopische Anleihen in der Ideologie, um z. B. Revolutionen mit ihren Kühnheiten, Entbehrungen und Gefahren zu ermöglichen, sie aber gleichzeitig um ihre eigentlichen Ziele zu betrügen. Zur Deutung dessen: Die bürgerlichen Interessenten an der Französischen Revolution haben nicht von einem Bourgeois gesprochen, sondern immer von einem »Citoyen«, also von der Wiederkehr eines athenischen Polisbürgers, der gleichzeitig mit der Herstellung von Freiheit, Gleichheit und Brüderlichkeit entstehen sollte. Hätte die bürgerliche Klasse »Bourgeois« gesagt, hätte sie keinen Hund hinter dem Ofen hervorgelockt, außer dem Bourgeois selber, der nicht so gern auf die Straße gegangen wäre. Das ist ein Beispiel für die betrügende Umfunktionierung der Utopie in eine Ideologie. Auch der Marxismus hat solche Schattenseiten in seinen historischen Realisierungswegen gezeigt, aber, wie ich hoffe, korrigierbare; denn die konkrete Utopie siegt wohl durch die Entlarvung eines Umfunktionierens, das auf Betrug ausgeht. Man kann aus diesem Umfunktionieren auch lernen, wie man seinerseits vom Sozialismus her umfunktionieren könnte. Wenn der Bourgeois etwa vom Citoyen gesprochen hat, so kann man ihm nachweisen, wie sehr er seine Ziele verriet, und man kann daraus ein Erbe antreten an den Idealen einer Klasse, die durch ihre eigenen Waffen überwunden werden soll.

FRAGE Die bisherigen Ausführungen beziehen sich auf Bildung und Funktion der konkreten Utopie in der menschlichen Geschichte als materiellem Substrat. Nun umfaßt der von Ihnen entdeckte Bogen Utopie-Materie die Materie insgesamt. Und zu der gehört ja auch die Materie als Natur, so sehr diese geschichtlich vermittelt sein mag. In welchem Verhältnis stehen konkrete Utopie und Natur zueinander?

E. B. In keinem einfachen Verhältnis, vor allem wegen der heutigen technischen Umgestaltung der Natur. Zunächst wird zur Hauptfrage, welche systematische Stellung der Naturbegriff selber einnimmt. Steht er in der Ordnung der Wissenschaften vor der menschlichen Geschichte oder wo sonst? Uns stehen hier im Prinzip zwei verschiedene Topoi zur Verfügung: Der eine verlegt die Natur als anorganische Natur vor die menschliche Geschichte und bezieht sie in diese nur ein als die Topferde für zweite Natur, als Rohstoff für die menschliche Gesellschaft und ihre Umwelt. In dieser Auffassung, die am konsequentesten vom Hegelschen Standpunkt aus vertreten wurde, ist mit dem Menschen das Korn heraus aus der Natur. Was noch übrig bleibt, ist Spreu, Natur ist nur noch ein Überbleibsel, die Erde ist, wie Hegel sagt, ein scheidender Riesenleichnam, und auf ihm hat sich nun das An-und-für-sich-Sein des Geistes gegenüber dem bloßen Außer-sich-Sein des Geistes angesiedelt. Das Außer-sich-Sein des Geistes, das ist für Hegel die anorganische Natur. Die andere Toposbestimmung der Natur geht von einer Eigenschaft aus, die sie als anorganische hat, nämlich – im Unterschied zur lebendigen Natur und erst recht zur historischen Materie – nicht der Vergänglichkeit unterworfen zu sein, kein Schicksal in der Zeit zu haben, wenigstens keines in einer absehbaren Zeit. Die Kreuzzüge sind vergangen, aber die Sonne Homers, sagt Schiller, leuchtet auch uns. Lassen wir Homer weg, so kann man sagen, daß die Sonne auch uns schon seit Millionen von Jahren leuchtet. Die anorganische Natur ist geblieben, sie ist kein scheidender Riesenleichnam, sie ist weder tot noch lebendig; sie nimmt vielmehr sozusagen von der menschlichen Tätigkeit, von deren zweiter Natur gar keine Notiz; den

Sirius-Stern geht es gar nichts an, wenn auf der Erde Umwelt-verschmutzung stattfindet. Anorganische Natur übersteht solche Eingriffe und hat so eine vielleicht schlechte Ewigkeit für sich. Die zweite Toposbestimmung wurde durchgeführt von Spinoza. Von Spinoza wird diese Natur gewiß mit einem falschen Optimismus, aber dennoch großartig als völlig unab-hängig von der menschlichen Geschichte dargestellt. Die menschliche Geschichte kommt bei Spinoza ohnehin nicht vor, doch die anorganische Natur wird bestimmt als »natura naturans« und »natura naturata« zugleich. Das Denken – cogi-tatio – wird zu einem Attribut von ihr. Nun stellen wir uns die Frage, wie Natur konkret einzuordnen sei.

Steht die Natur – und hiermit meine ich immer die anorgani-sche, die astronomische Natur, die Erde, soweit sie nicht von den Menschen zur zweiten Natur umgearbeitet worden ist – vor der Geschichte oder ist sie etwas, das mit der Geschichte noch nichts zu tun hat oder nie etwas mit ihr zu tun haben wird?

Diese prinzipielle Frage muß zunächst gelöst werden. Mein Standpunkt steht in dieser Frage der Auffassung näher, daß die Natur uns noch umgibt, und zwar der Möglichkeit nach nicht bloß konträr zu uns steht, sondern sogar ganz disparat, ganz unvergleichbar. Das, was am Firmament vor sich geht, hat dann mit dem, was in der menschlichen Geschichte vor sich geht, nichts zu tun. Das will nicht heißen, daß die Natur einfach negativ zu ihr steht; sie ist nur disparat, unvergleich-bar, der Möglichkeit nach unvergleichbar. Auch hier gibt es also die Kategorie ›Möglichkeit‹, nach der dieses Verhältnis anders werden kann, nur fehlen dazu noch die ausreichenden Bedingungen. Nur eines möchte ich betonen: daß ein Stück spinozistischer »natura naturans«, »natura naturata« weiterhin zu behaupten ist, das meint die Natur als ein Überwölbendes, wobei allerdings objektiv-realer Möglichkeit nach in diesem Überwölbenden der eigentliche Topos für uns selber heraus-gearbeitet sein möchte. Angedeutet wird diese Möglichkeit in wissenschaftlich nicht verpflichtender, aber darum doch be-denkenswerter Form durch das Erlebnis des Naturschönen. Gerade Kant hatte davon gewußt; das bezeugen einige Sätze auch und gerade in der *Kritik der reinen Vernunft*, etwa folgender: »Es gibt zwei Dinge, die mein Gemüt immer aufs neue mit Ehrfurcht erfüllen, das moralische Gesetz in mir und der gestirnte Himmel über mir.« In all solchen Betroffenheiten durch ein starkes Naturerlebnis, die vermittelt sind durch die großen anorganischen Gebilde auf der Erde (Wüste, Eis, Kristall, Hochgebirge), wird etwas bedeutet, das im Astronomischen kulminiert: ein möglicher letzter Topos für menschliche Utopie. Himmelsmythologien verschiedenster Art hatten darauf eine Beziehung, so etwa die taoistische vom Welttakt, der allem innewohnt. Insgesamt soll der Gedankengang die Ansicht stützen, nach der Utopie in eine neue Beziehung zur Natur tritt. Das würde ein Außer-sich-Sein der Natur auf andere Weise in den Blick bringen, als Hegel es gemeint hat. Das Außer-sich-Sein würde darauf bestehen, daß die Natur selber noch nicht zu sich gekommen ist. In solcher Richtung lautet der letzte Satz meines Buches *Experimentum Mundi* – eingeleitet durch viel Vorsicht –: *Natura naturata nos ipsi erimus,* »die vollendete Natur werden wir selber sein«. Er schließt indirekt an einen berühmten Satz von Augustinus an, dessen erster Teil hier verändert wurde, und der lautet: »dies septimus nos ipsi erimus« – der siebente Tag werden wir selber sein. Das äußert die Vollendung der Schöpfungsgeschichte. Ich setze im ersten Teil an die Stelle von Augustinus Spinoza und lasse Augustinus lediglich im zweiten Teil: *Natura naturata nos ipsi* – einzufügen selbstverständlich – *possibiliter erimus.* Dieser Satz hält den subjektiv-menschlichen, historisch-dialektischen Charakter in der Natur fest.

Derart schwierig bilden sich die Beziehungen von Utopie und Natur in einem Umbruch, dem zufolge in der Ordnung der Wissenschaften (diese genetisch verstanden) Physik am Ende wiederkehrt mit den außerordentlich unerforschten Chiffren der astronomischen Natur, was ästhetisch angedeutet wird durch das Naturschöne und mythologisch durch die Astralmythen. Als verbindliche Vorstellungsweisen gehören sie der Ideologiegeschichte an, aber auch in ihnen gibt es etwas, das auf die Füße zu stellen ist. Es geht um die Reflexion einer Erfahrung, die wir zum größten Teil vorläufig wieder verloren haben.

FRAGE Dieser Naturbegriff einer überwölbenden Natur, die erst am Ende der Geschichte zu einer Lösung kommen könnte – am Horizont des Utopischen –, ist ja selbstverständlich ein völlig anderer Naturbegriff als derjenige, der unserer gegenwärtigen Technik geläufig ist, der ja die Natur als eine Art Rohstoffreservoir erscheint, das ausgebeutet werden muß. Könnten Sie dazu etwas sagen?

E. B. Der Naturbegriff erscheint dann am wenigsten als Rohstoffreservoir. Die Naturwissenschaft legt gewiß den Rohstoff-Standpunkt nahe, wenn sie, wie z. B. die mathematische Naturwissenschaft, den Stoff nicht überhaupt gleich verschwinden läßt, indem sie auch die Quantität schließlich über Bord wirft. Die mathematische Naturwissenschaft begann mit dem halben Pythagoras; sie ging davon aus, das Buch der Natur sei in Zahlen geschrieben, wie eine Formulierung Galileis lautet. Aber bei Pythagoras haben die Zahlen durchaus Qualität; es gäbe demnach auch in einer durch Zahlenverhältnisse geordneten Natur Qualitäten. Wieviel mehr aber erst, wenn wir auf die Natur eingehen, wie sie unmittelbar unserer Wahrnehmung begegnet in Farben, Tönen, in allem, was den Eindruck der Naturschönheit bewirkt! Qualitäten freilich sind in der mathematischen Naturwissenschaft seit Galilei völlig auf die menschliche Seite geworfen worden als Schein, als Täuschung. Farben werden aufgelöst in Äther-Schwingungen; selbst der Äther verschwindet schließlich, selbst die Quantität wird derart formalisiert, daß sie als Qualität weggelassen werden kann. Es gibt statt Ursache-Wirkung-Beziehungen nur noch Funktionsbeziehungen des Typus: Wenn X sich ändert, ändert sich Y, wenn Y sich ändert, ändert sich X. Derart hat Mach Kausalität und erst recht Materie und Stoff geleugnet. Trotzdem hat diese mathematische Naturwissenschaft unsere moderne Technik entbunden. Es muß also etwas in der außer uns befindlichen, unabgeschlossenen Realität geben, das der mathematisch-quantitativen und der mathematisch-funktionalen Naturwissenschaft entspricht, sonst könnte man nicht zum Mond fliegen, sonst könnte man die Welt nicht so umbauen, wie es in den letzten Jahrzehnten geschehen ist. Ein Sektor in der Natur entspricht der mathematischen Naturwissenschaft; aber nur ein Sektor und nicht der ganze Kreis. Und erst recht nicht die Parabel oder die Hyperbel der Natur, die beide ins Unbegrenzte hinausgehen.

Der mathematischen Naturwissenschaft ist es eben nur gelungen, den halben Pythagoras an sich zu bringen, den quantitativen, und schließlich hat sie auch den qualitativen über Bord geworfen. An ihre Stelle hat sie – wie zum Beispiel im Machismus – nur noch formale, abstrakte Funktionsbeziehungen gesetzt, denen zufolge die Welt nichts ist als eine Summe von Empfindungen, die im Ich lediglich dichter zusammenhängen. Und außerhalb des Ichs bestehen nur rein funktionale Beziehungen, hinter denen überhaupt keine Realität mehr steckt, keine Qualität und auch keine Quantität. Die Einholung des anderen Pythagoras, den es auch gibt und der durchaus ein objektiv-realer sein kann, ist die Aufgabe der neuen Naturphilosophie, so wie diese Einholung ja der Inhalt der spekulativen Naturphilosophie von Schelling und Hegel war. Schelling hat dieses Programm zwar in sehr vielen Punkten überspannt; von diesen Überspannungen gereinigt, hat er es jedoch durchaus verdient, wieder gehört zu werden; denn es gibt ein Stück Schellingismus, der der Natur in ihrem gesamten Kreis besser entspricht als die mathematische Naturwissenschaft, die ja in ihrer wachsend funktionalen Form immer abstrakter geworden ist und den eigentlichen Kern – das, was in der Natur doch auch umgeht und unabgeschlossen ist – gänzlich aus dem Blick verliert.

Bei Schelling gibt es allerdings den Satz, die Natur sei die *Ilias*, die Geschichte die *Odyssee* des Geistes. Er stellt also die Geschichte hoch über die Natur. Aber die Natur ist diesem Satz gemäß immerhin eine *Ilias* – und dieser ihr Charakter ist mit funktionaler Beziehung nicht zu erforschen. Was die *Ilias* der Natur chiffrenhaft, allegorisch, symbolisch ausdrücken möchte, ist nur einer neuen Naturhermeneutik zugänglich.

FRAGE   Unser Gespräch kreist um das *Prinzip Hoffnung*, und die Natur wird darin als ein mögliches »Morgenland« begrüßt, das auf fernste Horizonte verweist, die nicht bei der klassenlosen Gesellschaft stehenbleiben, sondern in die Vermittlung des Menschen mit dem Menschen die Vermittlung der Menschen mit der Natur einbeziehen. Auf dem Wege dorthin schließen Sie das *Prinzip Hoffnung* mit dem schlagenden Kapiteltitel *Karl Marx und die Menschlichkeit: Stoff der Hoffnung* ab. Was ist damit als Programmtitel gemeint?

E. B.   Darauf wäre mit einem Satz zu antworten, den ich auch niedergeschrieben habe und der lautet: »Gekannter, gekonnter Marxismus ist das, was unter dem Namen Moral so lange vergebens gesucht ward.« Der Marxismus ist voll von Moral und ist eine Rettung der Moral, nicht eine Verabschiedung. Vielmehr kann und muß er eine Rettung der Moral sein, wenn er komplett sein will. Wenn Sie den kategorischen Imperativ Kants als das Beispiel einer bürgerlichen Ethik nehmen, so ist er für eine Klassengesellschaft vollständig unsinnig und sogar verräterisch gefährlich. Handle jederzeit so, daß die Maxime deines Handelns das Prinzip einer allgemeinen Gesetzgebung sein könnte, sagt Kant. Und da gibt es nun eine Gesellschaft, die in Herr und Knecht auseinandergefallen ist, in der es zweierlei Arten von Menschen gibt: Herren und Knechte, Unternehmer und Unternommene, wie Brecht sagt, Kapitalisten und Proleten. Der Unsinn des kategorischen Imperativs wird deutlich, wenn man überlegt, daß ein Proletarier zur Maxime seines Handelns nicht haben kann, was gleichzeitig das Prinzip einer allgemeinen Gesetzgebung, also auch eine die Kapitalisten umfassende Moralität sein könnte. Das gilt umgekehrt für den Kapitalisten genauso. Der kategorische Imperativ ist in jeder Klassengesellschaft, auch in der feudalen und der griechischen, völlig paradox. Dagegen wird er in einer halbwegs geglückten sozialistischen Gesellschaft, wo die zweierlei Arten von Menschen aufhören, wo es nicht mehr Unternehmer und Unternommene gibt, sondern wo Solidarität eingetreten ist – Solidarität ohne Lüge und ohne Verrat –, geradezu zur Selbstverständlichkeit. Erst eine klassenlose Gesellschaft realisiert die Grundlagen für das in Kants Ethik und auch schon in früheren Ethiken abgewandelt Gemeinte. Was die sozialistische Revolution durch die Aufhebung des Privateigentums realisieren will samt Veränderung der Ideologie, beschimpft nicht die Moral, sondern erfüllt sie, führt sie objektiv durch. So daß die Praxis auch hier der Beweis des Puddings ist. Gewiß, wenn die Moral in einer klassenlosen Gesellschaft zur Selbstverständlichkeit wird, dann werden viele Konflikte moralischer Art als bloße Reflexe von Konflikten innerhalb der verschiedenen Klassengesellschaften entlarvt werden. Aber wenn die Moral in dem jetzigen so schwierigen und bedrohten Übergangszustand verschwände, dann ginge der Marxismus an Banalität zugrunde, indem er nicht mehr in die Phantasie greift, keine Horizonte, keine Perspektiven mehr hat. Es bliebe dann nichts als Banalität. Der von Stalin umgebrachte Isaac Babel nannte zu Recht die Banalität die Gegenrevolution. Wo das Überhaupt der sozialistischen Revolution nicht erscheint, geht es mit Notwendigkeit zum Reformismus. Es wird dann nichts mehr aufgegriffen im Menschen, es gibt keine großartige Evidenz des Marxismus mehr, sondern er isoliert sich selber in Ökonomismus und Reformismus, etwa dem der jetzigen deutschen Sozialdemokratie. Moral also ist die Mahnung an den Marxismus, vor allem die moralische Phantasie nicht zu vergessen und einen ungeheuren Zuschuß an Evidenz nicht wegzuwerfen. Schließlich, woher kommen denn die Theoretiker der Arbeiterbewegung zum größten Teil, wenn man einmal von Weitling absieht? Befinden sich unter ihnen nicht sogar viele Menschen bürgerlicher bzw. sogar kleinadliger Abstammung? Warum wurden denn Lenin, Marx und Engels und was es sonst noch an hellen, vorangehenden Gestalten innerhalb des Sozialismus gibt, Sozialisten? Sie sind doch Klassenverräter! Und was war denn der Antrieb in ihnen, das immer vorschwebende Motiv, das sie dazu drängte, den Ast abzusägen, auf dem sie selber als Bürgersöhne saßen? Eben die Anwesenheit von Moral, ohne die es keinen Klassenverrat gäbe, und für Marxisten ganz besonders das Problem einer Konkretisierung der Moral, damit sie nicht zum Gewäsch, zum »Salongespräch der schönen Seele«, wie Hegel meinte, wird; damit in Sachen Moral nicht immer nur einer den andern ermuntert, sittlich zu handeln, der wiederum einen andern ermuntert etc., und am Ende wird dabei kein Pfennig ausgegeben. Im Sozialismus werden Pfennige ausgegeben, und mehr als nur Pfennige. Die Moral kommt im Sozialismus nach Hause; man kann sagen, Sozialismus ist konkrete Moralität, so wie er konkrete Utopie ist. Er hat beide Konkretisierungen zu betreiben, wenn er Sozialismus werden und bleiben will.

V
Gespräch über die Kategorie ›Novum‹* (1965)

MARSCH Ein Gespräch ist nicht sinnvoll, wenn man sich nur gegenseitig des Wohlwollens und der Einstimmigkeit versichert, sondern erst wenn man auch die Differenzen herausgräbt, die zwischen beiden Partnern bestehen. Und ich würde meinen, es wäre sinnvoll, daß wir dies in dieser kurzen Zeit versuchen. Mir scheinen die Differenzen in der Art und Weise zu liegen, wie Sie, Herr Bloch, das Novum hereinbrechen sehen, sowohl religionsgeschichtlich wie auch systematisch als das schlechthin Überraschende, das nie Dagewesene, und wie Sie es religionsgeschichtlich im persischen Dualismus verankern und dann in gnostisch-christliche Sekten übergehen lassen, während Herr Moltmann die Erwartung des Neuen in der prophetischen Verkündigung des *Alten Testaments* selbst ansetzt. Zum andern scheint mir eine wichtige Differenz darin zu liegen, wie Herr Moltmann die Erwartung des Neuen mit der Theologie des Kreuzes, mit dem Leiden, mit der Geduld des Kreuzes koppelt, sie unmittelbar zusammensieht, während Herr Bloch gegen die paulinische Kreuzestheologie doch manches auf dem Herzen und in der Vernunft hat. Und diesen Gegensatz würde ich jetzt gern noch einmal von Ihnen, Herr Bloch, provoziert sehen. Es nützt ja nichts, daß man sich in die Arme fällt und einig ist – man ist sich in vielem einig in diesem Kreis, auch wir drei. Aber hier scheinen mir Gegensätze zwischen der Philosophie und der Theologie zu liegen. Würden Sie diesen Gegensatz zu Herrn Moltmann noch einmal formulieren können?

BLOCH Ja also, das Kreuz ist eine Provokation, hat, glaube

* Dieses Gespräch zwischen Ernst Bloch, Wolf-Dieter Marsch und Jürgen Moltmann fand 1965, anläßlich einer Tagung der Evangelischen Akademie in Arnoldshain statt. Es wurde zum ersten Mal in dem Buch *Jürgen Moltmann im Gespräch mit Ernst Bloch*, erschienen im Chr. Kaiser-Verlag, München 1976, S. 55-62, veröffentlicht. Nachdruck mit freundlicher Genehmigung des Chr. Kaiser-Verlags.

ich, Herr Moltmann gesagt. Der Zweifel am Kreuz ist erst recht eine Provokation. Das Kreuz hat's in jeder Weise in sich, nicht? Ich stoße mich, um gar kein Blatt vor den Mund zu nehmen, ich stoße mich schon an der Verbindung: GEDULD DES KREUZES. Kreuz, Kreuz – Leid, Leid ist des Christen Teil, sagte Luther. Er sagte es zu den aufrührerischen Bauern, damit sie bei der Stange blieben, die auch ohne paulinische Theologie Kreuz schon genug hatten, und die Sklaven, die gekreuzigt wurden an der Via Appia, ich glaube 8000 Kruzifixe standen an der Via Appia nach dem Sieg über Spartacus, die haben auch nicht erst die paulinische Theologie gebraucht, um zu wissen, was Kreuz ist. Keiner ist auferstanden. Den Herren hat Luther es nicht gesagt, bei denen es mit dem Leid ja auch nicht so sehr weit her war, mit dem äußeren Leid, was das schlimmste ist und mindestens das konkreteste ist für die meisten Menschen, die zum anderen gar nicht richtig kommen. Nun ist also hier die Frage, nachdem wir den stark gegenrevolutionären, restaurierenden, konformistischen, die Augen verschmierenden Gebrauch von Geduld über und über satthaben, und die, deren Interesse es ist, daß die Mühseligen und Beladenen, die Erniedrigten und Beleidigten Geduld zeigen und nicht die Faust, ist die Frage, ob man mindestens empfindlich wird gegen die, sehr höflich gesagt, Mißverständnisse, die sich aus der Kreuzestheologie-Moral, nicht Theologie zur Kreuzestheologie-Moral ergeben haben. In Linien, die schon bei Paulus sichtbar sind, der auch die Sklaven bei der Stange halten läßt. Und mit diesem Motiv, daß die Sklaven ja sich nicht regen, zum Unterschied von der Stoa und auch von Aristoteles zum Teil, aber sicher von der Stoa, hat das Christentum sich deshalb auch als Reichsreligion empfohlen, da es die Sklaven bei der Stange hielt. Vom übrigen Christentum war gar nicht die Rede. Das war die Hauptsache. »Ich bin die Auferstehung und das Leben und siehe, ich mache alles neu«: Das war nichts als Schlagwort, mit dem das Christentum unter Konstantin Reichsreligion wurde. Also, da sind schon bedenkliche Spuren, und so etwas müßte doch uns alle empfindlich machen.

MOLTMANN Soweit es das Moralische betrifft, bin ich mit Ihnen ganz einig. Aber es steckt doch mehr dahinter. Im Juli dieses Jahres wurde im *Merkur* ein Aufsatz des belgischen

Journalisten Jean Améry *Die Erfahrung der Tortur* abgedruckt, ein Bericht über eigene Folterung durch Gestapo und SS. Dieser Bericht schließt mit den Worten: »Darüber blickt keiner hinaus in eine Welt, in der das Prinzip Hoffnung herrscht.« Und das hat mich sehr getroffen, nicht nur darum, weil ich das *Prinzip Hoffnung* liebe, sondern es hat mich auch persönlich betroffen. Ich frage mich, ob die Welt, in der das Prinzip Hoffnung herrscht, nur die Welt der tätigen Veränderung der Dinge, der Abschaffung von KZ, der Beendigung der Not und des Leidens sein kann, ob damit nicht ein ganzer Bereich des Seins – eben das, was Hegel das platte, dumme und harte Nichts nannte – ausscheidet und über der Welt dann noch, obwohl sie voll Möglichkeit steht und zu jeder Hoffnung Anlaß gibt, Bereiche sind, über denen am Tor steht: Laßt alle Hoffnung fahren, die ihr hier eintretet.

Das führt mich weiter zu der Überlegung, ob wirklich den biblischen Geschichten zufolge, an die ich mich zunächst also halte, das Neue und die Hoffnung sich nur auf das Noch-Nicht-Sein richten, auf die Ursehnsucht des Nicht-Habenden nach dem Haben, des Nicht-Seienden nach dem Seienden. Mir scheint, daß sowohl in der Schöpfungsgeschichte wie bei Hiob, wie in den Psalmen, wie in den Klageliedern Jeremias überall dieses Neue nicht am Noch-Nicht auftaucht, sondern gerade am Nichts, gerade dort, wo alles zu Ende ist. Das würde mir, wenn das richtig ist, Veranlassung geben, von einer *Eschatologia Crucis* zu reden. Dies meint nicht, daß man sich nur in Geduld abfinden müsse mit allem, was so kommt, sondern meint gerade, daß das Neue dort zu erwarten ist, wo die ungeheure Macht des Negativen übermächtig wird über dem Menschen, daß er da auf dieses Neue ex nihilo von Gott warten kann. Das würde in einer doppelten Weise nun moralisch relevant: einmal darin, daß man sich aufmacht, um die Armut des Armen zu beenden und das Elend der Gefolterten zu beseitigen, aber auch zum anderen darin, daß man Kraft gewinnt, das Leiden anzunehmen, wo es übermächtig über einen kommt, so daß man in diesen Leiden nicht in Absurdität versinkt, sondern auch dieses Dasein sinnvolles Dasein ist. Ich meine, ich würde alle die, die stellvertretend für uns gelitten haben und in dieses Dunkel mit Hoffnung und in Geduld hineingingen, verraten, wenn ich das nicht sagte. Ich kann

mich also nicht darauf beschränken, Hoffnung nur in tapferer Aktion gegen das Negative zu sehen. So wichtig das ist und so sehr gerade Christen einen Aufruf dazu brauchten, es geht auch um Hoffnung, mit der man in das Nichts hineingehen kann. Das Leiden, das auf einen kommt, kann das Leiden sein, das durch Mächte über einen kommt; es gibt aber auch das Leiden, das man auf sich nimmt aus der Liebe des Opfers. Und hier würde ja diese andere Frage auftauchen, die Sie selbst oft gestellt haben: Warum soll ich jetzt auf Vergnügen und Leben verzichten, damit die Arbeiter im 32. Jahrhundert Vergnügen und Leben haben? Welchen Sinn hat also das Leiden, das die Liebe auf sich nimmt, im Opfer für andere? Hoffnung, meine ich, die nur in Tatkraft lebendig wird, nicht aber das Leiden, das aktive Leiden und das Leiden aus Passion, aus Leidenschaft, mit Sinn erfüllt, wäre doch eine Hoffnung, die in ihrer eigenen Wunschwelt lebt, aber die Realität, in der wir stehen, die so sehr der Macht des Negativen ausgeliefert ist, ohne Hoffnung ließe. Und darum habe ich einmal aus sachlichen Gründen und zum anderen, weil mir die Geschichten im *Alten* und *Neuen Testament* das so herzugeben scheinen, die Antithese, die Annihilatio, die mit dem Novum verbunden ist, und also auch das Kreuz des Auferstandenen betont.

MARSCH Man kann das ja sehr einfach zusammenfassen, wie es Herr Lowe in dem Brief in Ihrer Festschrift getan hat: Wo bleibt das radikale Negative, die radikale Negativität, die sich nicht, noch nicht, in einen Erwartungseffekt auflöst, sondern die sozusagen durch die Maschen der Weltgeschichte fällt? Und hier stehen die Theologen – vielleicht ist es ein Trick, werden Sie sagen, Herr Bloch – einfach mit der Erkenntnis, daß der Auferstandene und die Hoffnung der Auferstehung uns nur an der Gestalt des Gekreuzigten identifizierbar werden. Das ist also eine Dialektik [Zwischenbemerkung Bloch: ja], die wir sozusagen in ihrer Zuspitzung durchhalten müssen.

BLOCH Adolf Lowes »Beitrag« zur Rolle des Bösen, des Negativen, das in der Hoffnung überschlagen, zu leicht überschlagen wird, dieser Beitrag ist nicht primär an mich gerichtet, sondern gegen unseren gemeinsamen Freund Paul Tillich, und Lowe ist ein Nationalökonom, kein Theologe. Man muß nicht erst Theologe sein, um Auschwitz nicht zu begreifen.

Man muß nicht eine *theologia crucis* haben, um das zu begreifen. Es gibt Böses genug in der Welt. Man muß nicht nur nach Golgatha gehen, um Kreuze ohne Zahl zu finden und solche vor allem, denen keine Negation ihrer Negation auf dem Fuß folgte. Gerade von der Opfertod-Theologie, der erst von Paulus gebrachten, ließ sich sagen, sie nähme die Kreuze, das Böse in der Welt – nicht ernst.

MARSCH Damit kommen wir uns näher. Daß es diese Apologie der Kreuzesdemut gegeben hat, keine Frage. Daß aber das Kreuz sowohl für die Urchristen wie auch für den von uns gemeinsam geschätzten Hegel, wie auch für die Christenheit heute eine fürchterliche Sache ist, eben die völlige Enttäuschung der Hoffnungen, ist ebenfalls keine Frage. Hegel hat ja das Kreuz geradezu als den Tod Gottes, als das fürchterliche Ereignis des Todes Gottes immer wieder bezeichnet. Gerade der Gegensatz und die Nichterklärbarkeit, die Katastrophalität des Kreuzes sind aus dem urchristlichen Kerygma nicht wegzudenken. Daß man es zur bequemen Anpassung an Geduld und nun nochmal Leiden, Leiden, Leiden gemacht hat, ist eine andere Frage. Das steckt aber nicht im eigentlichen Kerygma des gekreuzigten Auferstandenen.

MOLTMANN Eben darum habe ich die Stelle aus dem 1. Korintherbrief (1,26 ff.) zitiert, wo dieses Handeln Gottes in Vernichtung und Neuschöpfung sich revolutionär auswirkt, die Schwachen erwählt, damit er die Starken zunichte mache usw. Wenn man das darauf reduziert, daß er immer nur die Schwachen liebt und bei den Schwachen ist, weil die Schwachheit das Bessere sei, dann fällt sie weg, die umstürzende Dialektik dieser Sätze. Wenn man aber begreift, daß er die Gewaltigen vom Stuhl stößt und die Niedrigen erhebt, wie es im Lobgesang der Maria heißt (Lk 1,46 ff.), dann sieht man, daß hier eine Veränderung eintritt, und zwar, das möchte ich doch einmal betonen, nicht nur an dem, was »noch nicht« ist, sondern an dem, was »nicht mehr« ist. Genügt es, das Nichts und die Macht des Negativen als Noch-Nicht aufzunehmen im Prinzip Hoffnung? Wie ist es mit dem, was nicht mehr ist? Ich finde nicht, daß Paulus die Sklaven hat bei der Stange halten wollen. Im Gegenteil, er hat eine Gemeinde gegründet aus Sklaven und Freien. Sicher, es ging ihm nicht darum, diese Veränderungen in Aufhebung der Sklaverei herbeizuführen, aber die Grundlage dafür, daß Sklaven und Freie, Männer und Frauen, Hohe und Niedrige zusammen in einer Gemeinde sind, in welcher die Unterschiede nicht mehr gelten, abfallen [Zwischenbemerkung Bloch: Das nannte man vor kurzer Zeit hier Volksgemeinschaft], ja, es war aber im Urchristentum nicht »Volksgemeinschaft«, sondern zerbrach sämtliche Volksgemeinschaften, die es damals gab, war die erste internationale Gemeinschaft, weil es keine Grenzen gibt, die hier nicht gesprengt werden.

Punkt 2. Luthers Stellung im Bauernkrieg ist mir auch suspekt, und ich kann Ihnen da ganz zustimmen, obwohl ich den Thomas Münzer, der das Leben »von der Erde in den Himmel schwenken« wollte, nicht besonders liebe; ich hätte lieber umgekehrt den Himmel auf die Erde geschwenkt [Zwischenbemerkung Bloch: Das ist dasselbe]. Das weiß ich nicht, ob es dasselbe ist; bei Luther taucht jedenfalls ein anderer Gedanke auf, daß nämlich mit dem Kreuz Christi die Höllenfahrt Christi verbunden sei, daß also in der Hölle der Gottverlorenheit und Gottverlassenheit des absolut Negativen dieser Bruder da ist, und das gibt Luther Anlaß zu Hoffnungen, selbst in der Hölle; so wird hier die Hölle durchdrungen von Hoffnung, indem der Gekreuzigte diese Hölle durchschreitet, und mir scheint, hier entzündet sich Hoffnung nicht nur am Negativen, sondern mitten unter der Macht des Negativen [Zwischenbemerkung Bloch: Schon, er durchschreitet, aber die Höllenstrafen sind ewig; für Jesus, der da unten hinkommt und besucht, sind sie nicht ewig, für die andern sind sie ewig. Das ist übrigens ein kirchliches Dogma – römisches Dogma]. Ja, schon, aber nicht ein lutherisches, sie sind nicht mehr ewig [Zwischenbemerkung Bloch: Höllenstrafen sind nur bei Origenes zeitlich, überall sonst, bei so großer christlicher Güte, gelten sie als ewig]. Paul Gerhardt hat es sehr schön ausgedrückt in seinem Osterlied: Christus geht nicht in die Hölle, um es den andern zu ersparen als Zahlmeister, wie Sie sagen, der Abschlagszahlungen leistet für unsere Sünden, sondern »er reißet durch den Tod, durch Welt, durch Sünd' und Not; reißet durch die Höll', ich bin stets sein Gesell«. Das heißt: dem Christen wird nichts erspart, auch die Hölle nicht, aber er kann hindurch an der Seite dieses Gesellen. Und das ist etwas anderes, als wenn es dem Christen abgenommen würde und ihm nun also alles erspart bliebe. Es ist ihm ein Weg gebahnt, der Weg der Hoffnung durch das Nichts, durch die Hölle hindurch, weil er Gott, diese Macht der unumschränkten Möglichkeiten, im Nichts selber in Anspruch nimmt.

VI

›Geist der Utopie‹

Interview in Tübingen am 1. September 1974[*]

Geschrieben mitten im Krieg, 1915 angefangen und 1917
beendet. Und nun, die Verbindung mit dem Expressionismus
ist ja schon strapaziert worden, allerdings ist diese auch nicht
weit hergeholt. Geschrieben gegen Preußen, gegen Österreich,
schonender in Ansehung der Entente, etwas schonender, aber
scharf polemisch auch gegen den kapitalistischen, imperialistischen Zusammenhang gewendet.

Das Werk besteht aus mehreren Teilen:
1. aus der *Absicht*,
2. aus dem mittleren Teil. Der heißt: *Selbstbegegnung*.

Beginnend: Ein alter Krug. Daran findet schon eine Selbstbegegnung statt. Ich bin an ihm, an dem alten Krug. Einem
Bartmanns-Krug aus der rheinischen Gegend. Zu dieser
Selbstbegegnung steht im *Geist der Utopie* der Passus: »Ich
werde nicht mit jeder Pfütze grau und nicht von jeder Schiene
mitgebogen, um die Ecke gebogen. Wohl aber kann ich
krugmäßig geformt werden, sehe mir als einem Braunen,
sonderbar Gewachsenen, nordisch Amphorahaften entgegen,
und dieses nicht nur nachahmend oder einfach einfühlend,
sondern so, daß ich daran als mein Teil reicher, gegenwärtiger
werde, weiter zu mir erzogen an diesem mir teilhaftigen
Gebilde.« Also nicht an einem Menschen, nicht an einem
Kunstwerk erfahre ich mich hier; denn der Krug ist kein
Kunstwerk. Doch »auch hier fühlt man, sich in einen langen
sonnenbeschienenen Gang mit einer Tür am Ende hineinzuse-
hen, wie bei einem Kunstwerk. Das ist keines, der alte Krug
hat nichts Künstlerisches an sich, aber mindestens so müßte
ein Kunstwerk aussehen, um eines zu sein, und das wäre
allerdings schon viel.« So schließt die kleine Sache mit dem

---

[*] Das Interview wurde von Francesco Coppellotti geführt, dem italienischen
Übersetzer von *Atheismus im Christentum* und *Geist der Utopie*. Die Fragen
wurden hier fortgelassen.

alten Krug ab, steht also gleichsam in der Auslage, am Fenster. Jeder Satz über den Krug hat eine versteckte Beziehung zu dem, was nachher kommt.

Nachher kommt die *Erzeugung des Ornaments.* Die ist nun vom Expressionismus beeinflußt. Was ist Ornament? Was für eine vermummte Gestalt tritt uns in Ornamenten entgegen? Was ist der Grund, daß in Ägypten das Ornament so sehr kristallartig vertreten ist, während die Gotik und das der Gotik in diesem Fall nahestehende Barock überfließen von unruhigem, wucherndem, aufwärtsstrebendem Ornament? Wieso und zu welchem Ende ist die Fähigkeit, Ornamente zu erzeugen, in der gegenwärtigen Baukunst völlig verschwunden? Denn wie geometrisch, geometrisierend ist sie jetzt geworden! Und was enthält die Betroffenheit, die wir an einem Ornament haben können, zugleich für einen Aufschluß über unsere eigene vermummte Gestalt, die uns in der Architektur entgegentritt als ein Werdenwollen wie Kristall, etwa im Ägyptischen und ungefähr auch in allem Ägyptoiden, oder als Werdenwollen wie Leben, Auferstehung, kulminierend in der Gotik? Was bedeutet das Ornament philosophisch überhaupt? Gewiß nicht Zierat, nicht Schmuck in dem einfachen, banalen, vielleicht säkularisierten Sinn, sondern ein Sich-Entgegensehen, Sich-Entgegenschreiten. Also unsere eigene Gestalt, unser eigenes Wesen, unser menschliches Wesen treten hier in diesem Akanthus oder in dem ornamental durchbrochenen Stein der Gotik uns entgegen, kulminierend schließlich im Barock, dann aber völlig verschwindend, mit Ausnahme des Schwindels, der dann in der Gründerzeit mit dem Ornament getrieben wurde. Was enthält die Ornamentik auch an Hindeutungen auf unsere Zukunft, und was für einen Aufschluß enthält sie über unsere Kaspar-Hauser-Natur, die wir sind, da wir ja nicht wissen, wer wir sind? »Wir wissen nicht, woher wir kommen. Wir wissen nicht, wohin wir gehen. Uns wundert's, daß wir fröhlich sind.« Das ist ein alter Bauernspruch, der manchmal auf alten bayerischen Bauernhäusern aus dem Barock zu finden ist. Das Ornament ist immerhin eine erste vermummte Auskunft darüber, daß man etwas erfahren kann aus der bildenden Kunst, unter der zusammenfassenden Kategorie »Versuch einer Selbstbegegnung«.

Dann folgt der dritte Teil: *Philosophie der Musik.* Der ist recht breit ausgeführt hin auf die Frage: Wie steht es mit der Sprache in der Musik? Wieso glaubt jeder, sie zu verstehen, obwohl keiner weiß, was sie bedeutet oder was eine Melodie bedeutet? Man versteht sie aber. Wieso kann die Musik mit jedem Text gehen? Wieso ist sie wie eine Hure, die mit jedem Text gehen kann? Auch bei Bach. Das ist als Problem in dem Musikteil von *Geist der Utopie* entwickelt, mit einer historischen Abhandlung über die Geschichte der Musik, mit der Betrachtung einzelner großer, symptomatischer Werke und mit einer systematischen Ausführung, die eine Philosophie der Musik, eine Hermeneutik der Musik, eine Semantik der musikalischen Formen und auch der Melodie enthält, mit der Schlußfolgerung, daß die Musik nicht ohne Grund die jüngste Kunst ist. Am späten Abend unserer Kunstgeschichte ist diese jüngste Kunst aufgetreten. Als mehrstimmige Musik jedenfalls wurde sie zum ersten Mal im 14. Jahrhundert versucht. Hat die jüngste Kunst nicht etwas Kindhaftes an sich in ihrer Sprache? Sie lallt, ein heißes Lallen wie das eines Kindes, das noch kein Wort gefunden hat. Wann kommt die Sprache in die Musik? Wann beginnen wir sie endlich eindeutig zu verstehen? Wann hören wir denn endlich Beethoven mit einem Hellhören und zugleich so, wie wir ein gesprochenes Wort hören und verstehen? Wegen ihrer noch nicht festgelegten Offenheit ist die Musik eine Expedition in Utopie, in die Utopie unserer selbst. Daher klingt in ihr wieder Selbstbegegnung an.

Es folgt *Die Gestalt der unkonstruierbaren Frage.* Wir haben viele Fragen, wir sind voll von Fragen, aber einige von ihnen haben den besonderen Charakter von zentraler Tiefe, oft ohne unser eigenes Bemerken. Besonders in der Pubertätszeit tauchen solche Fragen auf, die noch nicht von voreiliger Gewohnheit und Routine ausgerichtet sind. Wenn wir in Wissenschaft und Philosophie hineingehen, dann stoßen wir auf die Merkwürdigkeit, daß wichtig neue, umbrechende Frageweise an ganz kleinen Dingen aufging, die uns an unser jugendliches Fragen erinnern. Schließlich ist ja der ständige Einsatz von Philosophieren das Staunen. Sowohl Platon als auch Aristoteles sagen, das ναυμάζειν, also das Erstaunen, das Sichwundern, sei der Anfang der Philosophie. Dieses Staunen ist nun das noch ungezielte Fragen, das innerhalb von Philosophie und Wissenschaft auf eine große Zahl von schon vorhandenen Antworten stößt, vor allem auf eine schulmäßige Stereotypie des Antwortens. Da befindet man sich in der Lage dessen, der etwas einkaufen will; er weiß bloß noch nicht was. Wir sehnen uns nach etwas, wir suchen etwas, wir gehen auf etwas zu. Wir gehen in ein großes Warenhaus (dem entspricht die Geschichte der Wissenschaften), und da wird alles mögliche angeboten. Wir aber wollen etwas, ohne schon zu wissen, was es sei. Das hat Brecht in *Mahagonny* ausgedrückt mit dem kurzen Satz: Etwas fehlt. Was fehlte, konnte Jimmy nicht sagen; aber etwas fehlt, und das sucht er, das ist es, worauf er aus ist. Dann werden ihm also Cord-Hosen angeboten und Schuhe und Pfeifen und Schränke und Tabak und Zigaretten und Häuser und Eigentumswohnungen. Doch auf all das waren seine Wünsche gar nicht gerichtet. Und er weiß immer noch nicht, was er will, was er kaufen will. Irgend etwas wird ihm schließlich aufgeredet, das gerade vorrätig ist. Und da er ganz und gar schon abgetrieben ist von seinem Erstaunen, seinem Erregtsein, seinem Verwundern, so bescheidet er sich und geht weg. Die Urfrage, die er hatte, ist vergessen. Es gibt eine Geschichte, leider Gottes von Hamsun, die *Pan* heißt, in der an einer hierher gehörigen Stelle eine merkwürdig abseitige Antwort gegeben wird. Sie handelt von einem ausrangierten Offizier, dem Klan (so heißt er norwegisch), der in die Einsamkeit zieht. Ein junges Mädchen besucht ihn. Es fragt den Klan: »Ist es nicht sehr einsam hier oben?« Klan: »Denken Sie nur. Zuweilen sehe ich die blaue Fliege. Ja, das hört sich alles so dürftig an, ich weiß nicht, ob sie es verstehen.« Das Mädchen: »Doch, doch, ich verstehe es.« Klan weiter: »Ja, ja. Und zuweilen sehe ich das Gras an, und das Gras sieht mich vielleicht wieder an; was wissen wir? Ich sehe einen einzelnen Grashalm an, er zittert vielleicht ein wenig und mich dünkt, das ist etwas; und ich denke bei mir: hier steht nun dieser Grashalm und zittert! Und ist es eine Fichte, die ich betrachte, so hat sie vielleicht einen Zweig, der mir auch ein wenig zu denken gibt. Aber zuweilen treffe ich auch Menschen auf den Höhen, das kommt vor . . .« »Ja, ja«, sagte das Mädchen und richtete sich auf. Die ersten Regentropfen fielen. »Es regnet«, sagte Klan. »Ja, denken Sie nur, es regnet«, sagte auch sie und ging bereits. Diese Stelle aus einem Buch von Hamsun ist eine sehr schöne Illustration dafür, daß man plötzlich ins Verwundern fällt, weil es etwa regnet. Wenn das Mädchen in das Warenhaus Wissenschaft gegangen wäre, hätte man sie an einen Meteorologen verwiesen, der den Regen erklärt: hoher Luftdruck, niederer Luftdruck usw. Das ist ja nicht das, was sie wissen wollte und was vor allem den Gegenstand des Staunens betrifft: »Denken Sie nur, es regnet!« »Warum ist denn etwas und nicht vielmehr nichts?« Das ist eine verwandte Frage, die typisch für Zwölf-, Dreizehn-, Vierzehnjährige ist und die in diesem Alter fast bei allen Menschen auftaucht. Wenn man aber daran denkt, daß es nur nichts gäbe, dann würde man fragen: »Warum ist nichts und nicht etwas?« Aus dem Zirkel kommt man schwer heraus. Die außerordentlich merkwürdigen großen, das heißt kleinen Fragen, auf die es keine Antwort gibt, sind die Fragen, die wir alle auf den Lippen haben und die durch die Antwort, die man jetzt schon geben kann, nur vergessen und verlegt werden. Das siebzehnjährige Urstaunen wird allerdings gewöhnlich vergessen, obwohl mit ihm das Philosophieren anfängt. Der noch unbekannte Bezirk des Staunens, der sehr stark auch große Gegenstände umfassen kann und große Gegebenheiten dazu bringt, uns ins aufmerkenlassende Verwundern und Fragen zu setzen, und der mit dem Wort Welträtsel viel zu matt und allgemein bezeichnet ist, dieser unbekannte Bezirk ist in dem Schlußkapitel der *Selbstbegegnung* zu behandeln versucht worden. Es können eben auch ganz große Gegenstände sein, wie das Trompetensignal in *Fidelio,* im letzten Akt, wo Pizarro, der Gouverneur, auf Leonore zustürzen will, mit dem Messer, und sie hält ihm den Revolver entgegen. Sie will ihren Mann, Florestan, befreien. Und sie zieht nun plötzlich den Revolver. Ausgerechnet bei Beethoven. »Noch einen Schritt, und du bist tot!« Bei dem Wort »tot« kommt von oben das Trompetensignal. Der Herr Minister aus Sevilla ist angekommen. Er hält schon mit Gefolge vorm Schloßtor. Der Herr Gouverneur muß hinaufgehen, und Florestan ist gerettet. Es kann also ein so großes und lautstarkes Gebilde sein wie ein Trompetensignal, das plötzlich die Rettung ankündigt, die unerwartete und ungeheuer erwartete. Das Stichwort braucht nicht gegeben zu werden vom nebenbei gesprochenen Wort wie »Es regnet«, damit etwas erscheint, das man vorher gar nicht bemerkt hat. Da können auch große Gegenstände das Auslösende sein. Mit solchem höchst utopisch Geladenen schließt dieser Abschnitt, der vor allen Dingen bereits in der Mitte die zwei Hauptbegriffe von *Geist der Utopie* andeutet und auch ausführt. Erstens »das Dunkel des gerade gelebten Augenblicks«, »das Dunkel des Jetzt und Hier«. Und zweitens »das noch nicht bewußte Wissen« und »das noch nicht Gewordene«, das diesem Wissen entspricht. Beides Umschreibungen von Utopischem, die in näherer Bestimmung zu Definitionen übergehen, aber in der Kategorie »Noch-nicht« zusammengehalten werden. Diese Kategorie geht in die Tagträume von uns allen ein. Wenn ein kleiner Angestellter vom Büro nach Hause geht, hat er vielleicht den Tagtraum, daß er den Chef umbringen will. Er kann auch schönere und hellere Tagträume haben. Sie fallen aber allesamt mit dem Nachttraum nicht zusammen. Der Tagtraum ist keine Vorstufe des Nachttraums, wie Freud sagt, sondern bezieht sich auf ein ganz eigenes Gebiet, nicht auf das Nichtmehr, wie das Unbewußte bei Freud, sondern auf das Noch-nicht, das doch auch ein Sein hat; ich kann von einem Noch-nicht-Sein sprechen. Noch nicht bewußt Seiendes und Noch-nicht-Gewordenes gehen um in der Welt, als Tendenz auf etwas hin, das noch gar nicht da ist, aber als Tendenz eben doch da ist. Mit dem Noch-nicht haben wir das zweite Element umrissen. Nun gilt es, den zuerst angedeuteten Hauptbegriff zu erläutern: »das Dunkel des gerade gelebten Augenblicks«. In ihm ist ausgesprochen, daß wir an der Stelle, wo wir uns in jedem Augenblick befinden, nicht sehen. Erst wenn dieser Augenblick vergangen ist oder zuvor, wenn er noch erwartet wird, haben wir eine Ahnung von ihm. Aber sonst läuft durch die ganze Welt hindurch das Dunkel des Unmittelbaren, erscheinend im Jetzt seiner Zeitform und im Hier seiner Raumform. Erläutern läßt sich dieses Dunkel durch den blinden Fleck in unserem Auge an der Stelle, wo der Sehnerv in die Netzhaut eintritt und wo wir nicht sehen. Erst wenn der Punkt des blinden Flecks überschritten ist, sehen wir die Bleistiftspitze wieder, die da entlangfährt. Das ist eine Parallele zum Dunkel des gelebten Augenblicks. Hat nun, so lautet die Frage in der *Selbstbegegnung,* dieses Dunkel des Unmittelbaren genau seine Lichtung in der unkonstruierbaren Frage? Fallen Dunkel und unkonstruierbare Frage zusammen? Decken sie sich, diese merkwürdigen Gebilde, dergestalt, daß das Rätsel und, mythisch ausgedrückt, das Mysterische einer Sache nicht sehr weit hoch oben liegen, von uns entfernt ganz großartig da drüben thronend, jenseits jeglicher Immanenz? Genau in dieser transzendierenden, aber nicht transzendenten Richtung sind Dunkel wie Rätsel zu verstehen, sie machen die innerste Immanenz dessen aus, was ist. Diese Immanenz kann ganz klein erscheinen, kann ganz klein sein und vor allen Dingen ganz nahe. Wir finden das in Sprichwörtern ausgedrückt: »Am Fuß des Leuchtturms ist kein Licht«, oder »Was er gerade webt, weiß kein Weber«, oder »Der Prophet gilt nichts in seinem Vaterland«. Dem ist die uns blindmachende Nähe sehr verwandt. Und in der Nähe gerade steckt das Rätsel, steckt das merkwürdige Geheimnis, daß etwas ist, und dieses muß aus der Nähe, aus der Unmittelbarkeit, aus der schlechten Unmittelbarkeit herausgebracht, in einen Abstand zu uns gebracht werden. Es gibt von Goethe das Schauspiel *Pandora*, worin berichtet wird von Epimetheus, dem Bruder des Prometheus, wie ihm im Halbschlaf oder Dämmerschlaf seine Tochter Empore entgegenkommt. Er kann sie nur sehen, solange er halb im Schlaf ist. Sie ist zugleich ein Sehnsuchtsgebilde, und doch fällt sie mit einem Nachttraum nicht zusammen, sondern in einem Tagtraum bewegt sie sich und erscheint ihm. »Tritt näher, komm!«, sagt Epimetheus. Sie zögert sehr. »Nur näher.« Sie tritt einen weiteren Schritt näher. Epimetheus sagt: »So! Noch näher!«, dann aber: »Ich kenne dich nicht mehr.« »Das dacht' ich wohl«, sagt die Tochter und rückt einen Schritt zurück. Da sieht er sie wieder. Aus dieser kleinen Geschichte läßt sich ein Grundsätzliches herauslesen: Das Unmittelbare braucht Vermittlung, um gesehen, und vor allem Vermittlung, um gedacht zu werden. Kann nun aber das Losungswort und das Lösungswort, beides zusammen, Losung und Lösung fürs Unmittelbare, in bestimmten Fragestellungen gefunden werden, die der Einrichtung eines Wäscheschranks gleichen, indem sie der einrichtenden, reduktiv ordnenden Methodik unserer Wissenschaften folgen? Nein; vielmehr muß hier in einer Art von quer hindurchschlagendem Interdisziplinären gesucht werden, dem eben noch im Unscheinbaren das wesentlich Gemeinte aufzuscheinen vermag. Besonders zentrales Gebiet bleibt hier die Musik, in der das Gemeinte erscheint und doch nicht erscheint. Von daher richtet sich die Frage auf das, was im Reich der Freiheit, in der klassenlosen Gesellschaft, in allen Tagträumen von einem besseren, identischeren Leben intendiert ist, weil es noch gar nicht vorhanden ist. Immerhin kann es intendiert werden, und ganz objektiv kann eine Tendenz daraufhin und eine Latenz der Sache, also ein Verstecktsein der Sache, auftreten.

Dann kommt der Schlußteil von *Geist der Utopie* mit dem epatierenden Titel, der der ganzen Stimmung von 1914/15, dem »Blauen Reiter« und dem expressionistischen Malen und Dichten von damals entspricht: *Karl Marx, der Tod und die Apokalypse, oder über die Weltwege, vermittelst derer das Inwendige auswendig und das Auswendige wie das Inwendige werden kann.* Bei Marx ist Verwandtes in den *Pariser Manuskripten* ausgedrückt, als Naturalisierung des Menschen und Humanisierung der Natur. Das Inwendige soll auswendig werden, also naturhaft, aber im gleichen Akt soll das Auswendige *wie* das Inwendige werden. Das »wie« ist entscheidend, es wendet sich gegen subjektiven und objektiven Idealismus, indem das Auswendige auch in the long run keineswegs *als* das Inwendige ausgegeben wird. Vielmehr kann es dem Inwendigen nur adäquat werden. Und das, indem das Inwendige von allem, nicht nur von uns, hervortritt ins Auswendige. Die Darstellung der Weltwege enthält eine Abrechnung mit dem Krieg, als dem Krieg gegen Marx, dem Krieg gegen den Marxismus. Weiterhin geht es um den Tod, die stärkste Gegenutopie, indem der Tod als Gegenschlag sämtliche Vermittlungen unterbricht. Allerdings ist er nicht das letzte Wort, es gibt ein Exterritoriales zu ihm, nämlich das noch nicht Gewordene, das nicht so vergehen kann wie Gewordenes. Darum die Behandlung der Apokalypse, die mythisch ausdrückt, daß die Genesis nicht im Anfang der Welt liegt, sondern an ihrem Ende hervortritt. Die richtige Welt und ihre richtige Wahrheit sind überhaupt noch nicht erschienen. Sie stehen in großer Gefahr, daß sie in ihrem Erscheinen sich selber verfehlen, zu etwas ganz anderem werden, als es das Richtige wäre. Die Apokalypse, die Eschatologie, die Lehre von den letzten Dingen, ist also eng verwandt mit der höchst problemgeladenen Frage nach dem Endziel, auf das alles hingeht. Sie ist ebenfalls voller Gefahr, muß aus ihrem mythischen und mythologischen Zustand herausgerissen werden. Vor allem geht es hier um eine Vermittlung; eine enge Verflechtung von Fernzielen und Nahzielen muß eintreten. Eine Vermittlung des Unmittelbaren ist nun das Problem und die Aufgabe: Das Unmittelbare, das sich nicht sehen und begreifen kann, hat sich in den Vermittlungen des Weltprozesses herauszubringen, damit ein Augenaufschlag geschieht, also nicht nur eine Selbstbegegnung stattfindet, sondern darin eine Weltbegegnung, das ist eine Begegnung der Welt mit sich selber. Die Welt ist ja ein einziges Experiment ihrer selbst, ein Experiment, das weder gelungen noch aber vereitelt ist. Damit schließt *Geist der Utopie* ab, enthält, wie schon das Wort Apokalypse zeigt, Theologisches, aber säkularisiert, versucht, das Theologische auf die Füße zu stellen, zusammen mit dem Problem von *finis* und Finalität, also von Ende und Zweck des Ganzen. Marxismus und die Antizipation einer ebenfalls noch nicht vorhandenen, noch nicht objektiv seienden klassenlosen Gesellschaft sind der Ort, an dem solche Endprobleme allererst diskutiert werden können, allererst überhaupt vermittelbar vorkommen. Aber vorher ist die Welt durchspukt von Ahnungen und durchspukt von Utopie, leider nur durchspukt; doch eine Invariante der Richtung ist da, wenngleich ihr Inhalt noch aussteht. Den Weg dieser Invariante sucht nun der *Geist der Utopie,* mit Sturm und Drang gefüllt von oben bis unten – begonnen mit 29 Jahren und in zwei Jahren herunterrhapsodiert, sozusagen –, geladen mit dem Wissen aus der Vergangenheit, geladen mit signifikanten Beispielen und auch mit einem Zwischenkapitel über die Gedankenatmosphäre dieser Zeit, worin die Unverständlichkeit der Gegenwart für eine bloß kontemplative Einstellung auseinander gelegt ist. Für kontemplative Wissenschaftlichkeit gilt ja das am weitesten Zurückliegende als am zuverlässigsten erkennbar, weil es desto mehr stillhält. Während die Gegenwart und die Zukunft, beide zusammen, weil sie nicht angeschaut und auch nicht kontemplativ behandelt werden können, für ihren vollständigen Begriff der Praxis und der darin liegenden Willensentscheidung bedürfen, also der marxistischen Theorie-

Praxis-Vermittlung. So ungefähr verläuft der Gang der Entdeckung, in der die Utopie zu wesenhaft mehr Vorschein wird als in den Lehren vom idealen Staatswesen, die das wunderbare Eiland unserer Sehnsucht auf eine ferne Insel der Südsee verlegen, etwa bei Thomas Morus und Campanella. Oder später die Ansiedlung eines fundierten Traumbilds in unserer nahen Zukunft betreiben, etwa bei den großen Utopisten am Ende des 18., Anfang des 19. Jahrhunderts, vor allem bei Fourier und Saint-Simon. Woran dann der Marxismus seine endlich konkret machbare Veränderungspraxis anschloß, mit Kritik an der Abstraktheit des bisherigen Utopisierens, mit um so stärkerem Festhalten an der Zukunftsorientierung der utopischen Funktion. Weshalb ja vom Marxismus der Satz gilt: »So ist denn der Marxismus nicht eine Utopie, sondern das Novum einer konkreten Utopie.« Dieser Satz steht der Formulierung nach nicht in *Geist der Utopie,* sondern erst im *Prinzip Hoffnung,* ist aber der Sache nach schon in dem frühen Werk enthalten; dasselbe gilt für den scheinbar paradoxen Begriff einer »konkreten Utopie«.

Das bisher Gesagte umreißt ungefähr den Inhalt von *Geist der Utopie,* soweit er in rhapsodischer und vereinfachter Form überhaupt wiederzugeben ist. Von der *Absicht* geht er in die *Selbstbegegnung* und die Orte ihres versuchten Eintritts, um zum Schluß wieder in den Inhalt der *Absicht* hineinzugehen, vergleichbar der Wiederholung des Themas in der Symphonie. Also alles, was in der *Absicht* steht, kommt am Schluß noch einmal vor, soll aber erfüllt und bereichert sein durch das lange Kapitel *Selbstbegegnung,* durch die Durchmusterung unserer eigenen Geschichte und ihrer Werke, mit Blick auf Utopie darin, also auf das Uneingelöste, das auf uns Wartende, das noch nicht gekommen ist, das zudem sehr bedroht ist. Aber wir Menschen stehen an der Front des Erwartungs- und Fundierungsprozesses sowohl detektivisch wie voraussehend-fordernd, und er beleuchtet den Weg vor unserem Fuß. Ein Sturm-und-Drang-Buch bei alledem, im Haus der Jugend, der Politik, der Philosophie.

Anhang

Werkverzeichnis

Mit der Veröffentlichung des letzten noch fehlenden Bandes (Band 12 / *Leipziger Vorlesungen zur Geschichte der Philosophie*) liegt die 1962 begonnene Gesamtausgabe der Werke von Ernst Bloch in 16 Bänden bei Suhrkamp nun vollständig vor. Sie umfaßt

Band 1: *Spuren*
Band 2: *Thomas Münzer als Theologe der Revolution*
Band 3: *Geist der Utopie*
Band 4: *Erbschaft dieser Zeit*
Band 5: *Das Prinzip Hoffnung*
Band 6: *Naturrecht und menschliche Würde*
Band 7: *Das Materialismusproblem, seine Geschichte und Substanz*
Band 8: *Subjekt-Objekt, Erläuterungen zu Hegel*
Band 9: *Literarische Aufsätze*
Band 10: *Philosophische Aufsätze zur objektiven Phantasie*
Band 11: *Politische Messungen, Pestzeit, Vormärz*
Band 12: *Zwischenwelten in der Philosophiegeschichte (Leipziger Vorle-
         sungen zur Geschichte der Philosophie)*
Band 13: *Tübinger Einleitung in die Philosophie*
Band 14: *Atheismus im Christentum*
Band 15: *Experimentum Mundi*
Band 16: *Geist der Utopie*. Faksimile der Ausgabe von 1918.

In Einzelausgaben erschienen außerdem:
Das Prinzip Hoffnung, Studienausgabe in 3 Bänden, Suhrkamp, Frankfurt 1967
In der *Bibliothek Suhrkamp:*
– *Thomas Münzer als Theologe der Revolution*, Frankfurt 1962
– *Verfremdungen I*, Frankfurt 1962
– *Verfremdungen II*, Frankfurt 1964
– *Spuren*, Frankfurt 1970
– *Die Kunst, Schiller zu sprechen und andere literarische Aufsätze*, Frank-
  furt 1969

In der Reihe *suhrkamp taschenbücher:*
– *Subjekt-Objekt*, 1971
– *Naturrecht und menschliche Würde*, 1972
– *Philosophie der Renaissance*, 1972
– *Atheismus im Christentum*, 1973

In der Reihe *suhrkamp taschenbücher wissenschaft:*
– *Geist der Utopie*, 1973
– *Das Prinzip Hoffnung*, 3 Bde., 1974

In der *edition suhrkamp:*
- *Avicenna und die aristotelische Linke,* 1963
- *Tübinger Einleitung in die Philosophie I,* 1963
- *Tübinger Einleitung in die Philosophie II,* 1964
- *Durch die Wüste,* 1964
- *Christian Thomasius, ein deutscher Gelehrter ohne Misere,* 1967
- *Widerstand und Friede. Reden und Aufsätze,* 1968
- *Über Methode und System bei Hegel,* 1970
- *Pädagogica,* 1971
- *Vom Hasard zur Katastrophe. Politische Aufsätze aus den Jahren 1934 bis 1939,* 1972
- *Über Karl Marx,* 1968, ²1970
- *Ästhetik des Vorscheins I* (hrsg. von Gert Ueding), 1974
- *Ästhetik des Vorscheins II* (hrsg. von Gert Ueding), 1974
- *Das antizipierende Bewußtsein* (Teil II von *Das Prinzip Hoffnung*), 1972

Im Rowohlt Verlag erschienen:
- *Freiheit und Ordnung – Abriß der Sozialutopien,* Reinbek 1969
- *Atheismus im Christentum,* Reinbek 1970
- *Karl Marx und die Menschlichkeit – Utopische Phantasie und Weltveränderung,* Reinbek 1969

In anderen Verlagen erschienen in Einzelausgaben:
- *Im Christentum steckt die Revolte,* Arche-Verlag, Zürich 1971
- *Recht, Moral, Staat,* Neske-Verlag, Pfullingen 1971
- *Politik und Ästhetik* (Diskussion der Thesen von Lukács), Frankfurt 1972

Wichtige Aufsätze von Ernst Bloch wurden in folgenden Werken veröffentlicht:
- *Epikur und Marx oder ein subjektiver Faktor im Fall der Atome,* in: *Natur und Geschichte. Karl Loewith zum 70. Geburtstag,* Kohlhammer, Stuttgart 1967
- *Politische Wirkungen der Ungleichzeitigkeit,* in: Lenk, Kurt: *Ideologie, Ideologiekritik und Wissenssoziologie,* Luchterhand, Neuwied/Berlin 1967
- *Marx als Denker der Revolution,* in: *Karl Marx und die Revolution,* Frankfurt 1970.

Wichtige Vorträge und Reden von Ernst Bloch sind enthalten auf der Schallplatte:
- *Es spricht Ernst Bloch. Zum 85. Geburtstag.* Hrsg. von Gert Kalow (2 Kassetten mit Textbeilage), 1970

Bibliographie zur Wirkung von Ernst Bloch
(zusammengestellt von Arno Münster und Burghart Schmidt)

Abendroth, Friedrich: *Ernst Blochs »Das Prinzip Hoffnung«*, in: *Europäisches Forum*, Wien 1965

ders.: *Heim nach Tübingen*, in: *Neues Forum*, Wien, April 1971

Abram, Mathias: *Ernst Bloch e Jürgen Moltmann*, in: *Filosofia e teologia della speranza*, Padova 1973

Actes du Colloque de Cerisy, 1975.

Adorno, Theodor W.: *Große Blochmusik*, in: *Neue deutsche Hefte*, Nr. 69, April 1960

ders.: *Henkel, Krug und frühe Erfahrung*, in: *Ernst Bloch zu ehren*, hrsg. von Siegfried Unseld, Frankfurt 1965

ders.: *Blochs Spuren*, in: *Noten zur Literatur II*, Frankfurt 1961, S. 131-151

Albrecht, Herbert: *Deutsche Philosophie heute*, Bremen 1969, S. 119-126

Amodio, Luciano: *Ernst Bloch: un autore da conoscere*, in: *Quaderni piacentini*, 14, Dez.-Januar 1963/64

Arendt, Alexander: *Revision des Marxismus*, in: *SBZ-Archiv* 9, Nr. 16, 1958

Auras, Günther: *Utopische Freiheit? Das jüngste Werk Ernst Blochs*, in: *Stuttgarter Nachrichten*, 3. Februar 1962

Armogathe, Jean-Robert: *Ernst Bloch, prophète marxiste*, in: *Les quatre fleuves*, cahier n° 2, Paris, Le Seuil, 1974

Bachmann, Claus Henning: *Das Prinzip Zuversicht – Zeremonie der Beschwörung. Zu Äußerungen von Ernst Bloch und Max Horkheimer*, in: *Die Besinnung*, Jg. 25, Nr. 3-4, 1970

Bahr, Ehrhard, *Ernst Bloch*, Berlin 1974

Bahr, Hans-Dieter: *Ontologie und Utopie*, in: *Praxis*, 1968, Nr. 4, S. 164-175

Barion, Jacob: *Was ist Ideologie? Studie zu Begriff und Problematik;* Bonn 1964, S. 27 ff.

Bartsch, Günther: *Chiffre und Anruf. Ernst Blochs »Verfremdungen«*, in: *Christ und Welt*, 11. September 1964

ders.: *Die Welt als Labor*, in: *Geist und Tat*, Jg. 24, Nr. 3, 1969, S. 142-147

Baumann, Max: *Eines Philosophen Wagnis und Sturz. Ernst Blochs »Prinzip Hoffnung« und die SED-Doktrin*, in: *West-Ost-Berichte*, April 1960

Baumgart, Reinhard: *Ernst Blochs »Erbschaft dieser Zeit«*, in: *Neue Rundschau*, 74, Nr. 2, 1963

Becker, Paul: *Musik und Philosophie*, in: *Zeitschrift für Bücherfreunde*, 1919

Bense, Max: *Hegel marxistisch gedeutet*, in: *Neue literarische Welt*, 10. Februar 1951

ders.: *Rationalismus und Sensibilität*, Baden-Baden 1956

Benseler, Frank: *Der Bürgerrebell. Zu Ernst Blochs 80. Geburtstag*, in: *Merkur*, 19. Jg., 1965, Nr. 7

ders.: *Ein Lokalpatriot der Kultur: Georg Lukács*, in: *Festschrift zum 80. Geburtstag*, Berlin 1965/66

Bettiza, Enzo: *Ha visto più lontano di tutti il più miope filosofo tedesco*, in: *Corriere della Sera*, 24. Februar 1965

Bevilaqua, G.: *Nota sul »Das Prinzip Hoffnung« di Bloch*, in: *Studi urbinati*, Nr. 30, 1960

Biedrzynski, Richard: *Ein aufgeklärter Mystiker. Ernst Bloch vor der Bibliotheksgesellschaft*, in: *Stuttgarter Zeitung*, 3. Juni 1960.

ders.: *Ein energischer Schwärmer. Zur Begegnung mit Ernst Bloch*, in: *Stuttgarter Zeitung*, 11. März 1960

Birkenhauer, Klaus: *Die vermauerte Hoffnung. Ernst Bloch und seine Philosophie*, in: *Christ und Welt*, Nr. 39, September 1961

Birkenmaier, Werner: *Detektivisches Denken. Ein Vortrag Ernst Blochs über den »Wissenschaftsbegriff«*, in: *Stuttgarter Zeitung*, 22. November 1966

Blain, Lionel: *Deux philosophies centrées sur l'espérance: celle de Gabriel Marcel et celle d'Ernst Bloch*, in: *Concilium*, Nr. 70, 1970, S. 87-92

Blass, Ernst: *Durch die Wüste*, in: *Neue Rundschau*, Berlin 1924

Bloch, Ernst und Georg Lukács im Gespräch mit I. Fetscher, J. B. Metz und J. Moltmann, in: *Neues Forum*, Nr. 167/68, 1967

Bodei, Remo: *Ernst Bloch e la »scienza della speranza«*, in: *Il Mulino*, Nr. 224, 1972

ders.: *Introduzione zu:* Ernst Bloch, *Karl Marx*, Ed. Il Mulino, Bologna, 1972

Boehlich, Walter: *Blochs Träume vom besseren Leben. Zum »Prinzip Hoffnung«*, in: Suhrkamp-Morgenblatt, Nr. 14, 2. Nov. 1959

Bondy, François: *Conscience et Histoire*, in: *Preuves*, 4/1958, Nr. 86, S. 86 ff.

Boros, Ladislaus: *Begriffene Hoffnung*, in: *Orientierung*, Nr. 25, 1961

Bortolaso, G.: *Speranza de escatologia*, in: *La civiltà cattolica*, IV, 1971, S. 227-234

Boschheurne, E. J.: *Ernst Bloch. Die Kunst, Schiller zu sprechen*, Frankfurt 1969, in: *Streven*, 4/1970, Nr. 7, S. 762

Bowman, Frank L.: *Ernst Bloch et l'eschatologie*, in: *Utopie-marxisme selon Ernst Bloch* (hommages publiés par Gérard Raulet), Paris, Payot, 1976, p. 193-204

Braaten, Carl E.: *Toward a Theology of Hope*, in: *Theology today*, XXIV,

2, 1967, S. 206-226. Wiederabgedruckt in: *New Theology* Nr. 5, New York 1968, S. 90-111

ders.: *Ernst Blochs Philosophy of Hope*, in: *The Futurist Option*, hrsg. v. C. Braaten und R. W. Jensen, Westminster 1970

Braun, Eberhard: *Possibilité et non-encore-être. L'ontologie traditionnelle et l'ontologie du non-encore-être de Bloch*, in: *Utopie-marxisme selon Ernst Bloch*, Paris, Payot, 1976, S. 155-170

Breines, Paul: *Bloch Magic*, in: *Continuum*, VII, 4, 1970, S. 619-624

Brentano, Margherita von: *Anwalt der Hoffnung: Ernst Bloch*, in: *Welt und Wort*, Jg. 22, 1967, S. 365-366

Brüggemann, Heinz: *Literarische Technik und soziale Revolution*, Reinbek 1973, S. 201-212

Bütow, Hellmuth: *Philosoph in dieser Zeit. Zur Lebensgeschichte von Ernst Bloch*, in: *Kommunität*, Nr. 17, Januar 1961

ders.: *Philosophie und Gesellschaft im Denken Ernst Blochs*, Berlin 1963

Buhr, Manfred: *Der religiöse Ursprung und Charakter der Hoffnungsphilosophie Ernst Blochs*, in: *Deutsche Zeitschrift für Philosophie*, Jg. 6, Nr. 4, 1958

ders.: *Kritische Bemerkungen zu Ernst Blochs Hauptwerk »Das Prinzip Hoffnung*, in: *Deutsche Zeitschrift für Philosophie*, Jg. 8, Nr. 4, 1960

ders.: *A Critique of Ernst Blochs Philosophy of Hope*, in: *Philosophy Today*, 1970, Nr. 4

Buri, Fritz: *Ernst Blochs »Prinzip Hoffnung« und die Hoffnung im Selbstverständnis des christlichen Glaubens*, in: *Reformatio*, Jg. 15, Nr. 4, 1966

Burschell, Friedrich: *Der Geist der Utopie*, wiederabgedruckt in: *Ernst Bloch zu ehren*, Frankfurt 1965

Caffarena, José Gomez: *La speranza como principio*, in: *Pensamiento*, Nr. 27, 1971

Cahu, Alfredo: *Otra manera de pensar*, Córdoba (Argentinien), 30. Juli 1961

Caminero, N. G.: *Subjekt-Objekt*, in: *Gregorianum*, 1964, Nr. 45, S. 185-186

Capps, Walter H. (Hrsg.): *The Future of Hope*, Philadelphia 1970

Capps, Walter: *An Assessment of the theological Side of the School of Hope*, in: *Cross Currents*, XVIII, 3, 1968

ders.: *The Hope Tendency*, in: *Cross Currents*, XVIII, 3, 1968, S. 257-272

ders.: *Vertical v. Horizontal Theology: Bloch-Dewart-Irenaeus*, in: *Continuum* V, 4, 1968, S. 616-633

Cengle, Franc: *Subjekt-Objekt*, in: *Kuizevne novine*, 25. März 1960

Cöster, Henry: *Människa hopp befrielse*, Lund 1975

Coletti, Lucio: *Marx, Hegel e la scuola di Francoforte*, in: Rinascita, 1971, Nr. 20

Colombo, Alberto: *Il logos e il futuro*, in: *Filosofia e teologia della speranza*, Padova 1973

Conser, Walt: *Man on His Own*, in: *Cross Currents*, XX, 3, 1970, S. 359-363

Contri, Siro: *Ernst Bloch. Dialettica e speranza*, in: *Revista rosminiana*, 1969, Nr. 63

Coubier, Heinz: *Märtyrer der Hoffnung*, in: *Merkur*, Jg. 77, Nr. 165, S. 1097-1099

Cox, Harvey: *Ernst Bloch oder: Ein Atheist lehrt Theologen*, in: *Neues Forum*, Jg. 17, Nr. 196, 1970; S. 427-430

ders.: *Ernst Bloch and the Pull of the Future*, in: *New Theology*, Nr. 5, hrsg. v. E. Marty und D. G. Peermann, New York 1968, S. 191-203. Wiederabgedruckt als Einleitung zu: Ernst Bloch, *Man on his Own*, New York 1970

Cranaki, Mimica: *Le maître, l'esclave et la femme – fragment d'une utopie*, in: *Utopie-marxisme selon Ernst Bloch*, Paris, Payot, 1976, S. 309-317

Daecke, Sigurd Martin: *Hoffen und Kämpfen*, in: *Kirche in der Zeit. Evangelische Kirchenzeitung*, Jg. 22, Nr. 11, 1967

Dahlhaus, Carl: *Der Ketzer. Marginalien zu den Schriften Ernst Blochs*, in: *Stuttgarter Zeitung*, 5. Januar 1963

ders.: *Philosophische Provokationen. Ernst Blochs »Geist der Utopie« und eine Festschrift zum 80. Geburtstag des Autors*, in: *Frankfurter Allgemeine Zeitung*, 12. Oktober 1965

ders.: *Ausgrabungen zu Lebzeiten. Ernst Blochs »Literarische Aufsätze*, in: *Frankfurter Allgemeine Zeitung*, 25. Oktober 1966

Damus, Renate: *Ernst Bloch. Hoffnung als Prinzip – Prinzip ohne Hoffnung*, Meisenheim am Glan 1971

Debeljak, Bozidar: *Ernst Bloch*, in: *Problemi*, Jg. 2, 1962

ders.: *Legenda o Blochu*, in: *Problemi*, Jg. 3, 1963

Dempf, Anneliese: *Maß des »Vagen«. Ernst Blochs »Literarische Aufsätze«*, in: *Die Furche*, 1. April 1967

De Mullewie, M.: *Subjekt-Objekt*, in: *Tijdschrift voor Philosophie*, Nr. 18, 1956, S. 304-305

De Quervain, Alfred: *Christentum ohne Hoffnung und Hoffnung ohne Gott. Gedanken zu Ernst Blochs »Das Prinzip Hoffnung«*, in: *Kirchenblatt für die reformierte Schweiz*, 13. 9. 1962

De Sanctis, Nicola: *Bloch: Dialettica e speranza*, in: *Aut-Aut*, Nr. 112, 1969

Descombes, Vincent: *Un agent provocateur*, in: *Allemagne d'audjourd'hui*, n° 53, Mai-Juni 1976, S. 93-95

De Vogelaere, A. V.: *Das Prinzip Hoffnung*, in: *Tijdschrift voor Philosophie*, Nr. 18, 1956, S. 138-140

Diwald, Hellmut: *Der hoffende Mensch. Von Abraham bis zum »Prinzip Hoffnung«*, in: *Daß dein Ohr auf Weisheit achte. Jüdische Beiträge zum Menschenbild.* Wuppertal 1966, S. 90-120

Döhl, Reinhard: *Verführt in Hoffnung*, in: *Notizen*, Dezember 1960

Donda, Ellis: *Ernst Bloch, Karl Marx*, Bologna 1972, in: *Problemi des socialismo*, 1973, S. 13-14

Drews, Jörg: *Männliche Glückspredigt. Ernst Bloch und sein geistiger Ahnherr Thomasius*, in: *Die Zeit*, 10. März 1967

Dumas, André: *Ernst Bloch et la théologie de l'espérance de Jürgen Moltmann*, in: *Utopie – marxisme selon Ernst Bloch*, Paris, Payot, 1976, S. 222-232

Dupré, Louise: *Ernst Bloch. On Karl Marx*, New York 1971, in: *Journal of Ecumenical Studies*, Nr. 2, 1972

Eco Umberto: *Il filosofo della speranza*, in: *Corriere della Sera*, 18. August 1963

Endres, Elisabeth: *Aufrechter Gang und menschliche Würde. Zur Philosophie Ernst Blochs*, in: *Deutsche Zeitung*, 1./2. September 1962

Endres, Josef: *Die Hoffnung bei Ernst Bloch*, in: *Studia moralia*, Academica Alfonsia, Bd. 7, 1967

Enzensberger, Hans-Magnus: *Ernst Blochs »Erbschaft dieser Zeit«*, in: *Der Spiegel*, Juli 1962

Ernst Bloch zu ehren – Festschrift zum 80. Geburtstag. Frankfurt, Suhrkamp 1965

Ernst Blochs Wirkung. Ein Arbeitsbuch zum 90. Geburtstag (mit Beiträgen von H. D. Bahr, Oskar Negt, Alfred Schmidt, Burghart Schmidt u. a.), Frankfurt, Suhrkamp, 1975

Es muß nicht immer Marmor sein. Ernst Bloch zum 90. Geburtstag (mit Beiträgen von Detlef Horster, Thomas Leithäuser, Oskar Negt, Joachim Perels und Jürgen Peters), Berlin-W, Wagenbach, 1975

Ertel, Christoph: *Der Marxismus bei Ernst Bloch*, in: *Lebendiges Zeugnis*, Nr. 1-2, 1972

Eucken-Erdsieg, Edith: *Prinzip ohne Hoffnung*, in: *Philosophisches Jahrbuch der Görres-Gesellschaft*, Freiburg, Jg. 70, Nr. 9, 1962

dieselbe: *Die Macht der Minderheit. Eine Auseinandersetzung mit dem neuen Anarchismus*, Freiburg/Basel/Wien 1970

Felice, A.: *Ernst Bloch. Avicenna y la izquierda aristotelica*, Madrid 1966, in: *Cultura universitaria*, 1968, S. 98-99

Ferenczi, Rosemarie: Vorwort zu: Ernst Bloch: *Thomas Münzer – théologien de la révolution*, Paris, Juillard, 1964

Fergnani, Franco: *L'incantesimo dell'anamnesis. Bloch su Hegel*, in: *Aut-Aut*, Nr. 125, 1971

Fertonani, Roberto: *Con »Marx« al di là e al di qua dal muro*, in: *Il*

Giorno, 6. Dezember 1967

Fetscher, Iring: *Das Verhältnis des Marxismus zu Hegel*, in: *Marxismusstudien*, 3, 1960, Kap. III

ders.: *Der Magus von Tübingen. Neue Schriften von Ernst Bloch*, in: *Frankfurter Allgemeine Zeitung*, 12. September 1964

ders.: *Ernst Bloch. »Subjekt-Objekt«*, 1965

ders.: *Apologet der Hoffnung*, in: *Stuttgarter Zeitung*, 3. Juli 1965

ders.: *Ernst Bloch auf Hegels Spuren*, in: *Ernst Bloch zu ehren*, Frankfurt 1965

ders.: *Ein großer Einzelgänger. Ernst Bloch – Denker zwischen Materialismus und Eschatologie*, in: *Frankfurter Allgemeine Zeitung*, 14. Oktober 1967

ders.: *Ernst Bloch und Georg Lukács*, in: *Neues Forum*, Jg. 14, Nr. 167-168, 1967, S. 837-843

ders.: *Träumer nach vorwärts. Der kritische und irrende Zeitgenosse Ernst Bloch: sechzig Jahre Hoffnung*, in: *Die Zeit*, Jg. 26, Nr. 7, 1971

Fetzger, I.: *Subjekt-Objekt*, in: *Philosophischer Literaturanzeiger*, Nr. 7, 1954/55, S. 214-215

Fiorenza, Francis, P., *Dialectical Theology and Hope*, in: *The Heythrop Journal*, Nr. 9, 1968, Nr. 10, 1969.

Frei, Bruno: *Ernst Bloch, Atheismus im Christentum*, in: *Das Argument*, Nr. 52, 1969

ders.: *Ernst Bloch, Experimentum Mundi. Fragen, Kategorien des Herausbringens, Praxis*, in: *Das Argument*, Jg. 19, Nr. 101, Jan./Febr. 1977, S. 102-103

Frenzel, Ivo: *Philosophie zwischen Traum und Apokalypse*, in: *Frankfurter Hefte*, Jg. 15, Nr. 7, Nr. 8, 1960

ders.: *Der glückliche Philosoph. Zum 80. Geburtstag Ernst Blochs*, in: *Süddeutsche Zeitung*, 3. Juli 1965

Friedrix, Hieronymus: *Gott in der marxistischen Philosophie Ernst Blochs*, in: *Die Besinnung*, Nürnberg, Jg. 24, 1969, S. 88-93

Furter, Pierre: *Utopia e marxismo segundo Ernst Bloch. Homenagem ao filosofo Ernst Bloch pro occasiao de seu 80° aniversario*, in: *Tempo Brasileiro*, 3. Okt. 1965

ders.: *L'espérance selon E. Bloch*, in: *Revue de Théologie et de Philosophie*, Jg. 98, Nr. 5, 1965, S. 286-301

ders.: *Utopie et marxisme selon Ernst Bloch*, in: *Archives de sociologie des religions*, Jg. 11, Nr. 21, 1966, S. 3-21

ders.: *Utopia and marxism according to Bloch*, in: *Philosophy Today*, Nr. 4, 1970

ders.: *L'espérance sans garantie*, in: *Cahiers de Villemétrie*, März/April 1971, S. 50-72

ders.: *La dialectique de l'espérance*, in: *Utopie-marxisme selon Ernst Bloch*, Paris, Payot, 1976, S. 178-189

Galeazzi, Umberto: *La filosofia della speranza o della disperazione?*, in: *Filosofia e teologia della speranza*, Padova 1973

Gandillac, Maurice de: *Ernst Bloch, Prophète de l'utopie militante*, in: *Quinzaine Littéraire*, 1969, n° 65

Garzon Valdes, Ernesto: *La Polis Sin Politeia*, SUR

Gerhards, Hans-Joachim: *Utopie als innergeschichtlicher Aspekt der Eschatologie*, Gütersloh 1973

Gillon, Ludovico B.: *Ernst Bloch, »Atheismus im Christentum«*, in: *Angelicum*, Nr. 48, 1971

ders.: *La joyeuse espérance du Chrétien athée selon Ernst Bloch*, in: *Angelicum*, Nr. 48, 1971

Gibson, Michael: *Belated recognition for a philosopher* [Ernst Bloch], in: *International Herald Tribune*, New York-Paris, 18. 3. 1975

Goldammer, Peter: *Ernst Bloch, »Christian Thomasius, ein deutscher Gelehrter ohne Misere*, in: *Deutsche Zeitschrift für Philosophie*, Jg. 2, Nr. 3, 1954

Goldschmidt, Hermann Levin: *»Das Prinzip Hoffnung«. Zum Werke Ernst Blochs*, in: *M.B.*, Tel Aviv, Jg. 4, 22. Januar 1960

ders.: *Ernst Blochs Noch-Nicht*, in: *Neue Zürcher Zeitung*, 21. April 1961

ders.: *Ernst Bloch zu ehren*, in: *Neue Zürcher Zeitung*, 27. September 1965

Gollwitzer, Hellmut: *Die Existenz Gottes im Bekenntnis des christlichen Glaubens*. 2. Teil: *Ernst Blochs atheistische Deutung der biblischen Rede von Gott*, München 1964

ders.: *Ansichten des Christentums*, München 1965

ders.: *Maßstäbe für Ernst Bloch*, in: *Neues Forum*, April 1971

ders.: *Beiträge zur evangelischen Theologie*, Bd. 34, München 1963, S. 76-84

Gomez-Caffarena, José: *La speranza como principio*, in: *Pensamiento*, Nr. 27, 1971

Gonzales-Caminero, N.: *Ernst Bloch, »Subjekt-Objekt«. Erläuterungen zu Hegel*, in: *Gregorianum*, 1964, S. 185-186

ders.: *Ernesto Bloch*, in: *Gregorianum*, 1972, S. 131-176

Gordian, Fritz: *Messianische Hoffnungen, »Atheismus im Christentum*, in: *Stuttgarter Zeitung*, 28. November 1967

Gotovac, Vlado: *Subjekt-Objekt*, in: *Kujizevnik*, Jg. 2, 1960

Green, Ronald M.: *Ernst Bloch's Revism of Atheism*, in: *Journal of Religion*, Chicago, Jg. III, Bd. 49, Nr. 2, 1969, S. 128-135

Grlič, Danko: *Ernst Bloch – filosof nade*, in: *Republika*, Jg. 15, Nr. 1, 1959

Gropp, Rugard Otto: *Die marxistische dialektische Methode und ihr Gegensatz zur idealistischen Dialektik Hegels*, in: *Deutsche Zeitschrift für Philosophie*, Jg. 2, Nr. 1, 1954

ders.: *Festschrift. Ernst Bloch zum 70. Geburtstag*, Berlin 1955 ders.: *Ernst Blochs Hoffnungsphilosophie – eine antimarxistische Welterlösungslehre*, in: *Ernst Blochs Revision des Marxismus*, Berlin 1957

ders.: *Mystische Hoffnungsphilosophie ist unvereinbar mit dem Marxismus*, in: *Forum*, Nr. 6, 1957

ders.: *Idealistische Verirrungen unter antidogmatischem Vorzeichen*, in: *Neues Deutschland*, 19. Dez. 1956

Gross, David: *Man on his Own*, in: *Continuum*, VII, 4, 1970, S. 625-627

ders.: *»Ernst Bloch – a Marxist Romantic«*, Salbagundi, 10-11, S. 311-325

ders.: *Marxism and Utopia: Ernst Bloch*, in: *Towards a New Marxism*, hrsg. v. Bert Grahl und Paul Piccone, Saint Louis, Telos Press, 1973

Grossner, Claus: *Ernst Bloch. Seine Wunschbilder: Eldorado, Eden, Faust, Don Giovanni*, in: *Die Zeit*, Jg. 25, Nr. 17, 1970

ders.: *»Das Prinzip Hoffnung«*, in: *Verfall der Philosophie*, Hamburg 1971

Günther, Hans: *»Erbschaft dieser Zeit«*, in: *Internationale Literatur*, Moskau 1936, Nr. 6

Günther, Joachim: *Christus ohne Gott im Reich von Karl Marx. Die Hoffnungsphilosophie Ernst Blochs*, in: *Christ und Welt*, 24. März 1960

ders.: *Bloch und die Menschenwürde*, in: *Frankfurter Allgemeine Zeitung*, 26. Mai 1962

ders.: *Wirkungen eines roten Fadens. Zwischen Spätbürgertum und Marxismus. Ernst Blochs »Literarische Aufsätze«*, in: *Tagesspiegel*, 27. März 1966

ders.: *Ernst Blochs »Literarische Aufsätze«*, in: *Neue deutsche Hefte*, Juli 1966

ders.: *Blochs Tübinger Neubeginn*, in: *Neue deutsche Hefte*, 1964

Haar, Johann: *Ernst Bloch, »Das Prinzip Hoffnung«. Marxistische Eschatologie*, in: *Informationsblatt der lutherischen Landeskirche*, Hamburg, 9. Februar 1961

Habermas, Jürgen: *Ein marxistischer Schelling. Zu Ernst Blochs spekulativem Materialismus*, in: *Theorie und Praxis. Sozialphilosophische Studien – Politica* Bd. 11, Berlin 1963; vorher in: *Merkur*, Nr. 11, 1960

ders.: *Zur philosophischen Diskussion um Marx und den Marxismus*, in: *Theorie und Praxis*, a.a.O., S. 296-298

Härtling, Peter: *Aus dem Geist der Utopie*, in: *Deutsche Zeitung*, 8. Juli 1960

Haeger, Klaus Albrecht: *Anregungen zur philosophischen Lektüre: Ernst Bloch, »Das Prinzip Hoffnung«*, in: *Pädagogische Provinz*, Jg. 20, Nr. 4, 1966

Hager, Kurt: *Der Kampf gegen bürgerliche Ideologie und Revisionismus*, in: *Forum*, Nr. 3-4, Februar 1957

Halperin, Josef: *Ernst Bloch, »Erbschaft dieser Zeit«*, in: *Neue Zürcher Zeitung*, 23. Nov. 1962

Hamacher, Paul: *Heimat wider Willen*, in: *Vorwärts*, 27. September 1961

Hansen, Knud: *En ny marxistik filosofi*, in: *Dansk Udsyn*, Jg. 44, Nr. 5, 1964

Hartweg, Frédéric: *Thomas Münzer, théologien de la Révolution*, in: *Utopie–marxisme selon Ernst Bloch*, Paris, Payot, 1976, S. 205-221

Haug, Hellmut: *Extravagante Wunschträume. Ernst Bloch über das Utopia der Medizin*, in: *Stuttgarter Zeitung*, 14. Oktober 1966

Heer, Friedrich: *Ein Denker des Menschen*, in: *Magnum*, September 1960

ders.: *Vision der Zukunft in Rot und Gold*, in: *Hochland*, Oktober 1960

ders.: *Ein Feuer auf der Erde. Ernst Blochs »Atheismus im Christentum*, in: *Die Zeit*, Nr. 49, 1968

Heftrich, Eckhard: *Ernst Bloch, »Literarische Aufsätze«*, in: *Hessischer Rundfunk*, 12. Februar 1966

Hehl, Werner: *Der Revisionist Ernst Bloch revidiert Kunst und Marxismus*, in: *Stuttgarter Nachrichten*, 19. März 1966

Heim, Theodor: *Blochs Atheismus*, in: *Ernst Bloch zu ehren*, Frankfurt 1965

Heinemann, F. H.: *»Das Prinzip Hoffnung«*, in: *Philosophy*, Nr. 38, 1963, S. 87

Heinitz, Kenneth: *Theology of hope according to Ernst Bloch*, in: *Dialog* VII, 7, 1968, S. 34-41

Helms, Hans G.: *Die Ideologie der anonymen Gesellschaft*, Köln 1966

Hennemann, G.: *Differenzierungen im Begriff Fortschritt*, in: *Philosophischer Literaturanzeiger*, Nr. 11, 1958, S. 52-54

Hermelink, H.: *Thomas Münzer als Theologe der Revolution*, in: *Theologische Blätter*, Jg. 2, Nr. 198, 1923

Hesse, Hermann: *Über Ernst Blochs »Erbschaft dieser Zeit«*, in: *Bonniers Litterära Magasin*, 1935, und in: *Neue deutsche Bücher*, hrsg. v. Bernhard Zeller, Stuttgart 1965

Heydorn, Hans-Joachim: *Sich tätig begreifende Menschlichkeit. Ein Gang durch das Werk*, in: *Frankfurter Rundschau*, 5. Juli 1975

Hieronimus, Friedrich: *Gott in der marxistischen Philosophie Ernst Blochs*, in: *Die Besinnung*, Jg. 24, 1969, S. 88-93

Höflich, Egbert: *Zu Ernst Blochs »Prinzip Hoffnung«*, in: *Philosophisches Jahrbuch*, Bd. 69/II, 1961-62

Holz, Hans-Heinz: *Ernst Blochs »Subjekt–Objekt«*, in: *Deutsche Literaturzeitung*, Jg. 73, Nr. 9, September 1952

ders.: *Humanismus – Enzyklopädie – Fortschritt. Bemerkungen zu Ernst Bloch und Georg Lukács*, in: *Deutsche Woche*, 25. Februar 1953

ders.: *Der Philosoph Ernst Bloch und sein Werk »Das Prinzip Hoffnung*, in: *Sinn und Form*, 7. März 1955

ders.: *Über den Fortschrittsbegriff. Zu einer Akademieabhandlung von Ernst Bloch*, in: *Deutsche Woche*, 7. November 1956

ders.: *Philosophische Spuren*, in: *Süddeutsche Zeitung*, 19./20. Dez. 1959 ders.: *Ernst Blochs großes Systemwerk »Das Prinzip Hoffnung«*, in: *Die Tat*, Frankfurt, Juli 1960

ders.: *Erbschaft dieser Zeit«*, in: *Mainzer Allgemeine Zeitung*, 21. August 1962

ders.: *Kategorie Möglichkeit und Moduslehre*, in: *Ernst Bloch zu ehren*, Frankfurt 1965

ders.: *Die Ordnung in der Freiheit. Ernst Bloch zum 80. Geburtstag*, in: *Der Allgäuer*, 7. Juli 1965

ders.: *Der eschatologische Marxist. Ernst Bloch zum 80. Geburtstag*, in: *Stimme der Gemeinde zum kirchlichen Leben, zur Politik, Wirtschaft und Kultur*, Jg. 17, Nr. 13, 1965, S. 401-405

ders.: *Der Geist – ein trefflicher Minierer. Zur Verleihung des Friedenspreises des deutschen Buchhandels an Ernst Bloch*, in: *Weltwoche*, Jg. 37, Nr. 1770, 1967

ders.: *Die offene Form des Philosophierens*, in: *Deutsche Woche*, 13. 7. 1955, S. 15

ders.: *Einleitung zu Ernst Bloch. Auswahl aus seinen Schriften*, Frankfurt 1967

ders.: *Logos spermatikos. Ernst Blochs Philosophie der unfertigen Welt.* Darmstadt-Neuwied, Luchterhand, 1976 (Philosophische Texte, 2)

Hörgel, Charlotte: *Rebellion auf Hoffnung*, in: *Münchener theologische Zeitschrift*, Jg. 19, 1968, S. 49-53

Horster, Detlev: *Marx und Bloch*, in: *Es muß nicht immer Marmor sein. E. Bloch zum 90. Geburtstag.* Berlin-W, Wagenbach, 1975

Hossfeld, Paul: *Die Stellung der christlichen Religion in der marxistischen Anthropologie von Ernst Bloch*, in: *Theologie und Glaube*, Jg. 56, Nr. 6, 1966

Houten, Samuel van: *Marxistisch filosoof van de hoop*, in: *Het Parool*, 4. April 1962

ders.: *Utopie em ideologie bij Ernst Bloch. »Geist der Utopie« und »Literarische Aufsätze«*, in: *Friesekoerier*, 24. September 1966

Howard, Dick: *Marxisme et philosophie concrète. Situation de Bloch*, in: *Utopie–marxisme selon Ernst Bloch*, Paris, Payot, 1976, S. 36-53

Hurbon, Laënnec: *Ernst Bloch. Utopie et espérance*, in: *Lettre*, Nr. 190-191, 20. Mai 1974

ders.: *Ernst Bloch ou les fondements de l'action révolutionnaire*, in: *Lettre*, Nr. 155, Juli 1971

ders.: *Ernst Bloch, Utopie et espérance*, Paris, Ed. du Cerf, 1974

Ignée, Wolfgang: *Worin noch niemand war. Zum 80. Geburtstag des Philosophen Ernst Bloch*, in: *Christ und Welt*, 9. Juli 1965

Inselmann, Claus: *Marxismus als Philosophie der Hoffnung*, in: *Neue Gesellschaft*, Jg. 7, Nr. 4, 1960

ders.: *Ein Ketzer hofft*, in: *Neue Gesellschaft*, Jg. 7, Heft 4, 1960

Ivernel, Philippe: »*Traces*« *de Ernst Bloch,* in: *Langages Modernes,* Jg. 62, Nr. 1, Paris 1968, S. 87-91

ders.: *Ernst Bloch, Actualité de l'utopie,* in: *Allemagne d'aujourd'hui,* 1968, Sept.-Okt., S. 61-72

ders.: *Soupçons – D' Ernst Bloch à Walter Benjamin,* in: *Utopie-marxisme selon Ernst Bloch,* Paris, Payot, 1976, S. 265-277

Jäger, Alfred: *Reich ohne Gott. Zur Eschatologie Ernst Blochs,* Zürich, EVZ-Verlag, 1969

Jameson, Frederic: *Marxism and Form,* Princeton University Press, 1971, Kap. II, 3, *Ernst Bloch and the Future*

Janowski, Hans Norbert: *Ernst Bloch,* »*Atheismus im Christentum*«, in: *Evangelische Kommentare,* Jg. 4, Nr. 4, 1971

Jansohn, Heinz: *Utopische Hoffnung in der Immanenz – Kritische Hoffnung in der Transzendenz. Ein Vergleich zwischen Bloch und Kant,* in: *Trierer theologische Zeitschrift,* Jg. 81, Nr. 1, 1972

Jens, Walter: *Auch Philosophie gehört zur Literatur. Zum Werk Ernst Blochs,* in: *Die Zeit,* 18. Dez. 1959

ders.: *Was bedeutet Bloch bei uns?,* in: *Die Zeit,* 29. Sept. 1961

Jomier, J.: *Avicenna,* in: *Bulletin thomiste,* 1954-1956, 9, Nr. 1, S. 168

Just, G.: *Die bitterstrengen Musenhüter,* in: *Der Sonntag,* 21. Okt. 1956

Kahl, W.: »*Geist der Utopie*«, in: *Die Musik,* Nr. 16, 1924

Kaiser, Horst Helmut: *Subjekt und Gesellschaft. Studie zum Begriff der Utopie,* Frankfurt 1960

ders.: *Vom Recht einer künftigen Ordnung,* in: *Frankfurter Rundschau,* 20. Januar 1965

Kaiser, Joachim: *Gibt es Märtyrer der Hoffnung? Ernst Blochs Tübinger Antrittsvorlesung,* in: *Süddeutsche Zeitung,* 20. Nov. 1961

Kaltenbrunner, Gerd-Klaus: *Friedenspreis für Ernst Bloch. Ein Leben zwischen den Zeiten,* in: *Christ und Welt,* Jg. 20, Nr. 41, 1967

ders.: *Prinzipielle und experimentelle Utopie? Ernst Blochs Messianismus,* in: *Wort und Wahrheit. Monatszeitschrift für Religion und Kultur,* Jg. 24, 1969, S. 257-262

Kangra, Milan: *Haika na Ernsta Blocha,* in: *Prisutnosti* II, 1958

Kantorowicz, Alfred: *Besuch bei Bloch,* in: *Süddeutsche Zeitung,* 22. Sept. 1961

Kaufmann, Harald: *Ernst Bloch, der rote Prometheus,* in: *Neue Zeit,* 26. Juni 1965

Kempski, Jürgen von: *Hoffnung als Kritik. Zur Philosophie Ernst Blochs,* in: *Neue deutsche Hefte,* Nr. 3, 1960

ders.: *Das Recht und der Marxismus. Ernst Blochs »Naturrecht und menschliche Würde,* in: *Merkur,* Jg. 16, Nr. 173, 1962

ders.: *Hoffnung als Kritik. Zur Philosophie Ernst Blochs,* in: *Brechungen,*

Hamburg 1964

ders.: *Ernst Blochs »Geist der Utopie«*, in: *Hessischer Rundfunk*, 31. Januar 1965

ders.: *Ernst Blochs »Subjekt – Objekt«. Erläuterungen zu Hegel*, in: *Archiv für Philosophie*, Vol. XIII, Nr. 1-2, 1970, S. 173-174

Kern, W.: *»Subjekt – Objekt«*, in: *Theologie und Philosophie*, Nr. 42, 1967, S. 407-409

Kerstiens, Ferdinand: *Hoffnungsstruktur des Glaubens*, Mainz 1969

ders.: *La théologie de l' espérance actuellement en Allemagne; une critique bibliographique*, in: *Concilium*, Nr. 59, 1970, S. 93-101

Kimmerle, Heinz: *Eschatologie und Utopie im Denken von Ernst Bloch*, in: *Neue Zeitschrift für systematische Theologie und Religionsphilosophie*, Nr. 7, 1965

ders.: *Ernst Bloch, »Subjekt – Objekt«* und *»Tübinger Einleitung«*, in: *Hegel-Studien*, 3, Bonn 1965

ders.: *Die Zukunftsbedeutung der Hoffnung. Auseinandersetzung mit dem Hauptwerk Ernst Blochs*, Bonn 1966

ders.: *Ernst Bloch, Philosophische Aufsätze*, in: *Philosophische Rundschau*, Nr. 18, 1971

Kneif, Tibor: *Ernst Bloch und der musikalische Expressionismus*, in: *Ernst Bloch zu ehren*, Frankfurt 1965

Kocbek, Edvard: *Problemazioni – Ernst Bloch*, in: *Sodobnost*, Nr. 1-2, 1963

Koch, W.: *Thomas Münzer als Theologe der Revolution*, in: *Sozialistische Monatshefte*, Nr. 187, 1923

Kränzle, Karl: *Utopie und Ideologie. Gesellschaftskritik und politisches Engagement im Werk Ernst Blochs*, Bern, H. Lang, 1970

Kracauer, Siegfried: *Thomas Münzer als Theologe der Revolution*, in: *Frankfurter Zeitung*, 27. August 1922

ders.: *»Spuren«*, in: *Frankfurter Zeitung*, 17. Mai 1931, *Literaturblatt*, Jg. 63, Nr. 20

ders.: *Zwei Deutungen in zwei Sprachen*, in: *Ernst Bloch zu ehren*, Frankfurt 1965

Kremer, Klaus: *E. Bloch: Träume vom besseren Leben – Hoffnung und Utopie*, in: *Trierer theologische Zeitschrift*, Jg. 81, Nr. 6, 1972

Krieger, Evelina: *»Das Prinzip Hoffnung«. Auseinandersetzung mit Ernst Bloch*, in: *Augustinisch-franziskanische Theologie in der Gegenwart*, Düsseldorf, 25. Sept. 1962

dies.: *Grenzwege. Das Konkrete in Reflexion und Geschichte von Hegel bis Bloch*, Freiburg 1968

Krüger, Horst: *Ernst Bloch, »Erbschaft dieser Zeit«*, in: *Hessischer Rundfunk*, 26. August 1962

Kudsus, Hans: *Es leuchtet ein utopischer Stern im Blut. Zum 75. Geburtstag des Philosophen*, in: *Der Tagesspiegel*, 10. Juli 1960 ders.: *Revolutionär als Friedensengel. Ein Porträt Ernst Blochs*, in: *Der Tagesspiegel*, 17. Okt. 1967

Künzli, Arnold: *Im Licht der Hoffnung. Zum 80. Geburtstag von Ernst Bloch*, in: *Frankfurter Rundschau*, 7. Juli 1965

Kurella, Alfred: *Zur Theorie der Moral. Eine alte Polemik mit Ernst Bloch*, in: *Deutsche Zeitschrift für Philosophie*, Jg. 6, Nr. 4, 1958

Lachmann, Jan Milic: *Eine atheistische Interpretation der Bibel. Ernst Blochs »Atheismus im Christentum«*, in: *Reformatio*, Jg. 20, Nr. 4, 1971

Lamprecht, Helmut: *Begegnung in einem Buch: Ernst Blochs »Literarische Aufsätze*, in: *Radio Bremen*, 1965

Landmann, Michael: *Wir heißen euch hoffen. Zur Philosophie Ernst Blochs*, in: *Sankt Gallener Tagblatt*, 1. April 1960

ders.: *Ernst Bloch im Gespräch*, in: *Ernst Bloch zu ehren*, Frankfurt 1965

ders.: *Philosophie ist nie das Letzte. Zum 80. Geburtstag Ernst Blochs*, in: *Frankfurter Allgemeine Zeitung*, 7. Juli 1965

ders.: *Gespräche mit Ernst Bloch*, in: *Neue deutsche Hefte*, Jg. 14, 1967, S. 23-28

ders.: *Georg Simmel als Prügelknabe*, in: *Philosophische Rundschau*, Nr. 14, 1967, S. 258-274

Leblond, J. M.: *Ernst Bloch, »Das Prinzip Hoffnung«*, in: *Archives de Philosophie*, Nr. 30, 1967

Leclerc, J.: *Ernst Bloch, »Thomas Münzer als Theologe der Revolution«*, in: *Etudes*, Nr. 322, 1965

Leithäuser, Thomas: *Das, was schwer zu machen ist: Undogmatische Theorie und phantasievolle Praxis*, in: *Es muß nicht immer Marmor sein* (E. Bloch zum 90. Geburtstag), Berlin-W, Wagenbach, 1975, S. 47-58

Lendvai, E.: *Geist der Utopie*, in: *Sozialistische Monatshefte*, 1919, S. 842

Lenk, Kurt: *Ideologie, Ideologiekritik und Wissenssoziologie*, Neuwied 1961

ders.: *Ernst Bloch und der SED-Revisionismus*, in: *Moderne Welt*, Nr. 1, 1964

Leonhard, Wolfgang: *Ernst Blochs gescheiterter Versuch. Das Leben eines marxistischen Philosophen in der DDR*, in: *Die Zeit*, Nr. 40, 1961

Leser, Norbert: *Keine Heimat für Ernst Bloch*, in: *Neues Forum*, Wien, Nr. 96, 1961

Lévinas, Emmanuel: *Sur la mort dans la pensée d'Ernst Bloch*, in: *Utopie – marxisme selon Ernst Bloch*, Paris, Payot, 1976, S. 318-326

Ley, Hermann: *Ernst Bloch und das Hegelsche System*, in: *Einheit*, Nr. 12, 1957

ders.: *»Avicenna«*, in: *Deutsche Literaturzeitung*, Nr. 79, 1955, S. 248-253

Lieber, H. J.: *Utopie und Selbstaufklärung der Gesellschaft. Reflexionen über Ernst Blochs »Das Prinzip Hoffnung«*, in: *Philosophie, Soziologie, Gesellschaft*, Berlin 1965, S. 164-185

Lochmann, J. M.: *Une interprétation athée de la bible*, in: *Christianisme social*, Nr. 9/10, 1970

Löther, R.: *Die marxistische Auffassung vom Menschen und die Unwissenschaftlichkeit sowie der Klassenkampf der philosophischen Anthropologie, dargestellt am Beispiel der Auffassung Arnold Gehlens, Eduard Hengstenbergs und Ernst Blochs*, in: *Wissenschaftliche Zeitschrift der Universität Halle-Wittenberg*, Jg. 8, Nr. 4-5, 1958

Lombardi, Franco: *Ernst Bloch o della speranza*, in: *De Homine*, Nr. 26, 1968

ders.: *Bloch, Ernst*, in: *The Encyclopedia of Philosophy*, New York/London, t. 1, coll. 321-323, 1967

Lorenz, K.: *Hoffnung als Wissenschaft. Die Philosophie Ernst Blochs*, in: *Deutsche Universitätszeitung*, Nr. 12, 1957, S. 9-11

Lorenz, R.: *Auf den Grund gehen*, in: *Der Sonntag*, 4. Nov. 1956

Lowe, Adolph: *S ist noch nicht P*, in: *Ernst Bloch zu ehren*, Frankfurt 1965

Lübbe, H.: *Zur marxistischen Auslegung Hegels*, in: *Philosophische Rundschau*, Nr. 2, 1954/55, S. 54-60

Ludz, Peter: *Religionskritik und utopische Revolution*, in: *Probleme der Religionssoziologie* (*Kölner Zeitschrift für Soziologie*, Sonderheft 6), 1962, S. 313-335

Lyotard, Jean-François: *Puissance des Traces, ou: contribution de Bloch à une histoire païenne*, in: *Utopie – marxisme selon Ernst Bloch*, Paris, Payot, 1976, S. 57-67

Maihofer, Werner: *Demokratie und Sozialismus*, in: *Ernst Bloch zu ehren*, Frankfurt 1965

ders.: *Ernst Blochs Evolution des Marxismus*, in: *Die neue Gesellschaft*, Jg. 15, 1968, S. 259-266

ders.: *Laudatio für Ernst Bloch*, in: *Konstanzer Blätter für Hochschulfragen*, Jg. 6, Nr. 2, 1968

Mancini, Italo: *La metareligione di Ernst Bloch e il conflitto delle teleologie*, in: *Filosofia e teleologia della speranza*, Padova 1973

ders.: *Ernst Bloch, I. Teoria della speranza; II. Filosofia della religione*, in: *Rivista di filosofia neo-scolastica*, 1973, fasc. III, S. 423-470, fasc. IV, S. 661-710

Mangold, W.: *Ketzerischer Philosoph des Kommunismus*, in: *Südkurier*, 5. November 1966

Manthey, Franz: *Die Religionstheorie von Ernst Bloch*, in: *Königsteiner Studien*, Jg. 14, 1968, S. 1-20

Marcic, René: *Der Denker des »Noch-Nicht«*, in: *Orientierung. Katholi-*

sche Blätter für weltanschauliche Information, Jg. 29, Nr. 14-15, 1965, S. 159

ders.: *Ernst Bloch und die klassische Naturrechtslehre*, in: *Orientierung*, Nr. 27, 1970, S. 88-91

Marcus, Wolfgang: *Ernst Bloch und das katholische Bewußtsein*, in: *Der katholische Gedanke*, Jg. 22, 1966, S. 63-67

Marcuse, Ludwig, *Bewunderung und Abscheu*, in: *Stuttgarter Zeitung*, 12. März 1960

ders.: *Matadore des Geistes*, in: *Aufbau*, 1. Dezember 1961

Markov, Walter: *Die Utopie des Citoyen*, in: *Aufbau*, Nr. 7, 1955

Markovits, Francine: *Un matérialisme ambigu*, in: *Utopie-marxisme selon Ernst Bloch*, Paris, Payot, 1976, S. 123-136

Marin, Louis: *La pratique – fiction Utopie*, in: *Utopie-marxisme selon Ernst Bloch*, Paris, Payot, 1976, S. 241-264

Marsch, Wolf-Dieter: *Eritis sicut Deus. Das Werk Ernst Blochs als Frage an christliche Ethik*, in: *Kommunität*, Berlin, Jan. 1961; in: *Kerygma und Dogma*, Nr. 3, 1961

ders.: *Hoffen worauf? Auseinandersetzung mit Ernst Bloch*, Hamburg 1963

ders.: *Ernst Bloch*, in: *Tendenzen der Theologie im 20. Jahrhundert*, 1966, S. 258-263

ders.: *Zukunft*. Stuttgart 1969, Kap. II, 3a

ders.: *Gespräch über die Kategorie Novum* (Gespräch mit Ernst Bloch und Jürgen Moltmann), in: *J. Moltmann im Gespräch mit Ernst Bloch*, München, Kaiser Verlag, 1976, S. 55-62

Martersteig, Max: »*Geist der Utopie*«, in: *Zeitschrift für Bücherfreunde*, Beiblatt XI, 1919

Marty, Martin E., und Peermann (Hrsg.), *New Theology*, Nr. 5, New York 1968

Maschi, S.: *L'utopia messianica di Ernst Bloch*, in: *Letture*, 1971, S. 497-500

Mauz, Gerhard: *Schwierigkeiten beim Aufrechtgehen. Über eine Diskussion mit Ernst Bloch und Rudi Dutschke*, in: *Der Spiegel*, Jg. 22, 1968, S. 30

Mayer, Hans: *Ernst Blochs poetische Sendung*, in: *Ernst Bloch zu ehren*, Frankfurt 1965

ders.: *Spuren – aber wovon und wohin? Ernst Bloch zum 80. Geburtstag*, in: *Die Zeit*, 2. Juli 1965

ders.: *Drei Schwierigkeiten mit Ernst Bloch*, in: *Frankfurter Allgemeine Zeitung*, 17. Mai 1975

Mayr, Frank K.: *Ernst Bloch – eine Frage an die Christenheit*, in: *Tijdschrift voor philosophie*, vol. 71, 1963

Melandri, Enzo: *Una filosofia dell' utopia: la »docta spes« di Ernst Bloch*, in: *Il Mulino*, Dez. 1960

Melchinger, Siegfried: *Noch einmal der Fall Ernst Bloch. Nachwort im Hinblick auf die »Spuren«,* in: *Stuttgarter Zeitung,* 9. April 1960

ders.: *Optimismus mit Trauerflor,* in: *Stuttgarter Zeitung,* 30. Mai 1960

Metz, Johannes B.: *God before us instead of a Theological Argument,* in: *Cross Currents,* XVIII, 1968, S. 295-306

ders.: *The Responsiblity of Hope,* in: *Philosophy Today,* X, 4, 1966, S. 280-288

ders.: *Gott vor uns. Statt eines theologischen Arguments,* in: *Ernst Bloch zu ehren,* Frankfurt 1965

ders.: *Verantwortung der Hoffnung,* in: *Stimmen der Zeit,* Freiburg, Juni 1966, S. 451-462

Metzger, Arnold: *Utopie und Transzendenz,* in: *Ernst Bloch zu ehren,* Frankfurt 1965

Metzger, Manfred: *Theologie als Wissenschaft,* in: *Ernst Bloch zu ehren,* Frankfurt 1965

Michael, Chr.: *Hoffnung, Illusion und Bloch,* in: *Freie Rundschau,* Nr. 1, 1962

Michaelis, Rolf: *Prophet des Friedens,* in: *Frankfurter Allgemeine Zeitung,* 16. Okt. 1967

Minder, Robert: *Dichter in der Gesellschaft. Erfahrungen mit deutscher und französischer Literatur,* Frankfurt 1966

Moebus, G.: *Bloch contra Bloch. Varianten einer leninistischen Philosophie,* in: *Rheinischer Merkur,* Jg. 17, Nr. 7, 1962, S. 4

Moltmann, Jürgen: *Ernst Bloch: Messianismus und Marxismus. Einführende Bemerkungen zum »Prinzip Hoffnung«,* in: *Kirche in der Zeit,* Jg. 15, Nr. 8, 1960

ders.: *Die Menschenrechte und der Marxismus. Einführung und kritische Reflexionen zu Ernst Blochs »Naturrecht und menschliche Würde«,* in: *Kirche in der Zeit,* März 1962

ders.: *»Das Prinzip Hoffnung« und die christliche Zuversicht. Kritische Bemerkungen zu Ernst Blochs Religionskritik,* in: *Evangelische Theologie,* Nr. 22, 1963

ders.: *Die Kategorie Novum in der christlichen Theologie,* in: *Ernst Bloch zu ehren,* Frankfurt 1965

ders.: *Theologie der Hoffnung,* München 1963

ders.: *»Behold, I make all things new«: The Category of the New in Christian Theology,* in: *The Future as a Presence of Shared Hope,* hrsg. v. Maryellen Muckenhirn, New York 1968, S. 9-33

ders.: *Hope without Faith: An Eschatological Humanism without God,* in: *Is God dead?,* hrsg. v. J. B. Metz, New York 1966, S. 25-40

ders.: *Hope and confidence: A Conversation with Ernst Bloch,* in: *Dialog* VII, 1, 1968

ders.: *Hoping and Planning,* in: *Cross Currents,* XVIII, 3, 1968, S. 307-319 ders.: Einleitung zu *Ernst Bloch, Man on his Own*, New York 1970

ders.: *Jürgen Moltmann im Gespräch mit Ernst Bloch. Eine theologische Wegbegleitung*, Chr. Kaiser-Verlag, München 1976

Morf, Otto: *Ernst Bloch und die Utopie*, in: *Neue Deutsche Literatur*, Jg. 3, Nr. 4, 1955

Morra, Gianfranco: *Ernst Bloch. La »docta spes« come ateismo cristiano*, in: *Ethica*, Nr. 10, 1971

Müller, Ernst: *Zur Ontologie des Noch-Nicht-Seins*, in: *Schwäbisches Tagblatt*, 1. Juni 1960

ders.: *Utopie und Dialektik. Zu Ernst Blochs Hegel-Erläuterungen*, in: *Tübinger Blätter*, Tübingen 1966

Müller-Strömsdörffer, Ilse: *L' art pour l' espoir. Ernst Blochs Ästhetik des Utopischen. Studien zum Bild eines Ideals*, in: *Probleme der Kunstwissenschaft*, Bd. 2, 1966, S. 323-352

Muminovič, Rasim: *Philosophie der Heimat*, in: *Praxis*, Nr. 4, 1966

ders.: *Philosophija Ernsta Blocha*, Belgrad 1973

ders.: *Utopicum als Indikation der Krise des Humanismus*, in: *Praxis*, Nr. 1-2, 1972

Münster, Arno: *Ernst Bloch, philosophe de l'espérance*, in: *Le Monde*, 7. März 1975

ders.: *Paris ehrt Ernst Bloch*, in: *Frankfurter Rundschau*, 13. März 1975

ders.: *Gespräch mit Ernst Bloch aus Anlaß des 90. Geburtstags des Philosophen*, Radio Bremen, 8. Juli 1975. Wiederabgedruckt unter dem Titel *War Allende zu wenig Kältestrom?*, in: *Gespräche mit Ernst Bloch*, hrsg. v. Rainer Traub und Harald Wieser, Frankfurt 1975, S. 221-240

ders.: *»Experimentum Mundi«*, in: *Allemagne d'aujourd'hui*, Nr. 53, Mai-Juni 1976, S. 101-104

Neff, Kurt: *Ernst Blochs »Literarische Aufsätze«*, in: *Deutschlandfunk*, 16. Mai 1966

Negt, Oskar: *Ernst Bloch, der deutsche Philosoph der Oktoberrevolution*, in: Ernst Bloch, *Vom Hasard zur Katastrophe*, Frankfurt 1971

ders.: *Erbschaft aus Ungleichzeitigkeit und das Problem der Propaganda*, in: *Es muß nicht immer Marmor sein* (E. Bloch zum 90. Geburtstag), Berlin 1975, S. 9-34

Néher, André: *Job dans l'œuvre d' Ernst Bloch*, in: *Utopie-marxisme selon E. Bloch*, Paris, Payot 1976, S. 233-238

Nenning, Günther: *Begegnung mit Ernst Bloch*, in: *Zukunft*, Wien, November 1962

Neutert, Mathias: *Ent oder Weder. Mit Ernst Bloch im Café*, in: *Die Zeit*, Jg. 24, Nr. 30

Ocič, Djordje: *»Subjekt-Objekt«*, in: *Gledista*, 1960

O' Collins, Gerald: *Man and his new Hopes*, New York 1969, S. 23 ff.

ders.: *The Principle and Theology of Hope*, in: *Scottish Journal of Theology*, XXI, 2, 1968, S. 129-144

ders.: *Spes quaerens Intellectum*, in: *Interpretation*, XII, I, 1968, S. 36-52

Oedingen, G.: *Der Begriff der Wahrheit und das Bekenntnis der Wahrheit*, in: *Tijdschrift voor philosophie*, Jg. 30, Nr. 1, Leuwen 1968, S. 164-168

Ogiermann: »*Subjekt-Objekt*«, in: *Scholastik*, 1955, Nr. 30, S. 459-460

Ohly, Hans: *Revolution und Reformation*, in: *Junge Kirche*, Jg. 28, Nr. 10, 1967, S. 553-563

ders.: *Wüste und Garten*, in: *Der Kulturspiegel*, Bayerischer Rundfunk, 24. 8. 1964

Olles, Helmut: *Der Marxismus und die Träume vom besseren Leben*, in: *Frankfurter Hefte*, Jg. 10, Nr. 4, 1955

ders.: *Die Welt verändern*, in: *Frankfurter Hefte*, Jg. 11, Nr. 10, 1956

Opolka, Uwe: *Héritage et réalisme – E. Bloch dans le débat sur l'expressionisme* (1937-1938), in: *Utopie – marxisme selon E. Bloch*, Paris, Payot 1976, S.. 80-92

Otto, Stephan: *Symbolik und Utopik. Ernst Bloch als der Theoretiker der symbolisierenden Vernunft*, in: *Hochland*, Nr. 62, 1970

Paci, Enzo: *Considerazioni attuali su Bloch*, in: *Aut-Aut* Nr. 125, 1971

Paetzold, Heinz: *Neomarxistische Ästhetik I: Bloch-Benjamin*, Düsseldorf 1974

Palmier, Jean-Michel: *Entretien avec le penseur marxiste Ernst Bloch*, in: *Le Monde*, 30. Oktober 1970

ders.: *La traversée du siècle d'Ernst Bloch. Entretien exclusif. I, De Lukács à Brecht. II. De Marcuse à Sartre*, in: *Les nouvelles littéraires* 29. 4. 1976 und 6. 5. 1976

ders.: *Ernst Bloch et »le manteau magique de Faust«* (Besprechung von *La Philosophie de la Renaissance*), in: *Le Monde* vom 7. 2. 1975

ders.: *Un hymne à l'espoir et à la révolte. L'œuvre majeure d'Ernst Bloch (Le Principe Espérance)*, in: *Le Monde*, 18. Juni 1976

Pannenberg, Wolfhart: *Der Gott der Hoffnung*, in: *Ernst Bloch zu ehren*, Frankfurt 1965

Pacquet, A.: *Thomas Münzer*, in: *Der neue Merkur*, Jg. VI, Okt. 1924

Pasterk, Ursula: *Utopie und Religion. Ernst Bloch zum 85. Geburtstag*, in: *Wissenschaft und Weltbild*, Nr. 23, 1970

dieselbe: *Die Utopie vom Reich der Freiheit*, in: *Marxismus – Christentum*, Mainz 1974, S. 152-167

Pejovič, Danilo: »*Subjekt-Objekt*«, in: *Vjenik*, 31. Januar 1960

ders.: *Pojam napretka kod Ernsta Blocha*, in: *Naše teme*, Nr. 2, 1960

ders.: *Dva Marxisticka pristupa Hegelu*, in: *Naše teme*, Nr. 3, 1960

ders.: *Tübinger Einleitung*, in: *Praxis*, I, 1964

ders.: *Potraga za bitkom kao hermeneutika nade (utopijska filosofija*

Ernsta Blocha), in: *Tübingenski uvod*, Beograd 1966

Penzo, Giorgio: *Riflessioni sulla dimensione ontologica della speranza blochiana*, in: *Filosofia e teologia della speranza*, Padova 1973

Perels, Joachim: *Ernst Bloch, »Naturrecht und menschliche Würde«*, in: *Kritische Justiz*, Nr. 1, 1972

ders.: *Sozialistisches Erbe an bürgerlichen Menschenrechten?* in: *Es muß nicht immer Marmor sein* (E. Bloch zum 90. Geburtstag), Berlin 1975, S. 82-94

Perez, Justo: *Introducción a Bloch*, in: *Convivium*, Nr. 26, 1968

Perlini, Tito: *Metafisica e utopia in Bloch*, in: *Aut-Aut*, Nr. 125, 1971

Pesič-Golubovič, Zaga: *»Subjekt-Objekt«*, in: *Preglod*, Nr. 9, Sarajewo 1960

Peters, Jürgen: *Es muß nicht immer Marmor sein. Kleine Bloch-Kommentare*, in: *Es muß nicht immer Marmor sein* (E. Bloch zum 90. Geburtstag), Berlin 1975, S. 35-46

Petersen, W.: *»Geist der Utopie«*, in: *Das Reich*, München 1919

Pfeffer, Gottfried: *Fortschritt und Hoffnung*, in: *Rheinischer Merkur*, 20. Dezember 1967

Piccone, Paul: *Bloch's Marxism*, in: *Continuum*, VII, 4, 1970, S. 627-631

Pieretti, A.: *Ernst Bloch, Ateismo nel cristianismo*, in: *Proteus* Nr. 2, 1971

Peiper, Josef: *Hoffnung und Geschichte*, München 1967, S. 81-102

Petitdemange, Guy: *L'utopie chez Marx relu par Ernst Bloch*, in: *Projet*, April 1972, S. 391-406

Piron-Audard, Catherine: *Anthropologie marxiste et psychanalyse selon Ernst Bloch*, in: Utopie-marxisme selon Ernst Bloch, Paris, Payot, 1976, S. 109-120

Platon, M. R.: *Ernst Bloch, »Avicenna y la izquierda aristotelica«*, in: *Sefarad*, Nr. 67, 1967

Plattel, M. G.: Ernst Bloch, in: *Filosofen van de 2°eeuw*, Amsterdam 1972

Poglavje, Treče: *Ernst Bloch. Historija Marksizma*, Zagreb 1961

Pozzan, A. M.: *Ernst Bloch, »Verfremdungen II«*, in: *De Homine*, Nr. 13-14, 1965, S. 231 f.

Prastaro, Anna Maria: *Umanesimo, cosmologismo e filosofia della speranza di fronte al problema religioso*, in: *Filosofia e teologia della speranza*, Padova 1973

Pross, Harry: *Erinnerungen aus der Zukunft*, in: *Deutsche Zeitung*, 20./21. Februar 1960

Przywara, E.: *»Das Prinzip Hoffnung«*, in: *Les Etudes Philosophiques*, 1963, Nr. 18, S. 81-83

Quenzer, W.: *Hoffnung im Niemandsland. Der Philosoph Ernst Bloch in Tübingen*, in: *Stuttgarter Nachrichten*, 31. Mai 1960

Quillet, Pierre: *Le carcan hégelien*, in: *Utopie-marxisme selon Ernst Bloch*, Paris, Payot, 1976, S. 171-177

Raddatz, Fritz J.: *Nicht Eschaton, sondern aufrechter Gang. Zu Ernst Blochs politischen Aufsätzen*, in: *Merkur*, Nr. 281, 1971

Ratschow, Carl Heinz: *Atheismus im Christentum? Eine Auseinandersetzung mit Ernst Bloch*, Gütersloh 1970

Raulet, Gérard: *Utopie – discours pratique. Einleitung zu: Utopie – marxisme selon E. Bloch*, hommages publiés par Gérard Raulet, Paris, Payot, 1976, S. 9-35

ders.: *Encerclement technocratique et dépassement pratique – L'utopie concrète comme théorie critique*, in: *Utopie-marxisme selon Ernst Bloch*, Paris, Payot, 1976, S. 291-308

ders.: *Le système ouvert ou l'expérience du monde. Du »Principe Espérance« à »Experimentum Mundi«*, in: *Allemagne d'aujourd'hui*, n° 53, Mai-Juni 1976, S. 95-100

Reding, Marcel: *Utopie, Phantasie, Prophetie – das »Prinzip Hoffnung« im Marxismus*, in: *Frankfurter Hefte*, Nr. 1, 1961

derselbe: *Ein Partner im Gespräch um die Zukunft*, in: *Zürcher Woche*, 23. März 1962

Reich-Ranitzky, Marcel: *Doktorwürde für Ernst Bloch*, in: *FAZ*, 30. 6. 1975

Reifenberg, Benno: *Über Ernst Blochs »Spuren«*, in: *Frankfurter Zeitung*, 1930

Reinike, Helmut, L.: *Materie und Geschichte*, Kronberg 1975

ders.: *Ware und Dialektik*, Neuwied 1974, Kap. IV.

Reinschmidt, H.: *Progression und Regression. Ernst Bloch und die Tiefenpsychologie*, in: *Wege zum Menschen*, Jg. 22, Nr. 10-11, 1970

Ricci, Garotti, L.: *La meta finale del progresso in E. Bloch*, in: *L'Unità*, 11. Februar 1964

Ringshausen, Gerhard: *Ernst Bloch, »Atheismus im Christentum«*, in: *Der evangelische Erzieher*, Nr. 7, 1969

Ripanti, Graziano: *L'ermeneutica della teologia della speranza*, in: *Filosofia e teologia della speranza*, Padova 1973

Rivera de Ventosa: *Ernst Bloch, Religion im Erbe*, in: *Naturaleza y Gracia*, Nr. 16, 1969

Roeder von Diersburg, E.: *Zur Ontologie und Logik offener Systeme – Ernst Bloch vor dem Gesetz der Tradition*, Berlin 1967

Roschmann, Kurt: *Ein Zeitgenosse mit Niveau*, in: *Stuttgarter Zeitung*, 20. Januar 1965

Rosenberg, Curt: *Zu Ernst Bloch und »Das Prinzip Hoffnung«*, in: *Panorama*, Dezember 1961

Rühle, Jürgen: *Die Dämmerung nach vorn. Über den Philosophen Ernst Bloch*, in: *Der Monat*, Jg. 10, Nr. 120, 1958

ders.: *Literatur und Revolution. Die Schriftsteller und der Kommunismus*, Köln 1960

ders.: *Ernst Bloch – ein Gespräch mit einem Philosophen*, in: *Deutsches*

Fernsehen (WDR), 23. Nov. 1964

ders.: *Geist der Utopie*, in: *Der Revisionismus*, hrsg. v. Leopold Labedz, Köln 1965

ders.: *The Philosopher of Hope: Ernst Bloch*, in: *Revisionism*, hrsg. von Leopold Labedz, London, 1962, S. 166-178

Sancez, R.: *Ernst Bloch, Avicenna y la izquierda aristotelica*, in: *Aporia*, Nr. 2, 1966

Sánchez, Pascual, A. P.: *Ernst Bloch, Subjekt-Objekt. Erläuterungen zu Hegel*, in: *Revista de filosofia*, Nr. 23, 1964

Sander, Hans-Dietrich: *Die Freiheit, Brüder, die kam nie. Zum 75. Geburtstag Ernst Blochs*, in: *Die Welt*, 8. Juli 1960

ders.: *Vielleicht der letzte naive Prophet des Fortschritts. Ernst Bloch und sein »Prinzip Hoffnung«*, in: *Die Welt*, 23. Jan. 1960

Sauter, Gerhard: *Der verborgene Mensch. Zur Bestimmung des Menschen bei Ernst Bloch und die theologische Anthropologie*, in: *Zeitwende. Die neue Furche*, Jg. 37, 1966, S. 832-840

ders.: *Zukunft und Verheißung. Das Problem der Zukunft in der gegenwärtigen theologischen und philosophischen Diskussion*, Zürich/Stuttgart 1965, S. 60

Scheffel, Helmut: *Verteidiger des Lichts*, in: *Frankfurter Allgemeine Zeitung*, 20. Januar 1965

Schilling, S. Paul: *Ernst Bloch: Philosopher of the Not-Yet*, in: *The Christian Century*, LXXXIV, 46, 1967, S. 1455-1458

Schmalenbach, H.: *»Geist der Utopie«*, in: *Sozialistische Monatshefte*, 1919, S. 831

Schmidt, Alfred: *Der Begriff der Natur in der Lehre von Marx*, in: *Frankfurter Beiträge zur Soziologie*, Vol. II, 1962

ders.: *Ernst Bloch und die ultima Materia*, in: *Ernst Blochs Wirkung. Ein Arbeitsbuch zum 90. Geburtstag*, Frankfurt 1975, S. 71-74

Schmidt, Burghart: *Gegen die gängige Verwechslung konkreter Utopie mit technischer Planung*, in: *Werk/Œuvre*, September 1973

ders.: *The Politics of Epistemology*, in: *Telos*, Nr. 21, Saint Louis 1974

ders.: *Une téléologie naturelle qualitative*, in: *Utopie-marxisme selon Ernst Bloch*, Paris, Payot, 1976, S. 137-152

Schmidt, Gerhard: *Ernst Bloch und der Friede*, in: *Die neue Ordnung in Kirche, Staat, Gesellschaft und Kultur*, Jg. 22, 1968, S. 28-37

Schmidt, Walter: *Die christliche Hoffnung – ein Wunschtraum? Zur Religionstheorie Ludwig Feuerbachs und Ernst Blochs*, in: *Deutsches Pfarrerblatt*, Nr. 21, 1966, S. 679-682

Schmieding, Walter: *Kann Hoffnung enttäuscht werden? Ernst Blochs Werk*, in: *Ruhr-Nachrichten*, 1. Dezember 1962

Scholz, Günther: *Sprung. Zur Geschichte eines philosophischen Begriffs*, in: *Archiv für Begriffsgeschichte*, 11. 1967, S. 206-237

Schonauer, Franz: *Expressionismus und Faschismus*, II. Teil – Auseinandersetzung im Anschluß an die Diskussionen von Bloch und Lukács, in: *Literatur und Kritik*, Nr. 8, 1966

Schnebel, Dieter: *Formes de la musique nouvelle*, in: *Utopie – marxisme selon Ernst Bloch*, Paris, Payot, 1976, S. 93-106

Schreiter, Robert: *Ernst Bloch: the man and his work*, in: *Philosophie Today*, Nr. 4, 1970

Schrey, Heinz-Horst: *Ernst Blochs Philosophie der Hoffnung*, in: *Deutsches Pfarrerblatt*, 2, 1961

Schubart, Wolfgang: *Kritische Bemerkungen zu dem Buch »Subjekt-Objekt«*, in: *Einheit*, Jg. 7, Nr. 6, 1952

ders.: Beitrag in: *Ernst Blochs Revision des Marxismus*, Berlin 1957

ders.: *Die neuesten Arbeiten von Ernst Bloch und die Kafka-Diskussion*, in: *Wissenschaftliche Zeitschrift der Friedrich Schiller-Universität Jena/Thüringen*, Nr. 3, 1964

Schumacher, Joachim: *Anmerkungen zur Vorgeschichte des Begriffes Nichts bei Hegel und seine Aufhebung durch Marx und Ernst Bloch*, in: *Praxis*, Nr. 8, 1971

Schütz, Paul: *Charisma Hoffnung. Von der Zukunft der Welt*, Hamburg 1962

Schütze, Christian: *Götter auch hier. Ernst Blochs Tübinger Vortrag zur Philosophie des Künstlerromans*, in: *Stuttgarter Zeitung*, 10. August 1961

Schulz, Robert: *Kritisches zum Fortschrittsbegriff Ernst Blochs*, in: *Deutsche Zeitschrift für Philosophie*, 5. April 1957

Schwerdtfeger, Erich: *Der Begriff der Utopie in Blochs »Abriß der Sozialutopien«*, in: *Neue Zeitschrift für systematische Theologie und Religionsphilosophie*, Nr. 3, 1965

ders.: *Der Begriff der Utopie im Denken von Ernst Bloch*, in: *Neue Zeitschrift für systematische Theologie und Religionsphilosophie*, Nr. 7, 1965

Schwonke, Martin: *Vom Staatsroman zur Science Fiction*, Stuttgart 1957, S. 114-120

Seehof, Arthur: *Von der Utopie zur Wissenschaft und Wirklichkeit*, in: *WJSO* (Wirtschafts- und Sozialwissenschaftliche Korrespondenz, hrsg. v. V. Agartz), 15. August 1959

Seim, Jürgen: *Bloch unter den Propheten*, in: *Theologischer Jahresbericht*, München 1962

Selzle, Alfons: *Friedenspreis für einen streitbaren Marxisten*, in: *Stimmen der Zeit*, Jg. 22, 1967, S. 348-351

Siering, Johann: *Ernst Bloch zu ehren*, in: *Neue Deutsche Hefte*, Nr. 107, 1965

Simon, Heinrich: *Deutsche Beiträge zum Avicenna-Gedenkjahr 1952*, in: *Deutsche Zeitschrift für Philosophie*, Jg. 1, Nr. 2, 1953

Skriver, A.: *Ernst Bloch zur Feier*, in: *Liberale Beiträge zur Entwicklung einer freiheitlichen Ordnung*, Jg. 9, 1967

Solomon, Maynard: *Marxism and Art*, New York, 1973, S. 567-575

ders.: *Marx and Bloch; Reflexions on Utopia and Art*, in: *Telos*, Nr. 13, Saint-Louis 1972

Spiel, Hilde: *Schleppe und Fackel. Ernst Blochs Rede über Materialismus*, in: *Frankfurter Allgemeine Zeitung*, 11. September 1964

Splett, Jörg: *Docta spes. Zu Ernst Blochs Ontologie des Noch-Nicht-Seins*, in: *Theologie und Philosophie*, Jg. 54, Nr. 3, Freiburg 1969, S. 383-394

Steiner, George: *The Pythagorean Genre*, in: *Ernst Bloch zu ehren*, Frankfurt 1965, S. 327-343

Sternberger, Dolf: *Vergiß das Beste nicht*, in: *Frankfurter Allgemeine Zeitung*, 9. April 1960

Stern, Gustave: *Le drame d'Ernst Bloch*, in: *L'Express*, 28. Sept. 1961

Stöhr, M.: *Ernst Bloch, Marx und die Revolution*, in: *Zeitschrift für evangelische Ethik*, Nr. 2, 1972

Strohm, Stefan: *Ausfahrt und Trompetensignal. Über Ernst Bloch, Zur Philosophie der Musik*, in: *Süddeutscher Rundfunk*, 10. 4. 1975

Strolz, Walter: *Der Marxist und die Hoffnung. Einige Überlegungen zu dem Werk Ernst Blochs*, in: *Wort und Wahrheit*, Nr. 10, 1960, S. 573-584

ders.: *Erbe unverloren*, in: *Die Welt*, 14. Oktober 1967

ders.: *Das Problem bei Freud, Wittgenstein, Bloch*, in: *Der moderne Atheismus*, hrsg. v. Ludwig Klin, München 1970, S. 23-35

Strunz, F.: *»Thomas Münzer als Theologe der Revolution«*, in: *Das literarische Echo*, Nr. 25, 1923

Suhrkamp-Morgenblatt: Beiträge über Bloch, Pressestimmen, autobiographische Äußerungen, Übersicht über Leben und Werk, Nr. 14, 2. Nov. 1959

Susman, Margarete: *»Geist der Utopie«*, in: *Zeitschrift für Bücherfreunde*, 8, 4, 1919, wieder abgedruckt in: *Ernst Bloch zu ehren*, Frankfurt 1965

dies.: *An die Hoffnung glauben*, in: *Die Weltwoche*, 28. Jan. 1966

Spiegel-Interview mit Ernst Bloch zu dem Schlag gegen den »Praxis«-Kreis, in: *Der Spiegel* 29. Jg., Nr. 6, 3. Februar 1975, S. 80-82 *(Jugoslawien nagelt die Flagge an den Mast)*

Tadič, Ljubomir: *Misao Lukasca i Blocha. Danilo Pejovič. Kasna zetva Ljubomir Tadič, Pirodnopravo i socijalna utopija*, in: *Praxis*, Nr. 3, 1966

Tiedemann, Rolf: *Studien zur Philosophie Walter Benjamins*, in: *Frankfurter Beiträge zur Soziologie*, Vol. XVI, 1965

Tillich, Paul: *Das Recht auf Hoffnung*, in: *Ernst Bloch zu ehren*, Frankfurt 1965, S. 371-377

Titze, H.: *Ernst Bloch, »Tübinger Einleitung in die Philosophie«*, in:

Philosophischer Literaturanzeiger, Nr. 25, 1972

Tjaden, Karl-Hermann: *Zur Naturrechts-Interpretation Ernst Blochs*, in: *Archiv für Rechts- und Sozialphilosophie*, Nr. 4, 1962

Totaro, Francesco: *Ernst Bloch, »Philosophische Grundfragen« I, Zur Ontologie des Noch-Nicht-Seins*, in: *Rivista di filosofia neo-scolastica*, Nr. 1, 1964

Traub, Rainer/Wieser, Harald: *Gespräche mit Ernst Bloch*, Frankfurt 1975

dieselben: *Über Ungleichzeitigkeit, Provinz und Propaganda. Gespräch mit Ernst Bloch*, in: *Kursbuch* 39, Berlin, April 1975, S. 1-9

dieselben: *Rosa Luxemburg, Lenin und die Lehren, oder: Marxismus als Moral. Ein Gespräch mit Ernst Bloch*, in: *Frankfurter Rundschau*, 15. Februar 1975

Trinius, Reinhold: *Idee der Humanität im Denken von Ernst Bloch*, in: *Europäische Bewegung*, Nov. 1964

Tripp, Günther Mathias: *Absurdität und Hoffnung. Zum Werk von Albert Camus und Ernst Bloch*, Berlin 1968

Tuchel, Klaus: *Technik als Utopie. Dem Philosophen Ernst Bloch zum 80. Geburtstag*, in: *VDI-Nachrichten*, Nr. 27, 1965

Über Ernst Bloch. Beiträge von Martin Walser, Ivo Frenzel, Jürgen Moltmann, Jürgen Habermas, Fritz Vilmar, Iring Fetscher und Werner Maihofer. Frankfurt 1971

Ueding, Gert: *Ernst Bloch, »Atheismus im Christentum«*, in: *Merkur*, Jg. 23, Nr. 1, Stuttgart 1969, S. 89-92

ders.: *Schein und Vorschein in der Kunst. Zur Ästhetik Ernst Blochs*, in: *Neue Deutsche Hefte*, Jg. 14, S. 109-129

ders.: *Fragment und Utopie*, in: *Der Monat*, Nr. 238, Juli 1968

ders.: *Mutmaßungen über Mutmaßungen*, in: *Neues Forum*, Nr. 171-172, 1968

ders.: *Glanzvolles Elend. Versuch über Kitsch und Kolportage*, Frankfurt 1974, Abschnitt III

ders.: *Blochs Ästhetik des Vor-Scheins*, in: Ernst Bloch, *Ästhetik des Vor-Scheins*, 2 Bde., Frankfurt 1974

ders.: *L'art comme utopie – remarques sur l'esthétique du pré-apparaître chez Bloch*, in: *Utopie-marxisme selon Ernst Bloch*, Paris, Payot, 1976, S. 68-79

Uhlig, Helmut: *Der Philosoph zwischen den Stühlen*, in: *Bücher-Kommentare* Nr. 2, 1960

Unseld, Siegfried: *Zum Geleit*, in: *Ernst Bloch zu ehren*, Frankfurt 1965

Vacca, Giuseppe: *Dialettica o Speranza?*, in: *Marxismo e analisi sociale*, Bari 1969

Vanja, Sutlic: *Ernst Bloch i marksizma*, in: *Naše teme* Nr. 3, 1957

Van den Wijngaert, Louis: *Ernst Bloch – une philosophie de l'espérance*, in: *La revue nouvelle*, n° 5/6, mai/juin 1972, S. 531-545

Vattimo, Gianni: *Ernst Bloch interprete di Hegel*, in: *AA. VV., Incidenza di Hegel*, Neapel 1970

ders.: *Una teoria utopica della letteratura*, in: *Rivista di Estetica*, fasc. III, 1971

Vecchiotti, Icilio: *Un marxista e la religione*, in: *Paese Sera*, 9. Juli 1971

Vilmar, Fritz: *Was ist eine utopische Hoffnungsphilosophie? Zum Lebenswerk Ernst Blochs*, in: *Frankfurter Allgemeine Zeitung*, 7. Dezember 1957

ders.: *Über die Bedeutung utopischer Zukunftserwartungen*, in: *Junge Gemeinde*, 1964

ders.: *Philosophie für Gewerkschaftler. Zur Einführung in das Werk Ernst Blochs*, in: *Gewerkschaftliche Monatshefte*, Nr. 12, 1964

ders.: *Welt als Laboratorium Salutis*, in: *Ernst Bloch zu ehren*, Frankfurt 1965

ders.: *Ein Gespräch mit Ernst Bloch über ungelöste Aufgaben der sozialistischen Theorie*, in: *Über Ernst Bloch*, Frankfurt 1968. [Vorher in: *Gewerkschaftliche Monatshefte*, Nr. 7, 1965]

Vincent, J. M.: *Droit naturel et marxisme moderne*, in: *Philosophes d'aujourd'hui en présence du droit, Archives de philosophie du droit*, 10, Paris 1965, S. 79-81

Vollmann, Rolf: *Der entschlossene Zeitgenosse. Ernst Blochs »Literarische Aufsätze«*, in: *Stuttgarter Zeitung*, 9. April 1966

ders.: *Unruhige Gesellschaft*, in: *Stuttgarter Zeitung*, 7. Dez. 1967

ders.: *Glück wurde Freiheit*, in: *Stuttgarter Zeitung*, 16. Oktober 1967

ders.: *Fröhlicher Mangel. Eine Festschrift »Ernst Bloch zu ehren«*, in: *Stuttgarter Zeitung*, 4. Sept. 1965

Vogt, Fritz, J.: *Ernst Bloch, »Naturrecht und menschliche Würde«*, in: *Philosophischer Literaturanzeiger*, Vol. 15/3, 1962

ders.: *»Das Prinzip Hoffnung«*, in: *Philosophischer Literaturanzeiger*, Nr. 9, 1956, S. 215 f., Nr. 10, 1957, S. 38 ff.

Walser, Martin: *Prophet mit Marx- und Engelszungen. Zum Erscheinen des Hauptwerkes Ernst Blochs in Westdeutschland*, in: *Süddeutsche Zeitung*, 26./27. Sept. 1959

ders.: *»Das Prinzip Hoffnung« Über Natur, Tod und Religion bei Ernst Bloch*, Rundfunksendung, 8. Juli 1960

ders.: *Als ich Bloch gelesen hatte, dachte ich . . .*, in: *Cannstatter Zeitung*, 14. Oktober 1967

Weimer, Ludwig: *Das Verständnis von Religion und Offenbarung bei Ernst Bloch*, München 1971

Wellershoff, Dieter: *Der exzentrische Mensch. Zur Philosophie Ernst Blochs*, in: *Merkur*, Nr. 4, 1960

Werckmeister, Otto Karl: *Ernst Blochs Theorie der Kunst*, in: *Die neue Rundschau*, Jg. 79, Nr. 2, 1968

ders.: *Ende der Ästhetik, Frankfurt 1971*

Widerspruch-Interview mit Ernst Bloch. *Andere Horizonte*, in: *Widerspruch* (Tübinger Studentenzeitung), Nr. 3, Juli 1975, S. 3-4

Widmer, Peter: *Die Anthropologie Ernst Blochs*, Frankfurt 1974

Wiedemann, Melitta: *Bloch und Teilhard de Chardin*, in: *Blätter für deutsche und internationale Politik*, März 1961

Wiegenstein, Roland: *Ernst Blochs »Erbschaft dieser Zeit«*, in: *Westdeutscher Rundfunk*, 12. Oktober 1962

ders.: *Blochs »Literarische Aufsätze«*, in: *Westdeutscher Rundfunk*, 11. Februar 1966

Wieser, Harald: s. Traub, R. / Wieser, H.: *Gespräche mit Bloch*

Wijkmark, C. H.: *En dialektikers drömar*, in: *Sydsvenska Dagbladet Snällposten*, 30. Juli 1960

Wirsing, Giselher: *Zurück zu Karl Marx? Ernst Bloch und die Sozialdemokraten*, in: *Christ und Welt*, Jg. 21, Nr. 19, 1968

Wren, Thomas E.: *The Principle of Hope*, in: *Philosophy of Today*, Nr. 4, 1970

ders.: *An Ernst Bloch bibliography for English readers*, in: *Philosophy Today*, Nr. 4, 1970

Wörner, Karl H.: *Die Musik in der Philosophie Ernst Blochs. Zum 80. Geburtstag*, in: *Schweizerische Musikzeitung*, Nr. 4, 1965

Zdravec, Franc: *Ali Marxizam ali idealizam*, in: *Problemi*, Nr. 2, 1962

Zecchi, Stefano: *Realtà dell' utopia*, in: *Aut-Aut*, Nr. 125, 1971

ders.: *Ernst Bloch e Jürgen Moltmann*, in: *Filosofia et teologia della speranza*, Padova 1973

ders.: *Utopia e speranza nel communismo. Un' interpretazione della prospettiva di Ernst Bloch*, in: *Innuovi testi*, Bd. 65, Sept. 1974

Zehm, Günther: *Ernst Bloch*, in: *Der Monat*, November 1961

ders.: *Geschichte mit offenem Horizont. Ernst Blochs Philosophie der Hoffnung*, in: *Die Welt*, 13. Februar 1963

ders.: *Ernst Bloch*, in: Handbuch der deutschen Gegenwartsliteratur, 1965

ders.: *Noch nichts ist eingelöst. Zum 80. Geburtstag Ernst Blochs*, in: *Die Welt*, 3. Juli 1965

Zwerenz, Gerhard: *Von Enttäuschung gekerbt. Ernst Blochs »Erbschaft dieser Zeit«*, in: *Kölner Stadtanzeiger*, 29. September 1962

ders.: *Trotz und Hoffnung. Blochs Ortsbestimmung einer möglichen Literatur*, in: *Die Zeit*, 4. März 1966

Anonymus: *Die Philosophie Ernst Blochs und der menschliche Sozialismus*, Bonn (Ostbüro der SPD), 1958

-, *Das »Prinzip Hoffnung«*, in: *Revue de métaphysique et de morale*, Nr.

65, 1960, S. 356-357

–: *Le opere complete di Ernst Bloch*, in: *Studi Urbinati*, Nr. 2, 1961

–: *L'utopia concreta*, in: *Utopia*, Nr. 5-6, 1971

Anonymus: *Das Hohe Paar. Ein Ausflug des Philosophen Ernst Bloch in die Mythologie*, in: *Stuttgarter Zeitung*, 8. Juli 1966

—: *»Das Prinzip Hoffnung«*, in: *Times Literary Supplement*, XXXIV, 1960, S. 358-359

A. M. P.: *Ernst Bloch, Thomas Münzer e »Verfremdungen I«*, in: *De Homine*, Nr. 10, 1964

—: *Ernst Bloch, Naturrecht und menschliche Würde*, in: *De Homine*, Nr. 10, 1964

E. C.: *Ernst Bloch, Avicenna y la izquierda aristotelica*, in: *Pensamiento* Nr. 26, 1970

F. N.: *Ernst Bloch, »Über Methode und System bei Hegel*, in: *Hegel-Studien*, Nr. 7, 1972

G. S.: *Ernst Bloch, Avicenna y la izquierda aristotelica*, in: *Naturaleza y Gracia*, Nr. 14, 1967

M. P.: *Der Dichter und Denker Ernst Bloch*, in: *Staatsanzeiger*, 15. Juli 1960

R. M.: *Metaphorik des Kriminalromans. Ernst Bloch als Sherlock Holmes*, in: *Stuttgarter Zeitung*, 26. August 1960

R. R.: *Institutioneller und intellektueller Kommunismus*, in: *Neue Zürcher Zeitung*, 19. August 1962

R. V.: *Philosoph der Hoffnung. Prof. Dr. Ernst Bloch erhält Buchhandels-Friedenspreis*, in: *Allgemeine Wochenzeitung der Juden*, 11. August 1967

W. S.: *Wunderbare Sätze. Ernst Bloch liest und kommentiert »Mahagonny«*, in: *Stuttgarter Zeitung*, 23. Mai 1967

Fotonachweis

Die in diesem Band enthaltenen Fotos von Ernst Bloch hat
Digne Meller Marcovicz aufgenommen. Wir danken für die
freundliche Abdruckgenehmigung.

Bibliothek Suhrkamp

edition suhrkamp

Alphabetisches Verzeichnis der edition suhrkamp